# 外汇交易管理

主编 ◎ 蒋满元

中南大学出版社
www.csupress.com.cn
·长沙·

# 前　言

## PREFACE

我国自 2005 年外汇管理体制改革以后，汇率随外汇市场供求状况变动而波动之态势愈发明显，相应的外汇交易风险也不断提升。随着外汇交易风险日益彰显，外汇交易管理及汇率风险管理均面临巨大挑战。有效应对外汇交易风险及外汇交易管理挑战不但对相关金融机构、企业乃至个人具有重要影响，而且对国家经济发展与金融市场稳定具有重要意义。鉴于此，及时推出能深度体现外汇交易管理演进态势及研究成果的特色教材，也就有了一定的理论意义及实践价值。

本教材分八章展开，内容主要涉及外汇交易管理的背景及特点、外汇交易基础、外汇交易业务种类、外汇交易管理制度比较、外汇基本分析、外汇交易技术分析、外汇交易系统分析、外汇交易管理要求等方面。本教材由广东外语外贸大学南国商学院蒋满元教授拟定编写大纲并负责总体协调、审校及统编定稿工作，由陈彦宇、党雪、黄跃、孙金鹏、刘兰凤、戴江等老师具体负责相关章节的编写工作。

作为"国际经济与贸易"省级一流专业建设点、"金融学"校级重点学科及"金融工程"校级特色专业系列建设成果之一，本教材既适合大中专院校国际经济与贸易、金融学、金融工程、投资学、国际商务、电子商务、经济学等专业学生使用，又适合相关专业的研究生和干部使用。

本教材在编写过程中，参阅了大量文献资料，在此，特对这些文献资料的作者表示诚挚的谢意。在本教材的出版过程中，中南大学出版社提供了许多指导和帮助，在此深表谢意！由于编者水平有限，书中难免存在一定的纰漏乃至错误。对此，我们也恳请广大读者不吝赐教，以便今后进一步修改完善。

编　者

2021 年 11 月 16 日

# 目 录
## CONTENTS

# 第一章 导 论

## 第一节 外汇交易管理的背景及特点

### 一、外汇交易管理背景

#### (一)外汇交易管理发展背景

作为一个国际性的资本投机市场,外汇交易市场的历史要比股票、黄金、期货、利息市场的历史短得多,然而,它以惊人的速度迅速发展。近年来,外汇市场每天的交易额已超过6万亿美元,其规模已远远超过股票、期货等其他金融商品市场,成为当今全球最大的市场[①]。外汇之所以快速成为投资"新宠",主要得益于其公平、透明、交易成本低、交易时间灵活、双向交易机制、杠杆高及操作简便等独特优势。这些优势既造就了全球最大的金融交易市场,也预示了外汇交易市场管制的理论意义与实践价值。

我国自2005年外汇管理体制改革后开始实行浮动汇率制,汇率随外汇市场供求状况的变动而波动。随着国内商业银行的外汇风险日益显著,外汇交易管理及汇率风险管理均面临巨大挑战。尽管近年来,国内商业银行在新的汇率机制下尽快转变风险管理理念并对外汇交易及外汇汇率风险进行主动控制和管理,但还不是很有效[②]。

改革开放以来,我国国民经济外向度迅速提高,外汇业务在商业银行整体业务中所占的比重越来越高,各银行为了扩大影响力及占据当地市场份额,竞相申办外汇业务资格。为此,2009年国家外汇管理局提出了外汇管理理念和方式的五个转变的口号——从重审批转变为重监测分析,逐步从依赖审批和核准转变为重点加强跨境资金流动的监测分析和预警;从重事前监管转变为强调事后管理,逐步从事前逐笔审批转为事后核查和重点查处;从重行为管理转变为更加强调主体管理,逐步从按交易行为和业务性质监管转为以经济主体为单位进行管理;从"有罪假设"转变为"无罪假设",逐步从事前排查经济主体外汇收支的真实性转为事后举证查处违法违规经济主体;从"正面清单"转变为"负面清单",逐步从"法无明文授权不可为"转为"法无明文禁止即可为"。而在对银行外汇业务的监管方面,随着外汇管理简政

---

① 纽约证券交易所每天股票的交易额只有几百亿美元,而在欧美等成熟金融市场,每个家庭至少有三分之一的财富被投资于外汇,在日本则几乎人人都进行外汇交易。

② 中国银行虽是国内外汇业务占比最大的银行,其外汇资金总量是其他银行的三四倍,但高外汇比重带来了上千亿元的外汇敞口,因汇率变动每年产生的折算差额及汇兑损失达数十亿元,由此可以看出,我国商业银行的外汇损失比较严重。

放权工作的深入开展，大部分原本由外汇局审批办理的外汇业务已被直接下放至商业银行办理。银行被推到了外汇间接管理的前沿，承担着"真实性审查"的重要任务①。

不仅如此，除商业银行外，我国企业越来越多地参与国际竞争，受到外汇变动影响的企业不再限于跨国企业，那些并未直接参与国际贸易的企业也会因为间接途径受到汇率波动的影响。因此，外汇风险已经逐渐成为我国企业普遍面临的一种风险。事实上，随着汇率市场化的不断加深，企业所面临的外汇风险还将进一步加大，最终极易导致企业价值受到影响。因此，深入研究商业银行及企业所面临的外汇交易管理风险，有利于政府、商业银行及企业制订相应的管理方案，减轻外汇风险的负面冲击，稳定经济发展及企业价值；有利于有序推进相关改革，提高国家及银行的外汇监管水平和效率，进一步推进外汇管理部门对相关政策的制定及提高其实施的针对性、科学性和合理性。

### (二) 外汇交易管理发展历程及演进取向

改革开放 40 多年来，我国外汇市场从无到有、从小到大，已逐步发展成为我国金融市场体系的重要组成部分，并在宏观调控、资源配置、汇率形成和风险管理中发挥着重要作用。与此同时，我们也要看到，我国目前的外汇市场在市场主体类型、对外开放程度、基础设施效率等方面，与"使市场在资源配置中起决定性作用"的要求还有一定的差距。展望未来，建设我国外汇市场时应积极把握人民币汇率市场化、可兑换和国际化的机遇，深化我国外汇市场的发展。

经过多年的发展，我国的外汇交易市场发展可谓成果丰硕。从交易产品看，目前我国外汇市场已经有了即期、远期、外汇掉期、货币掉期和期权等产品，形成了国际市场基础产品体系。从基础设施看，我国的银行间市场已具有国际市场主流和多元化的交易清算机制；交易模式可选择集中竞价、双边询价和双边授信下集中撮合三种电子交易模式以及货币经纪公司的声讯经纪服务；清算方式可选择双边清算或中央对手集中清算。同时，交易后确认、冲销、报告等业务也被广泛运用于银行间市场，提升了市场运行效率和风险防控能力。从参与主体看，截至 2016 年年底，银行对客户市场中，有近 500 家金融机构为实体经济和金融投资提供了外汇交易服务，银行间市场已形成以境内银行为主、境内外各类机构并存的格局，参与机构超过 600 家。从市场管理看，我国外汇市场不断推动简政放权，增加市场活力，积极探索并尝试宏观审慎调控；同时，加强外汇市场自律机制建设，推动形成政府监管和行业自律并重的外汇市场管理框架。从市场深度看，2016 年，国内外汇市场人民币兑外汇各类产品累计成交 20.3 万亿美元，较 2004 年增长 21.2 倍②。

可以说，我国外汇市场取得的发展成就是中国全面深化经济改革和对外开放、深入推进金融市场发展的必然结果，也反映了国际金融市场的积极变化。回顾我国外汇市场的发展，可以总结出以下基本经验：

一是坚持了市场化的改革方向。早在 1992 年，党的十四大就提出要使市场在国家宏观调控下对资源配置起基础性作用，并以这一重大理论突破为起点，不断完善理论创新。党的

---

① 目前形成了由银行根据了解客户、了解业务、尽职审查的展业原则承担所办外汇业务的审查义务，外汇局则以外汇管理"五个转变"为指导，继续落实简政放权和风险防控措施，加强事中事后监测分析，优化管理和服务的新格局。

② 其中衍生品交易量增长 676 倍，占交易总量的比重由 2004 年的 1.8% 增长至 2016 年的 56%。

十八届三中全会则进一步提出，要"使市场在资源配置中起决定性作用和更好发挥政府作用"。我国外汇市场在 20 多年的发展中始终坚持市场化方向，不断完善市场配置外汇资源的体制与机制。

二是与汇率市场化改革相配合。过去 20 多年，我国外汇市场发展速度有快有慢，一个重要原因就是注重与汇率改革相协调，为主动、渐进、可控推进汇改创造市场条件，既不超越也不滞后。如在 2005 年汇改之后，我国发展外汇市场的节奏相对主动积极；而在 1997 年亚洲金融危机和 2008 年国际金融危机期间，我国则相对放缓了汇改节奏。

三是将服务实体经济放在首要位置。实体经济对外汇市场的基本和核心需求，就是有效配置外汇资源和防范汇率风险。要满足这一需求，就既不能放任外汇市场发展，也不能一味迎合，而是应充分考虑微观经济主体的风险识别能力和风险管理能力，由简单到复杂、由基础到衍生，避免外汇市场发展脱实向虚。

四是充分借鉴国外发展经验，但不能简单照搬。一方面，我国充分汲取、借鉴了国际成熟经验，利用后发优势避免走"弯路"，发展了我国外汇市场；另一方面，我国也没有简单地照搬和模仿，而是以前瞻性的视角积极探索适合我国国情和引领国际趋势的发展新路。我国银行间外汇市场从 1994 年建立以来，始终把握有组织交易平台的市场形态，而其中的很多实践，直到 2008 年国际金融危机后，才在全球监管改革中受到关注和重视。

五是与其他金融改革和发展协调推进。我国的改革是系统性的体制转轨，对整体相关配套设施要求比较高。外汇市场是金融体系的组成部分，我国在推进其市场建设时，一直注意与其他领域的金融改革和发展协调推进，以形成金融体系整体有效的支持效应。

外汇市场的核心功能是为市场主体提供本外币兑换和风险管理渠道。2004—2020 年，我国外汇市场交易量从 9583 亿美元跃升至 29.99 万亿美元，增长了 20.2 倍。其中主要有三个推动因素：一是我国对外贸易和投资的增长，直接带动了外汇交易的增长；二是 2005 年汇改后人民币汇率弹性逐步增强，市场主体管理汇率风险促进了外汇衍生品市场的发展；三是随着 QFII、QDII、沪港通、债券通等资本市场双向开放措施的推进，境内外投资者逐步进入外汇市场开展本外币兑换和风险管理。以外汇交易规模衡量，上述第一个因素对近十多年的外汇市场发展的贡献最大，后两个因素次之。过去 20 多年，外汇市场在这三股力量的推动下快速发展，有效服务并支持了实体经济运行和金融市场的改革开放。

展望未来，贸易和投资增长的量变可能不再是推动外汇市场发展的最主要因素。因此，应将重点转向积极把握人民币汇率市场化、可兑换和国际化对外汇市场发展提出的挑战与机遇。首先，人民币汇率双向波动成为常态后，主动管理汇率风险将成为市场主体的"必修课"，可以此促进外汇衍生品市场的持续、稳步发展。其次，以"债券通"和 A 股纳入 MSCI 为新起点，资本市场加快对外开放和融入全球市场，将为外汇市场的发展增加新的参与主体并释放交易需求。再次，在人民币国际化进程中，人民币的广泛使用将促进全球人民币外汇交易，推动离岸与在岸市场的融合发展。最后，中国经济和金融市场发展将推动上海国际金融中心的建设，使上海成为与纽约、伦敦并列的全球外汇交易中心。

围绕深化改革与国际化两条主线，未来一段时间，推进外汇市场发展可能会涉及以下六个方面的研究。一是拓展交易范围。继续促进贸易投资便利化，完善外汇市场对实体经济外汇现金流和资产负债的兑换及套期保值功能；根据人民币可兑换和资本市场对外开放的进程，支持跨境金融交易项下的本外币兑换和风险管理。二是丰富交易工具。支持金融机构创新服务实体经济和适应市场需求的外汇产品。需要注意的是，相对于增加外汇避险产品，更重要的是要引导企业真正用好现有的外汇避险产品，切实管理好汇率风险。三是增加参与主体。根据不同类型参与主体的市场定位和风险管理，支持非银行金融机构参与外汇市场。四是推动市场开放。支持境内金融机构"走出去"和境外金融机构"引进来"，多渠道促进外汇市场双向开放，增大境内市场的国际影响力和金融机构的全球参与度，促进形成全球统一的人民币汇率。五是优化基础设施。继续推进以中国外汇交易中心和上海清算所为重点的支持交易、清算的外汇基础设施建设，保障外汇市场的运行效率；同时，支持外汇交易中心、上海清算所"走出去"，提升其在全球金融基础设施领域的参与度和竞争力。六是完善市场监管。强化外汇市场监管，防范外汇市场系统性风险；加强外汇市场自律机制建设，推动形成政府监管和行业自律并重的外汇市场管理框架。

## 二、商业银行外汇交易业务特点、业务发展动因和主要产品

### (一)商业银行外汇交易业务特点

#### 1. 外汇交易管理的复杂性

商业银行外汇交易管理具有一定的复杂性。首先，外汇交易管理需处理好与其他参与者的关系。实践中，商业银行作为外汇市场的主要参与者，要处理好与中央银行、外汇经纪人、进口商和出口商等的关系；而且这些关系处理得好坏，会直接影响到外汇交易管理的具体成效。其次，商业银行外汇交易管理需要有多方面的专业管理者同时管理业务。外汇市场是最大的金融交易市场，成交量较大，需要有专业的管理者对其进行管理。由于外汇交易时时刻刻都存在风险，加之商业银行提供的外汇交易业务的种类越来越多，因此需要一批专业的业务管理人员。最后，国内商业银行及其他金融机构的外汇交易市场还需要处理好与外汇监管机构的关系。由于种种原因，外汇交易业务会经常受到政府相关政策性因素的影响，这不仅使得外汇交易管理更具复杂性，还要求相关商业银行及金融机构处理好与相关外汇监管机构的关系，否则，就会严重影响相关外汇交易业务的有效开展及其风险化解。

#### 2. 商业银行外汇交易业务的多重身份

商业银行作为外汇交易市场的主体，具有"中间性"特点，连接着批发和零售两个层次市场。

首先，市场化的批发身份。外汇业务批发市场，涵盖了各种同业银行之间依托自身运作和服务开展的所有外汇交易活动，甚至包含市场化的外汇产品及场所①。从事外汇业务的商业银行或金融机构在代理客户群体办理一系列外汇业务时，往往会在外汇头寸和现金流量、期限等层面形成一种不平衡状态。一旦某种类型的外币买进量大于卖出量便会形成多头，而一旦某种类型的外币卖出量大于买进量便会形成空头，这两种情况在行业领域被称作敞口头寸。银行机构为了有效规避因汇率市场的大幅度波动而导致的市场化风险，往往会借助同业银行的外汇交易实施对外汇头寸的合理调拨，尽量将一系列不同类型币种的头寸轧平，所采取的具体方式是将空头及时买进并将多头及时抛出。

---

① 在经济学术界，外汇业务批发市场一般被称作狭义类型的外汇市场。

自市场化浮动汇率机制推行以来，市场化的汇率波动加剧，投机性的外汇买卖交易活动往往具有很多的获利机遇。银行机构为了实现投机目标，便需要实施必要的套利、套汇以及套期保值等；而中央银行为了有效规范和调控宏观市场，便在一系列外汇业务批发市场上实施公开透明的业务运作①。

其次，市场化的中介零售身份。外汇业务零售市场在学术界常常被称为客户市场，包括银行机构和客户群体之间实施外汇业务交易的内容及场所；而在整个交易过程中，银行机构起到的是一种中介作用。之所以这样讲，是因为银行机构一方面从客户群体手中买进外汇，另一方面又把外汇向客户群体销售，进而从中赚取一定的差价②。尽管银行机构的销售业务具有零售特点，包含兑换货币、外汇进出口结算等内容，交易成本整体较高，但是交易差价也很大。

从整体运作上来看，外汇交易业务市场不但是一系列交易流程及管理运作战略的组合，而且是银行机构向一系列客户群体输送外汇服务的组合。实践中，商业银行机构正是通过高端、个性、定向的服务，培养客户群体的忠诚度和归属感，进而促进一系列外汇业务量的提升。事实上，也正是这种市场化服务的身份，决定了商业银行机构必须在服务方式以及服务内容上全面创新，以最大化地适应客户群体的倾向性需求和实现经营效益。

3. 相较于传统存贷款业务具有特殊性

首先，交易时间的特殊性。我国银行间的外汇交易业务由中国人民银行统一规定，其他商业银行只能在规定的交易时间内进行交易。从 2016 年 1 月 4 日起，我国银行间的外汇交易时间在交易系统上延长至 23：30。这说明外汇交易业务的交易时间非商业银行所能掌握。

其次，盈利杠杆作用的差异。相比较而言，商业银行存贷款业务的盈利杠杆作用较小，而外汇交易业务的盈利杠杆较大③。应该说，商业银行外汇交易业务的盈利杠杆作用是与传统存贷款业务不同的重要特点之一。

最后，对从业人员的要求不同。商业银行普通存贷款业务的从业者只需要熟悉相关业务即可，柜员基本上可以应对存贷款业务；而从事外汇交易业务的交易员的素质显然要更高，毕竟外汇交易是一项专业性非常高的工作。此外，外汇交易对交易员队伍的稳定性也有着特殊的要求。

## （二）商业银行外汇交易业务发展动因

### 1. 市场竞争需求

现阶段商业银行的国内业务产品非常成熟，产品的同质化程度较高，商业银行在资产业务、负债业务和中间业务上的竞争已经趋于白热化；而外资银行的进入、中小银行的成立以及第三方支付平台的崛起，又无形中冲击着商业银行的原有业务市场。为了应对激烈的市场竞争，商业银行需要开辟新的业务。近年来，随着外汇管理改革的深入，政府对于商业银行外汇交易市场的简政放权力度很大，客户贸易投资的便利化程度提高了，许多交易业务无须外汇管理局审批，商业银行更有动力开展外汇交易业务了。

---

① 外汇业务批发市场的核心特征是交易规模巨大。比如，欧洲地区美元的最低交易量要求是 100 万美元，而且这种交易的成本不是很高，差价很小。外汇业务批发市场是一系列外汇市场的主流，占全部外汇交易量的 90% 以上。

② 这也是一系列外汇市场得以存在并创新发展的基础。

③ 即受益和亏损都存在较大额度的差别。

由于历史方面的原因，国内四大行的外汇交易业务成了国内商业银行外汇交易业务的重要主体，其竞争也非常激烈。相比较而言，虽然近年来中国农业银行、中国工商银行、中国建设银行的外汇业务量突飞猛进，但中国银行仍然被公认为国内外汇交易业务中实力最强的商业银行①。由于巴塞尔新资本协议对资本的约束性有所加强，作为资本节约型的外汇交易业务更是成了各商业银行的战略性业务选择。可以说，市场竞争需求是商业银行外汇交易业务发展的重要动因，而资本市场的市场化又必然会使竞争加剧②。

2. 外部环境变化需求

外部环境变化需求的动因可以借助 PEST 工具来进行分析——即从政策环境、经济环境、社会文化环境以及技术环境四个方面展开探讨。

(1) 政策环境变化。

为了适应新形势下的各项改革事业需求，我国外汇业务的相关政策也需要进行与时俱进的调整，其变化的总趋势是创造一个宽松的外汇政策环境，以方便外汇交易业务的开展及借此助推社会经济发展。

首先，更加符合 WTO 的国民待遇原则，对经常项目的外汇账户做出及时改变，将中外资的经常项目账户管理政策进行统一。其次，在个人居民汇购政策上进行适当调整，在国内推广居民个人的购汇管理系统，同时，对中外商业银行办理购汇业务进行政策上的统一。再次，满足保险业务的外汇管理业务需求，出台《保险外汇业务管理暂行规定》，并统一相关管理政策。最后，提高外汇交易业务的透明度，减少对其的行政审批及加快管理部门的职能转变③。

(2) 经济环境变化。

我国经济发展迅速，但发展势头有所放缓。尽管在一个较长的时期内我国经济增长水平远远高于世界平均水平，但近年来的缓慢下降趋势已成了不争的事实。经济环境的变化既对产业结构调整优化提出了系列要求，又对相关行业发展提出了不少挑战。

当前经济形势的微妙变化反映我国经济领域改革已步入深水区，经济增长也进入了调整期④。过去粗放型的经济发展方式必须向集约型经济发展方式转变，而外汇交易业务发展正是顺应这种经济方式转变的题中的应有之义。尤其是对商业银行来说，业务多样化的需求，也要求其对外汇交易业务投入更多关注。

(3) 文化环境变化。

我国固定互联网用户和移动宽带用户正逐年增多，这为人们养成使用网络操作外汇交易的生活习惯提供了前提条件。从 2012 年开始，我国移动宽带用户数量已经超过了固定互联网宽带用户数量；到 2015 年，移动宽带用户的数量几乎达到了固定互联网宽带用户数量的 2 倍。近年来，无论是商业银行外汇交易业务的批量业务还是零售业务，网上操作都已经成为

---

① 可以说，外汇交易业务的竞争就是从四大行逐渐蔓延到整个商业银行体系的。

② 虽然目前外汇交易业务市场还未面向所有银行放开，但该业务的开放性在未来会逐步显示。具有外汇交易业务的商业银行也格外重视该业务的发展。

③ 外汇交易政策上的总体变化趋势为顺应改革，创造一个宽松的外汇交易环境。政策上对外汇交易业务的松绑变化，使得商业银行减少了束缚，激发了商业银行开展这一业务的积极性。

④ 就目前来看，我国经济形势较为平稳，产业结构的优化调整也有理有序，同时国家在宏观调控和微观调控方面也搭配得较为得当，总体来说，我国的经济发展势头比较良好。正是由于这种经济大背景的有效保障，很长时间以来，扩大内需既是政府拉动经济增长的重要举措，又确实给我国各个行业的发展提供了更多的机遇和保障。

习惯，尤其是零售业务。随着经济的发展，一方面居民可用于投资的资金多了起来，另一方面外汇投资理财是一种新型的投资理财方式，加之发达网络提供的交易便利，使得外汇交易业务进入了快速发展的通道。

(4)技术环境变化。

信息科技的发展和互联网的应用，使得外汇交易系统的稳定性和安全性进一步增强，为打造高舒适性、高便捷性和高安全性的支付平台提供了更多的经验和市场机遇。高科技手段的应用使外汇交易的安全性得到了有效保障①，外汇交易成为越来越多人选择和使用的交易和消费方式。手机支付技术的日趋完善，使得手机支付的安全性和支付便捷性得到了有效提升，也为外汇交易提供了更多便利。尽管技术环境的变化对商业银行的外汇交易业务的影响没有其他几个动因大，但技术环境变化保障了外汇交易业务的安全性和便捷性，间接地促进了商业银行外汇业务的快速发展。

3.风险管理需求

巴塞尔协议Ⅲ与原来的资本协议相比，涵盖性和目标性均有了重大变化。从规范的角度来讲，巴塞尔协议体系不仅更加精细化，特别是对银行机构应主动承担市场化风险的界定加大了力度，还清晰地梳理了银行与监管部门的关系，进而有效促进了由两方共同协作的市场化风险控制管理模式的形成。新实施的巴塞尔协议体系，应该说是全球金融领域及监管机构的风向标，不仅会引发全球银行监管准则及监管战略的重大调整，还会对全球金融行业的发展及与之相关的政府监督管理体系优化产生重大影响。

在新协议的基本框架之下，尽管我国的商业银行机构基本达到了我国银监机构的监管要求②，但我国的银监机构仍需依托我国国情和经济建设存在的优势与不足，及时实施全方位的跟进措施，切实优化涵盖资本资源要求、经济杠杆率、流动性等方面内容的新监管机制体系，进而为我国金融行业的监管机制搭建起新的运作框架。

当前，我国对于银行及其他金融机构流动性综合比率的监督管理指标要求已经明确③。这些新的要求标准，对于系统有序地动态监控银行机构的流动性起到了重要的作用。我国新的监管协议体系的制定和实施，很好地适应了当代全球贸易业务多样化创新发展的要求，为科学有效地规避银行机构的市场化汇率风险构建了安全保障。特别值得重视的是，在新巴塞尔协议体系基本框架之下，我国所制定和实施的金融监管体系，也最大化地满足了我国商业银行机构在一系列的外汇交易业务中分散和控制市场风险的管理需求。当前随着经济全球化和国际贸易活动的日新月异，外汇交易业务市场也呈现出规模巨大、新颖丰富、潜在市场风险较大等显著特征。在这种态势格局面前，我国相关金融业务监管协议体系的制定和实施，必将促进外汇业务的规范与可持续发展。

4.经营目标需求

商业银行每年都会设定相应的经营目标。经营目标会体现商业银行的战略发展意图，体现商业银行在市场上所占的份额和定位。显然，准确而合理的经营目标，对于商业银行业绩的提升和行业地位的提高有着很大的帮助。实践中，为了实现制定的经营目标，商业银行需

---

① 无论是买家还是卖家的交易安全性，都得到了有效提升。
② 中国人民银行统计数据显示，目前我国大中型商业银行机构的资本资源充足率均达到了10%以上。
③ 比如，在存贷比层面，要求不能超过75%；而在流动性的比例上，要求大于25%；对于核心的负债依存度，则要求大于60%。

要寻找更多的业务拓展空间，而外汇交易业务恰恰就是其中之一。商业银行通过外汇交易业务之拓展，既能扩充利润来源与空间，又能形成更大的业务影响力。从这个意义上看，商业银行的经营目标需求也是其外汇交易业务发展的动因之一。

### (三) 商业银行外汇交易业务主要产品

#### 1. 即期类产品

即期类外汇交易是外汇市场上最常见的一种交易方式，也被称作现货交易，是交易双方在两个交易日内就可以办理交割手续的一种交易行为。

商业银行提供的即期类产品是外汇交易业务中最多的一个业务类型。相比于远期类产品而言，即期类产品可以避免外汇汇率带来的风险，既满足了买方临时性付款需求，又调整了双方外汇头寸的货币比例。

即期类产品主要是通过差价来获得盈利，在时间成本上也有优势。对于客户而言，它的专业性要求比其他类型的外汇交易要低很多，也容易理解。基于即期类产品的外汇交易方式是未来外汇交易的主要方式，商业银行十分注重对这一类产品的开发[①]。

#### 2. 远期类产品

远期外汇交易是指外汇买卖双方先签订买卖合约，不立即进行交割，在双方约定的交割日才进行交割的外汇交易。远期类产品的期限为 7 天、30 天、60 天、90 天、180 天和 360 天不等，通常交割的期限不会超过 1 年，常见的远期类外汇产品的期限是 1~3 个月。

远期类产品通常适合国家机关、企事业单位、社会团体或外商投资企业。商业银行往往会依据自身对于外汇市场的长期跟踪，为客户推荐有利时机进行交易，同时也会为客户设定特殊的远期外汇产品。由于远期类产品需要专业知识和市场经验，推出远期类产品是考验商业银行专业能力的关键。虽然远期类产品具有一定的挑战性，但预期获利较高，因此其无论对客户还是银行都具有很强的吸引力。

#### 3. 期权类产品

期权类外汇交易是指在外汇市场上，买卖双方签订协议，买方支付一定费用给卖方后，就有权在未来一定时期内或未来某一固定日期或未来可确定的日期[②]，按照某一协议汇率从卖方手中买进或给卖方卖出一定数量某种外汇的外汇交易。

期权是外汇交易业务中较为活跃的金融衍生工具，客户的参与度较高，客户可以根据自身的风险承受能力选择交易日期、交易额以及最终价格等。目前，商业银行推出的期权类外汇产品不少，该类产品的特点是收益较大，但不确定性也较高。

---

① 例如，中国工商银行的实时外汇交易、客户挂单交易、一对多挂单交易等，就都属于外汇交易业务中的即期类产品范畴。

② 也可以是某一个固定日期。

## 第二节　商业银行外汇交易业务发展中存在的问题及化解对策

### 一、商业银行外汇交易业务发展中存在的问题

#### (一)存在的主要问题

1. 缺乏优质客户群体的支持

从运作整体来看，一方面在商业银行开户的公司并不多，另一方面商业银行尚未很好地培养起优质客户群体的忠诚度，相关产品在外汇业务市场中的份额占有量不高。这既是我国商业银行在创新发展外汇交易业务过程中所遇到的主要问题，又是当前一系列外汇交易业务经营管理及市场化服务所面临的主要难题。

从外汇交易业务市场中的份额占有量来看，在硝烟弥漫的市场争锋中，我国的商业银行普遍处于被动地位。在凝聚客户群体，尤其是优质客户层面，我国经济发达地区的骨干大行因为在发展创新上做得很好，所以客户渠道比较畅通，优质客户也比较多；而在经济不发达的地区，在商业银行办理一系列外汇交易业务的开户公司不是很多，优质客户群体则更少。在一些基层分支行中，商业银行往往只能依托几个老企业客户支撑这块业务。客户群体，尤其是优质客户群体的严重不足，导致一些商业银行外汇交易业务难以实现可持续化的创新发展，有的地方甚至出现了业务萎缩，这种局面已经严重制约了外汇交易业务规模效益的提升。因此，培养和凝聚具有潜质的外向型优质公司客户，对于经济欠发达地区的商业银行来说，已经成为当务之急。

2. 外币存款增长缓慢制约了外汇业务的稳定发展

近年来，我国商业银行因受到外币存款利率相继下调、个人实盘性外汇买卖交易以及 B 股运作等因素的影响，外汇资金业务大量分流，从而导致外汇存款量提升迟缓①。当前，一些商业银行分支机构在办理相关的外币储蓄业务时，仍然依靠十分落后的运作方式，而且尚未实现真正意义上的通存通兑，不但制约和影响了银行和客户群体办理外币储蓄的效率，而且影响了我国商业银行的品牌形象，最终在一定程度上形成了外币存款业务的分流。

此外，运作模式和服务流程严重被动和落后，还导致了客户群体对银行忠诚度和归属感的严重下降，无形中也对客户的倾向性选择造成了影响。与此同时，当前外币现钞移存流程管理机制缺少必要的制度规范，移存投入费用过高和综合收益较低的特征非常突出，客观上制约和影响了相关银行创新发展外币储蓄业务的积极性。

长期以来，我国商业银行一直在实施传统类型的行业划分，并依托这种划分来分析客户群体对外汇贷款业务的倾向性需求。受这种思维模式的影响，绝大多数商业银行在创新发展外汇贷款业务方面都先天不足；同时因为当前的外汇贷款业务中不良贷款比例有上升的趋势，市场风险加剧，而且政府层面也在政策机制上对于大力发展外汇贷款业务缺乏必要的鼓励，这些情形均导致外汇贷款业务量持续萎缩，发展创新和规模增长双向乏力。实践中，外汇贷款业务难以实现良性增长，不但对一系列外汇存款及国际结算量的增长构成了影响，而

---

① 当然，从整体上看，外币储蓄功能模式及服务模式陈旧落后，也是导致一系列外汇存款业务量提升迟缓的核心因素。

且在一定程度上制约和影响了外汇交易业务的可持续创新发展，进而制约了我国商业银行综合效益的最大化实现。

3. 外汇业务服务功能和服务能力欠缺

从我国商业银行开展外汇业务的整体现状来看，无论是其硬件性的服务功能还是综合性的服务能力，均存在不足。这种状况既导致了我国商业银行经营服务能力的严重下降，又制约了我国商业银行品牌优势的发挥。

首先，市场产品的综合竞争能力较差。中国人民银行统计数据显示，目前我国商业银行在外汇业务领域的市场产品共有 20 多个大的类型和 100 多个定向品种。但从整体上来看，尤其是立足银行市场准入视角看，很多的银行分支机构不但没有建立起强大的业务办理支撑体系，而且有不少市场业务仍处于边摸索边开展阶段，有的外汇业务更是亟待普及。现阶段除一线城市的少数银行分支机构经营运作和服务能力较强之外，绝大多数的基层分支机构在外汇业务的经营运作，尤其是市场化的营销服务方面层次不高，具有竞争力的产品及具有鲜明个性化特点的服务模式仍显欠缺。

其次，外汇业务经营网点相对不足。中国人民银行统计数据显示，当前我国商业银行开展一系列外汇业务经营的网点普遍不足，而且在一些地区的基层分支机构中，有的甚至很少开展相关外汇业务。这种局面既很难适应客户群体的倾向性需求及时代要求，又无形中制约了银行经营效益的最大化实现。

再次，资本资源在客观上相对较差。从当前看，我国一些商业银行外汇营运资金资源客观上不足，资本运作质量与规模不高，为创新性地开展一系列的外汇业务增加了难度。值得注意的是，当前很多市县级分支机构缺少足量的外汇营运资金资源，因此在开展相关业务时只能通过内化的拆借方式维持运行。显然，这种局面不仅导致银行资金投入成本增加，还在整体上影响和制约了外汇业务的创新发展。

最后，技术网络落后导致发展迟缓。从整体的科技支撑体系上来看，当前我国商业银行一系列外汇交易业务运行的技术网络还没有实现前沿化和先进化覆盖，尤其是不少银行分支机构电子化的运行设备和系统升级保障仍达不到人民银行的技术性要求①。显然，及时构建起最前沿、最先进的外汇业务技术支撑体系来助推外汇业务的可持续发展，对于商业银行来说，刻不容缓。

4. 外汇管理队伍建设有所欠缺和外汇交易业务开展的自律机制欠完善

首先，近年来外汇管理数据化集中程度日益提高，对管理人员的要求也越来越高。外汇管理人员要具备迅速从海量数据中挖掘有效数据、分析数据并找出问题的能力。这对外汇管理工作人员的综合素质要求很高，既要求其具有丰富的业务和检查经验，又要求其具有一定的分析和判断能力。特别是目前外汇局还缺乏一套严密、完整、科学的预警体系，对异常信息的敏感性、对数据加工处理的合理性主要依赖于工作人员，而从基层外汇管理部门业务人员的现实情况看，往往是懂业务的不熟悉数据处理分析，精通计算机的不熟悉业务等现象较普遍，管理人员综合素质亟待提高。

其次，银行外汇业务自律机制作用有限。银行外汇交易业务开展的自律机制运行以来，

---

① 甚至有一些银行分支机构仍在应用一些早已落后于时代的硬件设备及网络平台。

其不但未做到自律机制银行全覆盖①,而且由国家外汇管理局组织发起,尚未与本币业务自律机制相融合,落实效果相对较弱。此外,相关配套规范与指引尚未发布及目前发布的自律机制尚无相关奖惩措施,且非正规发布的外汇管理政策法规的执行动力不强与可操作性不佳,均导致自律机制的执行没有落脚点。

5.银行外汇业务内部管理效果较差

首先,银行外汇业务内控制度建设滞后。近年来,随着我国简政放权改革的实施,外汇管理新文件、新法规不断涌现,但部分外汇指定银行未能与时俱进,没有根据本地区外汇业务特点和业务发展需要,结合实际及时修订完善外汇内控制度,导致旧的制度不能覆盖所有的风险点,新制度又没有得到及时完善充实,甚至有的业务已经开展了,但相应的制度还没有建立,进而使外汇内控管理出现盲点,造成一定的风险隐患。

其次,部分银行将上级行转发的制度或外汇局发布的外汇管理政策法规直接定义为内控制度,而没有结合本行业务规模和特点、人员结构等情况制定具体规章制度,不能有效指导外汇业务顺利开展。

再次,内控制度和业务操作规程相对滞后,没有根据外汇管理政策的变化及时更新,造成制度与政策的偏差。近年来,随着涉外经济不断发展,我国外汇管理政策出现了大幅调整,银行办理外汇业务时,对应业务条线的内控制度本应及时更新;但部分银行的内控制度和业务操作规程滞后,没有根据外汇管理政策的调整而及时变动,不能满足当前业务内控的需求。

最后,内控制度缺乏明细、全面的规定。有的银行内控制度仅提到了办理外汇业务应执行展业原则,没有进一步规范和细化相关内容,实用性和针对性不强;有的银行内控制度规定比较宽泛,未覆盖所有的风险点;有的银行业务、岗位的内控制度存在盲点;还有的银行内控制度不够完善,责任不够明确,尚未形成内控评价体系。

### (二)相关问题的形成原因

#### 1.思想认识不足

正因为我国各个区域的社会和经济环境存在差异,所以商业银行在创新发展外汇业务方面亦有所不同。目前经济欠发达区域的商业银行与经济发达区域的商业银行的显著差异主要体现在一系列外汇业务发展能力的差距较大。在一些外汇业务能力较差的银行中,基本上都存在外汇业务观念落后、认知程度不高的问题,而且存在经营管理理念和服务模式陈旧落后等问题②。创新发展外汇业务,本身就是提升商业银行品牌形象和市场化竞争能力的重要手段,因而一些地方银行对外汇业务的创新发展认识不足、倾斜不力、投入不高,既严重制约了这块业务的全方位发展,又在无形中影响了银行品牌优势的发挥和产品市场占有量的提升,进而严重影响了商业银行经营效益的持续递增。

---

① 自律机制的加入属于主动申请制,即如果银行不主动申请加入,就一直处于自律机制之外,不受相关决议、规范的约束。

② 甚至根本没把创新开展一系列外汇业务摆在和发展人民币业务一样的位置,没有很好地认识到,只有创新发展一系列外汇业务,才能最大化满足和适应客户群体的倾向性需求及时代的要求,才能够为自身经营效益的持续提升找到一个新的增长点。

2. 管理体制不健全

多年来，我国商业银行一系列外汇交易业务一直得不到具有突破意义的创新发展，核心原因就在于整体的管理运作及营销服务机制跟不上，甚至外汇交易业务在发展中还受到一些条条框框的限制，难以保证外汇业务管理运作及营销服务政策机制最大化地满足该项业务的创新发展需求。此外，经营管理模式及相关的机制与措施被动和落后，也导致外汇业务发展和时代的要求严重脱节。

首先，管理运作模式难以适应业务发展需要。现阶段，不少商业银行在对外汇交易业务实施经营管理时，大多采取本币外币一体化的运作方式。从长期的发展方向来讲，这自然有其合理的一面；但是社会和经济环境毕竟与银行业务的发展存在千丝万缕的关联，经济发达区域和经济欠发达区域都运用这种本币外币一体化的运作方式显然是不合理的。一方面，欠发达地区外商投资公司和外贸企业本来就相对较少，贸易交易量在整个区域经济活动中的占比也较小，因而该地区商业银行在创新发展一系列外汇交易业务的过程中缺少必要的客观环境；另一方面，我国商业银行开展外汇业务的时间不长，基本上都处在待发展和待成熟阶段，整体服务功能也不是很强，产品在市场中的占有量有限，因此实施本币外币一体化运作的条件不是很充分。

其次，部门之间的团结协同管理机制欠完善。随着我国对银行业务监管机制的逐渐完善，商业银行外汇交易业务均实现了归口化本外币统一管理，但这种归口化模式的粗放型特征表现得非常突出，表面看是多家机构齐抓共管，实际却是各机构推诿扯皮。更何况商业银行内部的营销服务机制合力也存在不足，市场产品和客户服务的主管人员往往各行其是，难以团结协同，不利于银行外汇交易业务市场竞争力的提升。

最后，拓展业务配套的优惠政策管理不完善。尤其是企业在实施贸易融资、外汇信贷等活动过程中，银行往往要进行多层审批，导致企业只能放弃自己的选择，这不仅造成了很多外汇业务流失，还为后续的外汇业务拓展增加了难度。

3. 风险控制手段欠佳

和一些发达国家和地区的金融机构相比较，我国商业银行对外汇交易业务市场风险的管理与控制能力不足，尤其是在构建全方位、适宜的风险控制模式方面，尚未摸索出一个系统完整、规范有效的风险控制体系。

首先，内部控制层面依然存在薄弱环节。目前，我国商业银行外汇业务内部风险控制的基础架构，尚处在一个亟待健全完善的阶段；尤其是一些分支银行机构的风险内控能力薄弱，对外汇业务市场风险的评估及对业务流程的全程监控还有待进一步强化。其次，风险控制的基础支撑体系不完善。银行在创新开展外汇业务时，对相关的市场风险控制岗位设置较少，能够有效把握外汇业务市场风险的理论人才及具有高端专业能力的人才短缺，加上银行机构在外汇业务方面依旧受到一些行政干预，因此风险控制难以到位，在客观上影响了外汇业务的可持续发展。最后，风险防控和管理机制相对落后。

## 二、化解外汇交易业务发展困境的对策

### (一) 强化商业银行外汇交易业务创新思路

首先，提高对外汇交易业务创新的认识。实践中，商业银行对外汇交易业务创新的认识

不应停留在原有的水平，要增强发展外汇交易业务的紧迫感，注重将外汇交易业务的创新提高到适应金融竞争的新高度，并且与其他金融业务的创新互动起来。此外，在原有外汇交易业务发展的基础上，还需明确地将外汇交易业务创新定为商业银行的发展战略之一，有计划地推进外汇交易业务的创新发展。

其次，树立外汇交易业务的差异化产品创新的发展思路。外汇交易市场中有大量的投资者，包括机构投资者和零售投资者。不同的投资者对外汇交易业务中的产品接受程度不一样，风险防范程度也不一样。当前商业银行外汇交易业务产品存在同质化的现象，这就需要商业银行发展差异化创新的产品来满足不同的投资者的需求。实践证明，差异化创新的发展思路不仅适合商业银行其他金融业务，也适合外汇交易业务。

再次，树立加快外汇交易业务衍生产品创新的发展思路。实践中，外汇交易业务的衍生产品乃是外汇交易业务发展的方向之一。考虑到国外外汇交易业务的衍生品市场较为成熟，国内商业银行可借鉴国外的相关经验，并与国内具体情况相结合，开发具有竞争力的衍生产品。

最后，树立与同业银行加强合作的发展思路。国内商业银行开展外汇交易业务时各有所长、各有所短，各商业银行应当加强外汇交易业务创新的横向联系与合作，注重相互借鉴，研究开发新的外汇交易产品，共同丰富我国外汇交易业务的品种。

### (二)完善商业银行外汇交易业务管理体系

首先，加强与外部监管部门合作。汇率市场的波动，往往会受到一系列经济及非经济因素的综合影响。这就要求商业银行在实施汇率市场预测分析的基础上，有针对性地实施一系列外汇交易决策，合理把握外汇交易市场的中长期走势，并据此来决定是否实施市场化交易，因此提升外汇交易业务的风险防控能力极为关键。在对汇率市场进行合理把握的过程中，商业银行不仅要通过科学合理的分析判断来准确掌握汇率市场的中长期走势及实施正确的交易战略，还要高度重视并积极做好汇率市场预测过程中的风险管理，才能保证机构运作收益的最大化实现。

实践中，国家外汇管理局(简称外汇局)和中国人民银行(简称央行)要及时给各商业银行提供最新的外汇交易信息和政策，让商业银行在预测汇率方面更加准确，毕竟外汇局具有全面而准确的数据，这是商业银行所不具备的。倘若外汇局对于大数据的共享能成为现实，那么将为汇率预测带来巨大的帮助；央行作为银行的银行，同样具有大量的数据资源，最重要的是央行还是货币政策的制定者。由于对外汇相关政策的掌握能力较强，央行应及时发布这类政策信息，帮助商业银行及时预测分析汇率走势等。

其次，选择合适的交易管理方式。在众多的外汇交易市场环节中，交易业务具体对象的确立最为关键，因为其资信状况及信誉程度等，会对交易双方能不能顺利实施市场化外汇交易构成直接影响。因此，紧紧依托一系列外汇交易业务的基本特点，有针对性地对交易业务对象实施信息管理至关重要。事实上，只有通过战略化的交易业务对象信息管理，对那些资信状况良好、品牌形象和市场运作能力稳定的交易对象进行合理的确定，才能保证一系列外汇交易业务的顺利实现。

一般来说，战略化的外汇交易业务对象信息管理应重点体现在四个层面：一是全面了解和掌握交易对象的市场运作和服务能力，及其对汇率市场风险的防控能力；二是全面了解交易对象的资信度,资信度和交易对象的经济实力、社会信誉以及品牌形象具有密不可分的关系,交易方资信度的高低能对双方的市场交易风险产生重要影响①;三是对交易对象的报价速度进行全面了解,良好的交易报价能力的最直接体现就是速度快,速度快可以让商业银行掌握最佳时机,从而促进外汇市场交易的圆满完成;四是对交易对象的综合报价能力进行全面分析了解。好的交易对象实施的报价行为,往往能够很好地反映市场汇率的基本趋势,并且体现交易对象经营运作能力及市场竞争力的高低。

### (三) 规范银行外汇业务内部管控机制

外汇业务,内控先行。银行要想全方位地做好外汇业务、不出差错,首先就要建立健全一整套的外汇业务内部控制制度。制度中不仅要包含所办业务的所有相关外汇管理政策规定和外汇局的窗口指导意见,还要结合银行自身实际和辖区外汇业务特点,将展业原则内化到内控制度中。要注重针对不同的业务,制定不同的内控制度和操作流程,根据人员配置设置好各层级的岗位职责、风险点和业务办理权限,并将每一条制度落实到每个外汇业务经办人身上,从源头上遏制操作风险,防范违规行为的发生;同时也要根据实际情况科学地设置岗位,做到岗位之间有制约,工作人员之间有配合,杜绝业务一手清的情况出现。另外,还要建好事后监管和内部审计制度,并以此组织一套完整、有效的内部控制制度,指引各条线人员合法合规办理外汇业务。

首先,强化内部控制意识。一方面,必须转变目前外汇业务从属于本币业务的传统理念。放眼未来,我国涉外经济必然会有长足的发展,辖区外汇业务规模和种类也将不断增加。银行要把握住目前外汇业务竞争相对较小的历史机遇,转变经营理念,强化内控意识,进一步提高对外汇业务的重视程度。

其次,构建新型外汇业务管理机制。进一步发挥外汇业务对公部门统一联系指导的功能,在外汇业务开办引导、事中审核、事后检查的基础上,构建新型的银行外汇业务管理体制。在对公部门内部单设外汇管理岗位,由部门负责人兼任,负责人根据外汇业务开展规模领导数名外汇业务专员,由外汇业务专员统一负责辖区内银行分支机构外汇业务开展中的各项工作并与外汇局直接联系。专员不仅要在银行网点准入、业务开办、事中事后监督检查中履行外汇专家的职责,还要充当一级外汇业务审核员,根据内控制度设定的权限,对部门外汇业务进行专员复核,以此提高银行执行外汇管理政策的效果,从内部引导一线柜员合规办理外汇业务。

最后,强化银行外汇从业人员岗位管理。目前银行外汇从业人员的大量流动已经影响到外汇业务的正常办理,建议银行从内控制度入手,规定外汇相关岗位的最短履职时间,相对地稳定外汇岗位从业人员,降低操作风险。对于不得不进行的人员调整,应实行一定时间的双人在岗工作模式,让新调入员工有充分的跟班学习时间,以师傅手把手带徒弟的方式,让新员工尽快适应岗位需要,避免因人员流动而出现外汇业务操作风险。同时,可建立外汇从业人员的激励处罚机制,按季度或年对从业人员进行内部考核,对未出现差错的进行奖励,对出现差错的扣减相关绩效奖金,以此双向激励从业人员认真合规地办理外汇业务。

---

① 比如,交易方的资信度不高,银行在实施外汇交易的过程中需要承担的信用转移风险就会无形中加大。

### (四)选择和培养高素质的交易人员

在商业银行机构中,外汇交易人员重点是指那些具有外汇市场交易能力并经过高端化、前沿化专业培训,能够顺利地办理一系列外汇交易业务的人员[1]。这些人员在市场化的外汇交易业务中,具有持续稳定的交易服务能力。从现阶段我国商业银行岗位及职称设置来看,尚未对外汇交易人员进行清晰的岗位确立,只是在一系列的外汇交易业务服务平台存在很多职能相近的外汇交易服务人员。从整体来看,由于高端化、专业化的综合素质能力培训跟不上,相关职能人员的持续稳定的交易服务能力还有待全面提升。

### (五)加快产品创新方面的管理

首先,要不断强化对一些国家和地区成熟衍生品市场的借鉴、学习,而且有必要专门组织重点人员甚至是管理层对欧美地区的衍生品市场实施方向性的研究与探索,从而找出适合我国国情的更加有价值的运作管理模式,进而立足我国市场的整体氛围、企业服务需要以及客户群体的服务需求,不断创新研发更加合适的新产品,促进我国外汇衍生品市场的发展。在此过程中,商业银行应主动放弃小我意识,立足国际外汇市场的需要,强化沟通交流,各银行互相借鉴和学习彼此在市场化产品设计、风险防控等层面的独到经验,积极研发适应时代特点的汇率避险类新产品。同时,要不断加大资金及技术的投入力度,大力提升我国商业银行的核心竞争力,通过战略化产品和服务创新来实现我国银行甚至是整个经济建设领域的共赢。

在产品市场风险管理及产品定价层面,银行则需要充分梳理围绕市场、让利客户群体和流程简化易行的思维方式,大幅压缩内部的保护壁垒和流转手续,充分依托利率平价理论体系对远期汇率市场实施更加合理的预测,促进行业领域创新服务能力的全面提升。

### (六)完善银行外汇业务监管机制

首先,构建银行外汇业务尽职调查报告制度。实践中,根据业务进程,该机制可按开业全面调查报告、业务发生调查报告、业务跟踪调查报告、专项业务调查报告以及定期综合调查报告机制等内容的顺序展开。在开业全面调查报告机制方面,应规定银行在引入某位客户时,需调查包括企业生产经营状况、财务运营状况、未来业务需求计划等情况在内的多方面内容。尽职调查后,应形成书面报告并定期批量报送外汇局。在业务发生调查报告机制方面,要求在涉汇主体发生部分具体业务时[2],银行应开展业务发生调查,加强关联性分析;对于高风险业务,银行应将书面调查报告报送外汇局。在业务跟踪调查报告机制方面,要求在办理资金收付业务后,赋予银行业务跟踪权利,让银行可要求涉汇主体补充该笔收付款相关的业务资料,动态了解涉汇主体的资金实际用途。在专项业务调查报告机制方面,要求对于外汇局或银行日常发现的具有普遍性的问题,可开展专项业务调查,分析其业务模式及其风险敞口,最终向外汇局进行专项业务调查报告报送。在定期综合调查报告机制方面,要求在年终时,加强对主体收支、结售汇、进出口、外汇贷款等各类外汇业务的全面梳理,结合其生

---

[1]　或者是一些特殊岗位的专业人员。
[2]　如,大额预收、预付,资本项目资金收付等。

产经营、财务状况，跨部门、跨行了解管理信息，进行全面综合调查，汇总形成年度综合调查报告，并报送至外汇局。

其次，进一步完善现行银行外汇监管相关法规。实践中，一方面，继续开展外汇法规清理和整合工作，对不适应业务发展和改革要求的部分外汇管理法规及时予以废止、宣布失效或予以修改；继续简化外汇法规管理体系，整合精简外汇管理法规数量，对所有现行的法规进行全面的整合、清理和简化。另一方面，注重完善银行外汇监管展业原则相关法规和配套制度①，尽快修改完善外汇管理条例，明确规定银行享有履行展业原则的权利，客户必须予以积极配合。

再次，完善外汇管理行政处罚自由裁量权管理②。加大对银行违规行为的处罚力度，可让银行认识到当其不择手段地追求业务开展规模而忽视外汇管理政策法规时，伴随违规业务而来的必然是外汇局的一张大额行政处罚告知书。

最后，完善可疑线索举报激励机制。在现有的案件举报奖励制度基础上，制定完善可疑线索举报激励机制。针对银行及其相关人员在办理外汇业务过程中遇到的可疑线索，主动配合外汇局查处违规案件。如果外汇局予以查实，可根据案件重要程度和行政处罚金额大小，通过考核加分或物质奖励等方式给相关举报人员以正向激励，以调动银行及其外汇经办人员的积极性，增强银行真实性审核效果。

### （七）完善银行外汇业务自律机制

完善外汇业务自律机制，可顺应我国外汇市场发展趋势，推动银行将外汇法规和内部控制相结合，把"他律"与"自律"结合，实现"外部约束"与"内部激励"并重，促进银行在外汇业务上公平竞争，提高市场规范化水平。

首先，将有外汇业务的银行全部纳入外汇业务自律管理体系。鉴于我国外汇业务展业自律机制由监管部门主导并且是对银行监管体系的一种重要补充，为保证自律机制的运行效果，避免银行的"道德风险"和监管缺位，建议在银行申办结售汇市场准入业务时，要求其同时完善自律机制。另外，基于银行外汇业务经营规模及对系统的重要性程度，保留尚不具备结售汇业务资格"观察成员"的自愿入会制度，充分体现自律机制的开放性。

其次，将外汇业务自律机制与银行其他自律管理机制有机整合。随着我国金融监管改革的推进，未来对银行业务的监管将是基于本外币一体化的全口径宏观审慎管理，因此理应建立与之配套的银行全口径业务自律管理体系。实践中，建议有机整合银行外汇、人民币业务自律机制，实现银行统一由某一权威部门③组织管理，并实现利率、汇率等金融市场自律机制的协同管理，最大限度节约自律管理成本，提高自律管理效率。

再次，扩展外汇业务自律机制对成员的服务功能，切实完善外汇业务自律机制的配套规范指引。在银行外汇业务自律机制走向正轨的基础上，借鉴国外银行业协会"服务"与"自律"的双目标定位，逐步加大对围绕银行自律机制的管理培训学习、会议研讨、业务宣传等服务项目的建设力度，不断拓展自律机制的服务功能，丰富服务形式，使银行切实体会到遵守

---

① 《银行结售汇业务管理办法实施细则》（汇发〔2014〕53号）首次提出银行应履行展业原则，但这只是规范性文件提出的要求，并未上升到相应法律法规层级。
② 目前外汇管理行政处罚自由裁量权的尺度较大，往往出现同案不同罚且罚款金额差异较大的情况。
③ 如银行业协会。

自律规范所带来的等值权益，以此督促和规范其更好地执行自律协议。同时，加大外汇自律机制的宣传力度，树立自律机制在行业内的良好形象，吸纳更多成员认识并加入自律体系，不断提高自律机制的影响力和权威性。

不仅如此，考虑到完善的自律规范还是银行有效实施自律的前提和保障，在当前跨境资金流动日趋频繁和银行外汇组合产品品种不断丰富的大背景下，建议一方面以现行国际收支项目分类管理为基础，实现银行外汇业务自律规范的全覆盖；另一方面研究推出银行风险警示、负面清单、监管警示案例等指引性文件，从信息交流和提供服务的角度辅助银行做好尽职审查，逐步完善自律规范并推进其成为银行外汇业务的行规行约和行业标准。

最后，完善银行外汇业务自律机制的奖惩措施。实践中，可出台自律机制奖惩办法，将其作为银行内控管理和自律监督管理的关键环节之一，使自律惩戒更具操作性和执行性。同时，加快自律机制信息交流平台建设，推动成员单位间加强业务交流和信息沟通，便于成员单位互相学习和监督，及时发现相关违背自律公约的行为，真正发挥自律机制的内部监督作用。

# 第三节　研究方法与基础理论

## 一、研究方法

由于外汇交易本身的复杂性，实践中其研究与管理方法也具有一定的复杂性与艰巨性。就外汇交易管理的研究而言，其方法主要有如下几个方面。

首先，文献资料分析法。主要指运用文献资料对国内外政府、金融机构、企业等主体的外汇交易风险管理体系建设的相关文献进行收集、整理和分析，进而为形成有效的外汇交易管理政策提供经验参考与理论依据。

其次，实地调查研究法。主要指通过对相关政府部门、金融机构、企事业单位的实地调研，发现现行的外汇交易管理政策之优缺点并为解决外汇交易管理困境提供有效的化解对策。

最后，系列分析方法的综合运用。一是风险管理因素分析法，主要是依据 COSO（美国反虚假财务报告委员会下属的发起人委员会）《风险管理框架》理论，结合汇率风险特性及汇率风险管理现状，对影响外汇交易管理的各层面要素进行分析，最终形成有效的外汇交易管理体系。二是组织理论研究方法，主要是根据组织管理理论，总结当前组织类型，从各组织结构的优缺点、特性及适用范围三方面对其进行分析，进而在现有的管理组织结构基础上设计适合我国外汇交易管理的组织体系。三是流程理论研究方法，主要是对外汇交易管理流程理论进行研究分析并在此基础上根据流程再造理论的核心思想对新的外汇交易管理流程体系进行设计。四是暮景分析法，主要指对外汇交易管理面临的汇率风险变动情况进行分析，随着项目进程的推进，研究其各个环节的工作将会产生何种汇率风险，确认何种识别方法适合对其进行定性分析并进行具体汇率风险识别方法的应用。五是定量分析法，主要指在对外汇交易管理应对体系进行设计时使用定量分析，对外汇交易管理的相关财务数据和业务情况进行量化分析，并根据各个方法的适用范围确定有效的外汇交易管理应对方法及应对策略。

## 二、基础理论

### (一)购买力平价理论

瑞典知名经济专家卡塞尔在充分总结归纳前人学术研究成果的基础上，独创性地构建了购买力平价理论体系。

这一理论体系的主要观点是，两个国家或者地区的货币汇率主要是由这两个国家或者地区的本国或本地区货币的购买能力所决定的。在理论结构上，这一理论体系可以划分为两种类型，即绝对化的购买力平价理论体系及相对化的购买力平价理论体系。其核心观点是汇率市场的长期趋势，均由购买力平价所决定。从长期化的创新发展来看，汇率市场的基本走势和具体的购买力平价趋势大体上是保持一致的。应用购买力平价理论体系，能够对人民币及外币汇率市场的决定因素进行明确的界定。

### (二)利率平价理论

享誉全球的英国著名经济学家凯恩斯，依托自身多年的研究探索经验构建了经典的利率平价学说体系。该理论体系主要是对利率水平的差异性可以对短期资本在国际的流动构成直接影响，进而引起汇率市场波动变化进行了客观解释。

依托利率平价理论体系的观点，投资群体为了赢得资本收益最大化，往往会将手中的资金资源通过汇率市场从利率水平较低的国家或者地区，转向利率水平较高的国家或者地区；而大量资金资源的流入，又可以让利率水平较高的国家或者地区的货币汇率存在贬值预期。这是因为所流入的资金资源毕竟是具有期限的，在投资到期之后，投资群体当然会将投资货币转换成本国家或者本地区的货币进行收回。在这个过程中，大量的市场投资者会集中抛售被投资国家或者地区的货币，造成该国家或者地区的货币严重供大于求，从而导致整个货币汇率急剧下跌；而在同时，本国家或者本地区大量货币的集中买进，又可能导致本国家或者本地区的货币严重供不应求，从而导致整个货币汇率急剧上升。因此从表现态势上来看，两个国家或者地区之间的当期性汇率甚至是远期性汇率，总是和两个国家或者地区之间的利息差异存在着千丝万缕的联系。每当两个国家或者地区之间的利率之差引起投资收益差异出现时，投资群体中就会出现套利行为，直到整个汇率被固化在某种特定的均衡水平之上。

虽然该理论体系在具体的前提假设上存在很多客观不足，但是其首次突破了传统意义上的国际化收支及物价水平的整体范畴，为后来该领域学者沿着资本流动的方向研究探索汇率市场的变化趋势，奠定了坚实的理论基础。

在观点构成上，该理论体系可以划分为两种类型，即抛补化的利率平价学说和非抛补化的利率平价学说。该理论体系还认为，在成熟市场中的远期汇率，基本上是由利率平价原理确定的，并不是到期交割时的实际汇率水平就一定是提前匡算出来的远期汇率。依托该理论所界定的远期汇率，银行机构应该作为风险中立者而存在。简单地讲，银行实施相关交易时，除收取一定的合理手续费用之外，还应该在利率差异及远期汇率升贴水方面保持中立。而对于客户群体来说，实施远期性外汇买卖，本身就具有汇率风险，因此不管到期时汇率水平怎么样，如果到期的价格反映了利率平价水平，客户群体就不应该再向银行机构支付任何额外的费用。但是在实际的运作中，汇率走势不仅会受到一系列利差的综合影响，还会受到诸如政策机制、政治环境以及其他客观因素的影响。即便是关于利差本身，因为全球化市场利率始终呈现动态变化的特征，所以不同时间段的利差水平肯定会有所不同，并且远期性的交割期限越长，其间的不确定因素就越多，两者的差异也会相应拉大。

### (三) 金融创新理论

该理论是由美国知名教授默顿在实施多项实证研究的基础上构建的。其认为全球金融创新发展的趋势非常显著，而之所以形成这种显著的创新发展趋势，主要在于以下四个因素。一是商业银行机构及企业规避风险的认识提升促进了创新发展。二是在经济全球化强力推进的大背景之下，银行机构、产业公司在市场中所面临的竞争不断加剧，因此创新发展成为他们寻找利润增长点的主要战略举措。三是当代前沿科技为商业银行机构实现创新发展搭建了坚实的基础。四是一系列金融创新产品的大量涌现，促进了银行经营投入成本的大幅度降低。值得注意的是，该理论体系在研究探索中重点应用了实证分析模式，并集约了大量计量经济应用模型来推导研究结论，进而确定了金融创新发展是时代趋势，从这些层面来讲，该理论对于助推我国商业银行机构实施全方位的创新发展，具有非常重要的参考价值。

## 第四节　外汇交易管理相关研究述评

### 一、商业银行外汇交易业务发展意义和作用研究

学者张平[①]在对多家银行机构外汇交易业务实施定向考察的基础上，认为商业银行机构在该领域所遇到的市场化竞争日趋激烈，而且这种变化态势促使着商业银行机构与企业的战略合作化格局发生了根本性的变化，过去的那种商业银行机构代客户进行外汇资金交易，往往依靠拼价格或者某一类型产品打天下的运作模式，已经难以适应客户群体的倾向性需求及整个时代的要求。在当前市场大幅波动的大背景之下，不但客户群体的倾向性需求呈现多样化、人性化的特点，而且同行业之间的竞争也呈现硝烟弥漫的激烈状态，因此商业银行机构应该及时调整自身的思维方式，大力提升自身分析市场、研发产品以及建设服务渠道的综合能力，不断挖掘和拓宽客户群体的倾向性需求，充分运用品牌优势凝聚客户群体的忠诚度和归属感，在竞争激烈的市场竞争中提升自身产品占有量。

学者郭庆平[②]则认为在当前外汇市场不断得到创新改革的背景下，商业银行机构的管理自由度得到了显著增加，因此国家相关机构必须进一步完善对外汇市场的监督管理，对这一行业领域实施立法覆盖，从而提升市场参与者的依法运作和自律意识。在这个过程中，央行也应该让商业银行机构拥有更大的自由操作空间，以便其充分依托外汇市场的变化来识别、防控和管理各种业务风险。

---

① 张平 . 城市化、财政扩张与经济增长[J]. 经济研究, 2011(5)：36-42.
② 郭庆平. 汇率政策与利率政策协调机制研究[M]. 北京：中国金融出版社, 2007.

## 二、国内商业银行外汇交易业务发展主要问题和对策研究

学者闫永记①在实施实证化研究探索的过程中，建议我国的商业银行机构运作以量补价的机制策略。他认为当前由于市场竞争的不断加剧，一系列交易产品的综合收益率普遍下降。在这种经营难度增加的情况下，扩大业务运作规模就成为各家商业银行机构的追求。因此要想促进资金交易及国际结算占比量的全方位提升，就必须大力挖掘和拓充交易运作的潜力。

学者张平②在实施多项考察研究的基础上，建议我国的商业银行机构立足交易市场的实际，主动设计适宜化的组合产品，促进运作效益的大幅度提升。他认为立足人民币汇率市场化程度不断提升和市场双向波动逐渐加剧的实际，商业银行应该及时调整交易策略，努力增强市场化运作和产品覆盖的灵活性、新颖性，突出对期权、远期性结售汇以及一系列跨境、跨区域结售汇产品的创新设计与应用，最大化地满足客户群体防控市场风险的倾向性需求，全力助推客户群体和商业银行机构的双赢。

学者王峰③则建议我国的商业银行机构大力提升客户群体的销售和服务能力。他认为我国尽管已经实施长达十余年的人民币汇率改革，但是客户群体对于一系列汇率市场风险的防范意识仍然不是很强，这种情况导致客户群体对一系列产品的选择客观保守。要想改变这种状况，就需要银行机构继续依托客户群体的构成特点实施多样化、人性化的销售对策。对于一些不了解银行衍生产品或者认知观念存在偏差的客户，应该有针对性地进行风险管理提醒，甚至可以实施相关的风险理念培训，促进他们早日成为成熟客户；而对那些能够很快接受新鲜事物并且风险意识强的客户，可以进行外汇期权及组合型期权等新产品的重点挖掘，以便为银行机构带来更多的交易机遇。由于市场波动性的不断增强及汇率走势判断难度的日趋提升，企业在面临多种风险的情况下，避险需求表现得非常强烈；而且国内的客户群体对于应用诸如远期、掉期以及组合期权等金融衍生产品的意识和风险防控的观念不是很强，企业所面临的汇率风险加剧，其对避险产品的倾向性需求必然为银行机构在业务发展上带来新的机遇。

## 三、国内商业银行外汇交易业务管理水平提升研究

学者韩霭晶④在研究探索中认为，我国的整个金融市场在实施汇改之前长期处在相对稳定的运作环境中，再加上一些商业银行发展外汇业务的时间很短，因此从整体上来看，商业银行对汇率风险的重视不够，而且几乎没有经验积累可供参考。只是近年来汇率市场大幅度波动，一些商业银行机构才开始对外汇风险管理的重要意义有了一个清醒的认识，但是整个风险管理体系依旧处在陈旧落后的状态，因此很难适应当前防控市场风险的整体需求。另外，一些商业银行机构在内部管理及岗位设置上缺乏必要的严密性和科学性，也在一定程度上制约了其汇率风险防控能力的提升。

① 闫永记.商业银行代客外汇交易业务发展策略[J].合作经济与科技，2013(6)：19-22.
② 张平.城市化、财政扩张与经济增长[J].经济研究，2011(5)：36-42.
③ 王峰.金融创新的扩散机理研究[D].大连：东北财经大学，2005.
④ 韩霭晶.我国商业银行面临的汇率风险管理中的问题及对策研究[J].现代营销，2013(6)：57-62.

　　学者任斌①对多家商业银行的外汇业务实施了定向考察，认为我国的商业银行机构应该强力推广电子化的营销渠道模式。他强调当前我国商业银行机构在实施外汇业务服务的过程中，无论是产品结构还是具体的交易模式，其同质化的特征都非常突出，难以适应客户群体的多样化需求；而广泛地应用电子化的营销渠道模式，将传统意义上的结售汇等业务都过渡到网络平台办理，研发一种更具有适应力的网银结售汇组合产品体系，不仅可以很好地适应当代电子化发展趋势，还可以充分改善客户群体的应用体验，让他们实现自主盯盘，进而挑选一个非常有利的市场时机来完成自身的业务交易。

　　学者兰晓强②在实施定向考察分析的过程中，建议我国商业银行机构大力加强一系列金融衍生产品的创新设计及对高端人才的战略培养。他认为，要想全方位地提升外汇市场交易质量和运作效益，就必须在制定实施风险管理策略的基础上，不断提升一系列金融产品的创新设计能力及市场定价能力，并围绕市场研发一些具有显著适应性的外汇衍生产品。在这个层面上，我国的商业银行机构可以充分借鉴和参考国外的经验，还可以和国外金融同行直接实施战略合作，以促进金融衍生业务运行水平的提升。此外，高端化的专业技术人才是一系列金融衍生业务快速发展的核心保证，因此，围绕市场及运作实际大力培养高端化的金融专业技术人才，对于我国商业银行机构来说，刻不容缓。

## 四、相关研究述评

　　立足理论研究的视角，相关学者不但已经对一系列的外汇交易业务实施深入细致、系统广泛的研究探索，而且广泛地探讨了适合我国国情特点的外汇交易业务创新发展模式的构建，积累了很多学术成果。但是从整体上来看，一系列外汇交易理论研究探索明显与行业实务实践难以有机地衔接，在对市场发展变化的宏观、微观适应上，相关认识观念也没有及时更新，因此在定性与定量的分析上略显苍白。

　　从外汇交易业务的运作实际来讲，许多商业银行机构的外汇交易业务运作管理水平还不是很高，战略化管理的思维方式及运作架构还没有走向成熟。未来可在充分归纳和分析一系列的外汇交易业务理论研究成果的基础上，以我国商业银行机构所实施的外汇交易业务运作管理现状为综合依据，有针对性地研究我国商业银行机构创新发展外汇交易业务的机制对策，并沿着创新发展的思维方向对相关市场产品的创新发展进行深入缜密的研究探索。

### 【本章小结】

　　改革开放以来，我国国民经济外向度迅猛提高。随着外汇业务在社会经济及商业银行整体业务中所占比重的提高，加强外汇交易管理及优化外汇交易管理手段与模式就具有了十分重要的理论意义与实践价值。尽管近年来我国外汇交易管理工作取得了诸多成绩，但离满足社会经济发展对外汇交易业务拓展及规范的需求仍存在较大差距。为此，我们有必要充分借鉴外汇交易管理的相关理论要求及发达国家与地区外汇交易管理

---

① 任斌. 金融创新是否促进了经济增长——基于省级面板数据的实证研究[J]. 财务与金融, 2015(2)：14-19.
② 兰晓强. 对新形势下外汇业务转型与创新的思考[J]. 东方企业文化, 2014(3)：33-37.

的经验教训，在深入了解中国社会经济发展及外汇交易管理实际的基础上，形成具有自身特色的外汇交易管理策略。

## 【思考与练习】

1. 简述改革开放以来我国外汇交易管理发展历程及未来拓展方向。
2. 简述我国商业银行外汇交易管理存在的问题及化解策略。
3. 简述利率平价理论的主要内容及其对外汇交易管理工作的指导意义。

## 【案例分析】

### 一、A银行发展情况分析

A银行是某国有四大银行在苏州的分行。苏州外向型经济发达，近几年外汇资金交易市场发展迅速，2014年以来，全市结售汇业务总量翻了一番，达到1000亿美元以上。结售汇业务的迅猛增长，一方面反映了苏州地区国际业务发展势头强劲，另一方面也使得苏州地区的外汇交易业务成为各大商业银行争夺的重要业务领域。

A银行近年开始重视外汇交易业务的发展。A银行资金条线克服困难，稳扎稳打，大力推进代客资金业务发展，取得了一定的业绩：收入占比大幅提升、业务量在系统内居于领先地位、客户数量大幅增长、新产品迅速突破。然而，在当地同业的全力竞争中，A银行也面临较大的经营压力。

目前，A银行的外汇交易员基本集中在分行国际部本部外汇资金交易团队，他们作为全行外汇资金业务的指挥中心、业务支持中心，负责全行外汇交易业务的市场推广与管理，直接参与若干重点客户的营销和维护。近年来，随着业务发展的需要，A银行外汇资金交易团队对市场的服务范围、频率和力度明显扩大和提升，然而与业务发展需求和业务均领先的兄弟分行相比，A银行外汇资金交易团队的人员数量和稳定性都亟待提高。

A银行外汇交易业务团队存在以下问题：一是数量不足，管理体系不健全。近几年，A银行资金交易团队成员数量基本保持在5人左右，其中团队经理1名，外汇资金交易员4名。二是队伍年轻化。目前该分行外汇资金交易团队人员平均从业时间只有2年，队伍年轻化趋势明显，缺乏成熟业务骨干。交易员队伍过于年轻直接对队伍专业化、职业化的提升造成制约，同时，也对风险防范和控制造成不利影响。三是缺乏专门的交易员晋升通道。交易员是一个专业性要求非常高的岗位，对队伍的稳定性有着特殊的要求。然而，缺乏专门的职业晋升通道一方面造成人员流失，另一方面也不利于提高员工的积极性，最终造成队伍长期不稳定。

为了促进A银行外汇交易业务的发展，A银行采用了差别化的管理。差别化管理是指综合考虑交易员的业务能力、经验水平等因素，在交易员准入、日常管理、交易权限等方面实行差别化对待。具体管理内容如下：一是分、支行区别管理。仅在分行层面设置交易员，支行层面以产品经理作为客户经理在营销资金业务时提供专业支持，形成"交易员——产品经理——客户经理"的稳定的金字塔形的专业队伍体系，最终有效地提升客户服务水平。二是对交易员分层级管理。A银行要求交易员必须具备全日制大学经济、金融、财会等相关专业本科及以上学历,严格遵守《A银行员工职业操守》,具有良好的职业素质和道德水准外,同时根据工作年限和业务技能,将交易员分成初级交易员、中级交易员、高级交易员、资深交易员。

除了上述管理措施外,A银行还加强了考核管理,如合理划分岗位,编制岗位说明书,列明岗位职责、权限、任职资格等,结合交易员的等级及其专业能力、经验水平等因素将交易员分配到不同岗位,做到人员与岗位的合理匹配。在此基础上,A银行通过绩效考核与行为考核来评定交易员,加快资金业务发展和交易员素质提高的速度,同时加强风险控制。绩效考核反映交易员所属团队的经营收入、收益率或市场份额等绩效指标的完成情况;行为考核反映交易员风险控制、合规操作、产品创新、职业操守等行为指标的执行情况。

### 二、A银行外汇交易业务发展过程中的经验和教训

A银行在发展外汇交易业务的过程中,值得其他商业银行借鉴的经验主要有以下三个。

首先,银行管理层对于外汇交易业务的重视。从案例中可以明确地看出,作为某四大国有银行支行的A银行,为了发展外汇交易业务,加大了金融市场业务的人力资源投入,并提出了组建交易员队伍的新方案。这说明A银行的管理层重视外汇交易业务的发展。商业银行从管理层开始重视这一业务,是商业银行开展外汇业务的重要契机,也是值得其他商业银行参考的宝贵经验。

其次,分层级的外汇业务管理模式。外汇交易业务的发展除了包括业务本身的产品创新外,还需要有科学合理的管理。通过A银行的案例可以看出,分层级的管理模式成了A银行外汇交易业务发展的关键点。A银行将交易员根据其业务技能和工作职责分成了初级交易员、中级交易员、高级交易员、资深交易员,不同层级的交易员的准入管理各不相同,相应的薪资水平也不相同。这样的管理模式是A银行外汇交易业务发展的重要保证。

最后,开辟了交易员晋升序列。A银行建立了交易员序列晋升的通道,以加大后备人才的储存力度,并对这些交易员进行定期的交流培训。

A银行在外汇交易业务的发展上虽然积累了一些经验,但也走了一些弯路。A银行主要有以下两个方面的教训:一是外汇交易业务管理的持续性不足。案例中的A银行提出的各种管理措施,都是在其上级银行的指示下进行的,虽然提出了阶段性的管理方案,在短期内有一定效果,但不具备长期性,一旦出现其他业务营利性较强的情况,管理层就会弱化对外汇交易业务的管理,这是其他商业银行应该谨记的教训。二是对交易员的培养急功近利。外汇交易业务需要有较高素质的交易员队伍,需要长时间的培养才能形成,但从案例中A银行的情况看,在过去的几年中A银行并没有重视对交易员的培养,而是在需要扩展外汇交易业务的时候,才出台培养交易员的方案,这明显是急功近利的表现。

### 三、A银行外汇交易业务发展优化方案

首先,强化外汇交易从业人员业务培训。A银行外汇交易员业务素质参差不齐,A银行需要加强日常业务培训工作,从分行层级的交易员到支行产品经理、客户经理,都要进行一系列不间断的系统化培训,从而提升从业人员的业务水平。

其次,优化外汇交易员晋升通道。A银行总行虽然已经出台相关文件,明确了外汇交易

员晋升序列,打通了外汇交易员晋升通道,并以此来激励外汇交易员以更大的热情投入外汇交易业务的推广工作,从而减少人才流失的情况,但 A 银行在执行过程中仍需加大执行力度,尤其是在交易员实际晋升过程中要做到严格但不拖延,使符合条件的交易员能够及时顺利地晋升,同时,相应的薪酬激励也要及时调整。

问题:

1.分析 A 银行管理模式的特点及其优化方向。

2.评价 A 银行外汇交易业务发展优化方案的优缺点。

# 第二章 外汇交易基础概述

## 第一节 外汇及汇率

### 一、外汇的含义

外汇具有动态和静态双重含义。外汇的静态概念，又分为狭义的外汇概念和广义的外汇概念。狭义的外汇指的是以外国货币表示、为各国普遍接受、可用于国际债权债务结算的各种支付手段。它必须具备三个特点：可支付性①、可获得性②和可兑换性③。广义的外汇指的是一国拥有的一切以外币表示的资产。国际货币基金组织（IMF）对此的定义为："外汇是货币行政当局④以银行存款、财政部库券、长短期政府证券等形式保有的在国际收支逆差时可以使用的债权。"中国于 2008 年修订的《中华人民共和国外汇管理条例》（简称《外汇管理条例》）规定："本条例所称外汇，是指下列以外币表示的可以用作国际清偿的支付手段和资产：（一）外币现钞，包括纸币、铸币；（二）外币支付凭证或者支付工具，包括票据、银行存款凭证、银行卡等；（三）外币有价证券，包括债券、股票等；（四）特别提款权；（五）其他外汇资产。"外汇的动态概念，是指货币在各国间的流动，以及把一个国家的货币兑换成另一个国家的货币，借以清偿国际债权、债务关系的一种专门性的经营活动。它是国际汇兑（foreign exchange）的简称。

### 二、外汇的特征

如果从外汇交易的区域范围和速度来看，外汇市场具有空间统一性和时间连续性两个基本特点。所谓空间统一性是指由于各国外汇市场都用现代化的通信技术（电话、电报、电传等）进行外汇交易，它们之间的联系非常紧密，整个世界越来越连成一片，形成了一个统一的世界外汇市场。

所谓时间连续性主要是指世界上的各个外汇市场在营业时间上相互交替，形成一种前后继起的循环作业格局。外汇市场的组成部分是汇票的交易公司或个人。他们利用自己的资金买卖外汇票据，从中取得买卖价差。外汇交易商多数是信托公司、银行等兼营机构，市场特点是全球化和 24 小时不间断。

---

① 必须是以外国货币表示的资产。
② 必须是在国外能够得到补偿的债权。
③ 必须是可以自由兑换为其他支付手段的外币资产。
④ 中央银行、货币管理机构、外汇平准基金及财政部。

### 三、外汇的分类

根据不同的标准,外汇可以分为不同的类型。

#### (一)以外汇管制程度为标准

按外汇管制程度不同可以分为现汇和额度外汇。现汇是可以立即作为国际结算的支付手段,中国《外汇管理条例》所称的四种外汇均属现汇。额度外汇是指国家批准的可以使用的外汇指标。如果想把指标换成现汇,必须按照国家外汇管理局公布的汇率牌价,用人民币在指标限额内向指定银行买进现汇,并按规定用途使用。

#### (二)以交易性质为标准

根据交易性质不同可以将外汇分为贸易外汇和非贸易外汇。

贸易外汇,来源于出口和支付进口的货款以及与进出口贸易有关的从属费用,如运费、保险费和样品、宣传、推销等所用的外汇。非贸易外汇,是进出口贸易以外收支的外汇,如侨汇、旅游、港口、民航、保险、银行、对外承包工程等外汇收入和支出。

#### (三)以外汇使用权为标准

根据外汇使用权不同,可将外汇分为中央外汇、地方外汇和专项外汇。

中央外汇,一般由原国家计委掌握,分配给中央所属部委,通过国家外汇管理局直接拨到地方各贸易公司或其他有关单位,但使用权仍属中央部委或其所属单位。地方外汇,指中央政府每年拨给各省、自治区、直辖市使用的固定金额外汇,主要用于重点项目或拨给无外汇留成的区、县、局使用。专项外汇,指根据需要由原国家计委随时拨给并指定专门用途的外汇。

#### (四)其他分类方法

除上述分类方法以外,还有其他的外汇分类。譬如,留成外汇,指为鼓励企业创汇的积极性,在企业收入的外汇卖给国家后,国家根据规定将一定比例的外汇(指额度)返回创汇单位及其主管部门或所在地使用。调剂外汇,指通过外汇调剂中心相互调剂使用的外汇。自由外汇,指经国家批准保留的靠企业本身积累的外汇。营运外汇,指经过外汇管理局批准的可以用收入抵支出的外汇。一次使用外汇额度指在规定期限内没有用完,到期必须上缴的外汇额度,而周转外汇额度在使用一次后还可继续使用。境内的机关、部队、团体、企事业单位以及住在境内的中国人、外国侨民和无国籍人所收入的外汇属于居民外汇。驻华外交代表机构、领事机构、商务机构、驻华的国际组织机构和民间机构以及这些机构常驻人员从境外携入或汇入的外汇都属于非居民外汇。

主要的外汇货币有美元、欧元、英镑、日元、澳大利亚元、加拿大元、新加坡元、瑞士法郎等。

## 四、汇率的含义及分类

### (一)汇率的含义

汇率即两种货币之间的兑换比率,亦可视为一种货币对另一种货币的价值,又称外汇利率或外汇行市。汇率是各个国家为了达到其政治目的而采取的金融手段。汇率会因为利率、通货膨胀、国家的政治和经济等原因而变动。汇率是由外汇市场决定的。

### (二)汇率的分类

根据不同的标准,汇率可以分为下列类型:

1.按国际货币制度的演变划分,有固定汇率和浮动汇率

固定汇率,是指由政府制定和公布,并只能在一定幅度内波动的汇率。

浮动汇率,是指由市场供求关系决定的汇率。其涨落基本自由,一国货币当局原则上没有维持汇率水平的义务,但必要时可进行干预。

2.按制定汇率的方法划分,有基本汇率和套算汇率

(1)基本汇率。

各国在制定汇率时必须选择某一国货币作为主要对比对象,这种货币称之为关键货币。根据本国货币与关键货币实际价值的对比,制定出对关键货币的汇率,这个汇率就是基本汇率。一般美元是国际支付中使用较多的货币,各国都把美元当作制定汇率的主要货币,常把对美元的汇率作为基本汇率。

(2)套算汇率。

套算汇率是指各国按照对美元的基本汇率套算出的直接反映其他货币之间价值比率的汇率。

3.按银行买卖外汇划分,有买入汇率、卖出汇率、中间汇率和现钞汇率

(1)买入汇率。

买入汇率也称买入价,即汇率银行向同业或客户买入外汇时所使用的汇率。采用直接标价法时,外币折合本币数较少的那个汇率是买入价,采用间接标价法时则相反。

(2)卖出汇率。

卖出汇率也称卖出价,即银行向同业或客户卖出外汇时所使用的汇率。采用直接标价法时,外币折合本币数较多的那个汇率是卖出价,采用间接标价法时则相反。

买入价与卖出价之间的差价,即银行买卖外汇的收益,一般为1‰~5‰。银行同业之间买卖外汇时使用的买入汇率和卖出汇率也称同业买卖汇率,它实际上就是外汇市场买卖价。

(3)中间汇率。

中间汇率是买入价与卖出价的平均数。西方报道汇率消息时常用中间汇率,套算汇率也是用有关货币的中间汇率套算得出的。

(4)现钞汇率。

一般国家都规定,不允许外国货币在本国流通,只有将外币兑换成本国货币,才能够购买本国的商品和劳务,并因此产生了买卖外汇现钞的兑换率,即现钞汇率。按理现钞汇率应与外汇汇率相同,但因需要把外币现钞运到各发行国去,要花费一定的运费和保险费,所以

银行在收兑外币现钞时的汇率通常要低于外汇买入汇率,而银行卖出外币现钞时使用的汇率则高于其他外汇卖出汇率。

4.按银行外汇付汇方式划分,有电汇汇率、信汇汇率和票汇汇率

(1)电汇汇率。

电汇汇率是经营外汇业务的本国银行在卖出外汇后,即以电报委托其国外分支机构或代理行付款给收款人所使用的一种汇率。因为电汇付款快,银行无法占用客户资金头寸,同时,国际的电报费用较高,所以电汇汇率较一般汇率高。但是电汇调拨资金速度快,有利于加速国际资金周转,因此电汇在外汇交易中占有绝大的比重。

(2)信汇汇率。

信汇汇率是银行开具付款委托书,用信函方式通过邮局寄给付款地银行转付收款人所使用的一种汇率。因为付款委托书的邮递需要一定的时间,银行在这段时间内可以占用客户的资金。所以信汇汇率比电汇汇率低。

(3)票汇汇率。

票汇汇率是指银行在卖出外汇时,开立一张由其国外分支机构或代理行付款的汇票交给汇款人,由汇款人自带或寄往国外取款时所使用的汇率。因为票汇从卖出外汇到支付外汇有一段间隔时间,银行可以在这段时间占用客户的头寸,所以票汇汇率一般比电汇汇率低。票汇有短期票汇和长期票汇之分,其汇率也不同。因为银行能运用客户资金的时间更长,所以长期票汇汇率较短期票汇汇率低。

5.按外汇交易交割期限划分,有即期汇率和远期汇率

(1)即期汇率。

即期汇率也叫现汇汇率,是指买卖外汇双方成交当天或两天以内进行交割的汇率。

(2)远期汇率。

远期汇率是在未来一定时期进行交割,而事先由买卖双方签订合同、达成协议的汇率,到了交割日期,由协议双方按预订的汇率、金额进行钱汇两清。远期外汇买卖是一种预约性交易,是由于外汇购买者对外汇资金需要的时间不同,以及为了避免外汇汇率变动风险而引起的交易。外汇的远期汇率与即期汇率相比是有差额的。这种差额叫远期差价,有升水、贴水、平价三种情况,升水表示远期汇率比即期汇率贵,贴水则表示远期汇率比即期汇率便宜,平价表示两者相等。

6.按对外汇管理的宽严区分,有官方汇率和市场汇率

(1)官方汇率。

官方汇率是指国家机构①公布的汇率。官方汇率又可分为单一汇率和多重汇率。多重汇率是一国政府对本国货币规定的一种以上的对外汇率,是外汇管制的一种特殊形式。其目的在于奖励出口限制进口,限制资本的流入或流出,以改善国际收支状况。

(2)市场汇率。

市场汇率是指在自由外汇市场上买卖外汇的实际汇率。在外汇管理较松的国家,官方宣布的汇率往往只起中心汇率作用,实际外汇交易则按市场汇率进行。

---

① 财政部、中央银行或外汇管理局。

7.按银行营业时间划分，有开盘汇率和收盘汇率

（1）开盘汇率。

开盘汇率又叫开盘价，是外汇银行在一个营业日刚开始营业时进行外汇买卖使用的汇率。

（2）收盘汇率。

收盘汇率又称收盘价，是外汇银行在一个营业日外汇交易终了时使用的汇率。

## 五、汇率的标价方法

要确定两种不同货币之间的比价，先要确定用哪个国家的货币作为标准。由于确定的标准不同，产生了几种不同的外汇汇率标价方法。

### （一）直接标价法

直接标价法，指以一定单位（1、100、1000、10000）的外国货币为标准来计算应付多少单位本国货币。因为相当于计算购买一定单位外币所应付多少本币，所以又叫应付标价法。在国际外汇市场上，包括中国在内的世界上绝大多数国家目前都采用直接标价法。

在直接标价法下，若一定单位的外币折合的本币数额多于前期，则说明外币币值上升或本币币值下跌，也叫作外汇汇率上升；反之，如果用比原来较少的本币即能兑换到同一数额的外币，则说明外币币值下跌或本币币值上升，也做外汇汇率下跌，即外币的价值与汇率的涨跌成正比。直接标价法与商品的买卖常识相似，例如美元的直接标价法就是把美元外汇作为买卖的商品，以美元为1单位，且单位是不变的，而作为货币一方的人民币是变化的。一般商品的买卖也是这样，例如500元买进一件衣服，550元把它卖出去，赚了50元，商品没变，而货币却增加了。

### （二）间接标价法

间接标价法又称应收标价法。它是以一定单位（如1个单位）的本国货币为标准，来计算应收若干单位的外汇货币。在国际外汇市场上，欧元、英镑、澳元等均为间接标价法。在间接标价法中，本国货币的数额保持不变，外国货币的数额随着本国货币币值的变化而变化。如果一定数额的本币能兑换的外币数额比前期少，则表明外币币值上升、本币币值下降，即外汇汇率上升。反之，如果一定数额的本币能兑换的外币数额比前期多，则说明外币币值下降、本币币值上升，即外汇汇率下跌。外汇的价值和汇率的升跌成反比。因此，间接标价法与直接标价法相反。

直接标价法和间接标价法所表示的汇率涨跌的含义相同，即外币贬值，本币升值，汇率下降；外币升值，本币贬值，汇率上升，二者的不同之处在于标价方法，所以在引用某种货币的汇率和说明其汇率高低涨跌时，必须明确采用的是哪种标价方法，以免混淆。

### （三）美元标价法

美元标价法又称纽约标价法，是指在纽约国际金融市场上，除对英镑用直接标价法外，对其他外国货币用间接标价法的标价方法。美元标价法由美国在1978年9月1日制定并执行，是国际金融市场上通行的标价法。

# 第二节　外汇交易

## 一、外汇交易的含义

外汇交易就是一国货币与另一国货币进行兑换。与其他金融市场不同，外汇市场没有具体地点，没有中央交易所，而是通过银行、企业和个人间的电子网络进行交易。

外汇交易可以分为现钞交易、现货外汇交易、合约现货外汇交易、外汇期货交易、外汇期权交易、远期外汇交易、掉期外汇交易等。其中合约现货外汇交易，又称外汇保证金交易，是国际上比较流行的交易方式，一般只需缴付不超过10%的交易保证金，便可以按照一定倍数买卖十万、甚至上百万的外汇。

为了便于不同类型的买家和卖家做广泛及连续的货币交易，外汇交易除周末外每天24小时进行。

## 二、外汇交易的规则

### (一)顺势而为

外汇交易一定要懂得"顺势而为"，要事先判断好大势，然后跟着趋势下单，只做顺势单，不做逆势单。比如上涨行情中，每次向下回调之后都是做多机会；下跌行情中，每次向上反弹之后都是做空机会。

### (二)看准时机

外汇交易，看准时机很重要，尤其是入场时机，通常选对了入场时机，一次交易也就有了60%的胜算。假如在上涨行情中有一次回撤，38.2%回撤位将是第一次入场时机，这时汇价通常会受到支撑然后反弹，如果没有把握住时机，在已经上涨了一定幅度后再入场，交易的盈利就会大打折扣。

### (三)止盈止损

止损和止盈在外汇交易中也是相当重要的，把握住了止损位和止盈位，可以将损失降到最低，保证收益最大化。假如下错了一个单子，外汇价格朝相反的方向走，这时应该及时止损，如果心存侥幸，以为总归会折返回来，可能会进一步加大损失；同样如果一个单子是盈利的，到了一定幅度也应该及时止盈，否则外汇价格朝相反方向走，就会缩减盈利。

### (四)控制仓位

控制仓位是外汇交易的命脉，仓位越大，盈利单收益越大，亏损单的损失也会越大。有些人只想着赚钱，盲目重仓操作，结果一旦方向搞反，就很有可能导致爆仓，直接出局。因此，控制仓位至关重要，一般一个单子用10%仓位比较保险，最多用20%。

### (五)把握心态

外汇交易一定要把握好心态，按照入场点位、止损位、止盈位设定好后，要严格遵守交易纪律，不要因行情起落而随意更改策略。同时，交易过程中切勿只盯着账户资金变化，而忘记了交易最大的乐趣是对汇价的判断和制定策略的准确度。

在外汇交易过程中，顺势而为、看准时机、止盈止损、控制仓位、把握心态这五点一定要牢记。

### 三、外汇交易的方式

在中国适合中小投资者参与的外汇交易方式主要有两种：外汇实盘交易和外汇保证金交易。前者可以通过开设银行账户交易，后者主要是通过在国外一些交易商在国内的代理商处开户后入金交易，因为国内目前没有自己的交易商。

#### （一）实盘交易

外汇实盘交易又称外汇现货交易。在中国，个人外汇交易是指个人委托银行，参照国际外汇市场实时汇率，把一种外币买卖成另一种外币的交易行为。由于投资者必须持有足额的外币才能进行交易，缺少保证金交易的卖空机制和融资杠杆机制，外汇现货交易也被称为外汇实盘交易。自从1993年12月上海工商银行开始代理个人外汇买卖业务以来，随着中国居民个人外汇存款的大幅增长、新交易方式的引进和投资环境的变化，个人外汇买卖业务迅速发展，外汇市场目前已成为中国除股票以外最大的投资市场。多家银行都开展了个人外汇买卖业务，国内的投资者，凭手中的外汇，到这些银行办理开户手续，存入资金，即可通过互联网、电话或柜台进行外汇买卖。

#### （二）保证金交易

外汇保证金交易又称虚盘交易，就是投资者用自有资金作为担保，从银行或经纪商处获得融资来进行外汇交易，也就是放大投资者的交易资金。融资的比例大小，一般由银行或者经纪商决定，融资的比例越大，客户需要付出的资金相对就越少。

### 四、外汇交易时间及交易特点

外汇交易24小时进行，每个时间段都有其交易特点。

（1）北京时间5：00—14：00行情一般极其清淡。

这主要是因为亚洲市场的推动力量较小。这个时段的一般震荡幅度在30点以内，没有明显的方向，多为调整和回调行情，一般与当天的方向走势相反，若当天走势上涨则这段时间多为小幅震荡的下跌。这一时段的行情由于大多没有方向可言，保证金交易者可以在早上北京时间6：00—8：00观察一下，若行情为上下波浪震荡形态[①]，可以在行情震荡到两端时作5~15点的操作，只放止赢不做短线止损即可，若到11：00后还不能挣钱则要及时平仓止损。这种做法称为5点法，是不能盯盘做的，适合操作技巧不高的投资者，最终止损可放30~40点，实盘交易者则不适用！

（2）北京时间14：00—18：00为欧洲上午市场，15：00后一般有一次行情。

欧洲开始交易后资金会增加，若资金量大就会呈现大的波动，并且此时段也会伴随一些

---

① 看15分钟或5分钟的图形。

对欧洲货币影响力大的数据的公布，故一般震荡幅度在 40~80 点。一般会在 15：30 后开始真正的行情，且多半会伴随着背离和突破等指标。

（3）北京时间 18：00—20：00 为欧洲的中午休息和美洲市场的清晨，较为清淡。

（4）北京时间 20：00—24：00 为欧洲市场的下午盘和美洲市场的上午盘，波动最大。

这段时间是行情波动最大的时候，也是资金和参与人数最多的时段，一般为 80 点以上的行情。

（5）北京时间 24：00 后到清晨，为美国的下午盘，技术调整。

一般此时已经走出了较大的行情。这段时间多为对前面行情的技术调整，2020 年国际各主要外汇市场的交易时间安排，见表 2-1。

表 2-1　2020 年国际各主要外汇市场开盘收盘时间（北京时间）

| 外汇市场 | 开放时间（北京时间） |
| --- | --- |
| 新西兰惠灵顿外汇市场 | 05：00—13：00（冬令时间 04：00—12：00） |
| 澳大利亚悉尼外汇市场 | 07：00—15：00（冬令时间 06：00—14：00） |
| 日本东京外汇市场 | 08：00—14：30 |
| 新加坡外汇市场 | 09：00—16：00 |
| 英国伦敦外汇市场 | 15：30—23：30（冬令时间 16：30—00：30） |
| 德国法兰克福外汇市场 | 14：00—22：00 |
| 美国纽约外汇市场 | 20：20—03：00（冬令时间 21：20—04：00） |
| 中国香港外汇市场 | 09：00—16：00 |

# 第三节　外汇市场

## 一、外汇市场的概念

外汇市场，是指经营外币和以外币计价的票据等有价证券买卖的市场；是金融市场的主要组成部分；是在国际从事外汇买卖、调剂外汇供求的交易场所。它的职能是经营货币商品，即不同国家的货币。所有买卖外汇的商业银行、专营外汇业务的银行、外汇经纪人、进出口商，以及其他外汇供求者都可经营各种现汇交易及期汇交易，这一切外汇业务组成了一国的外汇市场。

## 二、外汇市场的主体

外汇交易市场是全球最大的金融产品市场，在这里，银行、机构、投资者和个人之间的交易时刻进行着。与其他金融市场不同，外汇市场没有具体地点，也没有中央交易所，而是通过银行、企业和个人间的电子网络进行交易。外汇市场的参与者，主要包括中央银行、外汇银行、外汇银行的客户、外汇交易商和外汇经纪商。

## (一)中央银行与监管机构

外汇市场上有一个重要的参与者是各国的中央银行。这是因为各国的中央银行都持有相当数量的外汇余额作为国际储备的重要构成部分,并承担着维持本国货币金融市场的职责。中央银行负责发行一国货币,持有及调度外汇储备,维持该国货币的对内及对外价值。在浮动汇率制度下,中央银行经常被迫买进或卖出外汇来干预外汇市场,以维持市场秩序。央行有时也会为了调节货币标准或政策上的需要,在公开市场上进行干预。这种干预行动基本上是和市场大众持不同的立场,通常没有特殊的因素,中央银行是不会主动出面干预的。通常央行干预外汇市场只能收到暂时的效果,只能使汇率变化速度不致上升或下跌太快,无法改变长期基本的走势。另外,由于外汇市场的重要性,各国一般由专门的监管机构来规范外汇市场的发展,我国外汇市场的监管机构为国家外汇管理局。

## (二)外汇银行

外汇银行又叫外汇指定银行,是指根据外汇法由中央银行指定可以经营外汇业务的商业银行或其他金融机构。外汇银行大致分为三类:专营或兼营外汇业务的本国商业银行,在本国的外国商业银行分行及本国与外国的合资银行,经营外汇业务的其他金融机构。我国的外汇指定银行包括四大国有商业银行和交通银行等全国性的股份制商业银行,以及具有外汇经营资格的外资银行在华分支机构,目前很多地方商业银行和信用社还不具备外汇指定银行的资格。银行外汇部门的主要业务就是将商业交易与财务交易的客户资产与负债从一种货币转换为另一种货币,这种转换可以即期交易(SPOT)或远期交易(FORWARD)的方式办理。由于从事外汇交易的银行为数众多,外汇买卖亦日渐普及。

## (三)外汇经纪商

外汇经纪商(exchange dealer)指介于外汇银行之间、外汇银行和其他外汇市场参与者之间,进行联系、接洽外汇买卖,从中赚取佣金的经纪公司或个人。外汇经纪商及经纪人,本身并不承担外汇交易的盈亏风险,其从事中介工作的收益为佣金收入(broker fee or commission)。因外汇经纪人熟悉市场外汇供需情形、消息及图表的分析,以及汇率变化涨跌及买卖程序,故投资人乐于采用。

目前中国外汇市场上外汇经纪商的角色已经出现,随着中国外汇市场的发展,外汇经纪商的作用会逐步扩大。

## (四)外汇银行的客户

在外汇市场中,凡与外汇银行有外汇交易关系的公司和个人,都是外汇银行的供应者、需求者和投机者,都在外汇市场上占有重要的地位。他们中有为进行国际贸易、国际投资等经济交易而买卖外汇者,也有零星的外汇供求者,如国际旅游者、留学生等。我国外汇银行的顾客主要是有外汇需要的各类企业,它们由于生产经营和国际贸易的需要而产生了外汇的需求和供给。随着中国国门的开放和人们收入的普遍提高,个人在外汇交易中的地位开始变得越来越重要。

### (五)交易中心

大部分国家的外汇市场都有一个固定的交易场所,交易中心为参与交易的各方提供了一个有规则和次序的交易场所和结算机制,既便利了会员之间的交易,又促进了市场的稳定与发展。位于上海外滩的中国外汇交易中心是我国外汇交易的固定交易场所。

中央银行、外汇银行、外汇经纪商、外汇银行的客户四大主体对市场的参与,构成了外汇市场全部交易的五大形式或关系:

第一,外汇银行与外汇经纪商或客户之间的外汇交易;

第二,同一外汇市场的各外汇银行之间的外汇交易;

第三,不同外汇市场的各外汇银行之间的外汇交易;

第四,中央银行与各外汇银行之间的外汇交易;

第五,各中央银行之间的外汇交易。

## 三、外汇市场的特点

### (一)昼夜不停,全天 24 小时连续运作

由于全球金融中心的地理位置不同,全球各大外汇市场因时间差的关系,成为昼夜不停、全天 24 小时连续运作的巨大市场。惠灵顿、悉尼、东京、香港、法兰克福、伦敦、纽约等各大外汇市场紧密相连,为投资者提供了没有时间和空间障碍的理想投资场所。只有星期六、星期日以及各国的重大节日,外汇市场才关闭。

### (二)世界上最大的金融交易市场

外汇市场是世界上最大的金融交易市场,2019 年平均日交易额超过 6 万亿美元,最高峰甚至能达到 11 万亿美元。其规模已远远超过股票、期货等其他金融商品市场,财富转移的规模愈来愈大,速度也愈来愈快。

### (三)"有市无场"

外汇买卖是通过没有统一操作市场的行商网络进行的,现代化通信设备和电子计算机大量应用于这个由信息流和资金流组成的无形市场。各国外汇市场之间已形成一个快速、发达的通信网络,任何一地的外汇交易者都可通过电话、电脑、手机等设备在全球联通的网络进行外汇交易,完成资金的划拨和转移。这种没有统一场地的外汇交易市场被称为"有市无场"。虽然外汇市场"有市无场",但它具备信息公开、传递迅速的特点。

### (四)"零和游戏"

在外汇市场上,汇价波动表示两种货币价值量的变化,也就是一种货币价值的减少与另一种货币价值的增加。因此有人形容外汇市场是"零和游戏",更确切地说是财富的转移。

### (五)双向交易

外汇市场可以进行双向交易。交易者可以先买后卖进行多头交易,也可以先卖后买进行

空头交易。而股票市场则只能是"先买后卖"进行单向交易。

## 四、外汇市场的功能

外汇市场的功能主要表现在三个方面：一是实现购买力的国际转移；二是提供资金融通；三是提供外汇保值和投机的市场机制。

### (一) 实现购买力的国际转移

国际贸易和国际资金融通至少涉及两种货币，而不同的货币对不同的国家形成购买力，这就要求将本国货币兑换成外币来清理债权债务关系，使购买行为得以实现。而这种兑换就是在外汇市场上进行的。外汇市场所提供的就是这种购买力转移交易得以顺利进行的经济机制，它的存在使各种潜在的外汇售出者和外汇购买者的意愿能联系起来。当外汇市场汇率变动使外汇供应量正好等于外汇需求量时，所有潜在的出售和购买愿望都得到了满足，外汇市场处于平衡状态。这样，外汇市场提供了一种购买力国际转移机制。同时，由于发达的通信工具已将外汇市场在世界范围内连成一个整体，使得货币兑换和资金汇付能够在极短的时间内完成，购买力的这种转移已经变得非常迅速和方便。

### (二) 提供资金融通

外汇市场向国际的交易者提供了资金融通的便利。外汇的存贷款业务集中了各国的社会闲置资金，从而能够调剂余缺，加快资本周转。外汇市场为国际贸易的顺利开展提供了保证，当进口商没有足够的现款提货时，出口商可以向进口商开出汇票，允许延期付款，同时以贴现票据的方式将汇票出售，拿回货款。外汇市场便利的资金融通功能也促进了国际借贷和国际投资活动的顺利进行。美国发行的国库券和政府债券中很大部分是由外国官方机构和企业购买并持有的，这种证券投资在脱离外汇市场的情况下是不可想象的。

### (三) 提供外汇保值和投机的市场机制

在以外汇计价成交的国际经济交易中，交易双方都面临着外汇风险。由于市场参与者对外汇风险的判断和偏好的不同，有的参与者宁可花费一定的成本来转移风险，而有的参与者则愿意承担风险以实现预期利润。由此产生了外汇保值和外汇投机两种不同的行为。在金本位和固定汇率制下，外汇汇率基本上是平稳的，因而就不会形成外汇保值和投机的需要及可能。而浮动汇率下，外汇市场的功能得到了进一步的发展，外汇市场的存在既为套期保值者提供了规避外汇风险的场所，又为投机者提供了承担风险、获取利润的机会。

## 五、外汇市场的分类

### (一) 无形外汇市场和有形外汇市场

按外汇市场的外部形态，可将外汇市场分为无形外汇市场和有形外汇市场。无形外汇市场，也称为抽象的外汇市场，是指没有固定、具体场所的外汇市场。这种市场最初流行于英国和美国，故其组织形式被称为英美方式。现在，这种组织形式不仅扩展到加拿大、东京等地区，而且也渗到了欧洲大陆。无形外汇市场的主要特点是：第一，没有确定的开盘与收盘时间。第二，外汇买卖双方无须进行面对面的交易，外汇供给者和需求者凭借电传、电报和电话等通信设备与外汇机构联系。第三，各主体之间有较好的信任关系。目前，除了个别欧洲大陆国家的一部分银行与顾客之间的外汇交易还在外汇交易所进行外，世界各国的外汇交易均通过现代通信网络进行。无形外汇市场已成为外汇市场的主导形式。

有形外汇市场，也称为具体的外汇市场，是指有具体的固定场所的外汇市场。这种市场最初流行于欧洲大陆，故其组织形式被称为大陆方式。有形外汇市场的主要特点：第一，固定场所一般指外汇交易所，通常位于世界各国金融中心。第二，从事外汇业务经营的双方都在每个交易日的规定时间内进行外汇交易。在自由竞争时期，西方各国的外汇买卖主要集中在外汇交易所，但进入垄断阶段后，银行垄断了外汇交易，致使外汇交易所日渐衰落。

### (二)自由外汇市场、外汇黑市和官方市场

按外汇所受管制程度，外汇市场可以分为自由外汇市场、外汇黑市和官方市场三种。自由外汇市场是指政府、机构和个人可以买卖任何币种、任何数量外汇的市场。自由外汇市场的主要特点：第一，买卖的外汇不受管制。第二，交易过程公开①。

外汇黑市是指非法进行外汇买卖的市场。外汇黑市的主要特点：第一，是在政府限制或法律禁止外汇交易的条件下产生的。第二，交易过程具有非公开性。因为发展中国家大多执行外汇管制政策，不允许自由外汇市场存在，所以这些国家的外汇黑市比较普遍。

官方市场是指按照政府外汇管制法令来买卖外汇的市场。这种外汇市场对参与主体、汇价和交易过程都有具体的规定。在发展中国家，官方市场较为普遍。

### (三)外汇批发市场和外汇零售市场

按外汇买卖的范围，外汇市场可以分为外汇批发市场和外汇零售市场。外汇批发市场是指银行同业之间的外汇买卖行为及其场所。其主要特点是交易规模大。外汇零售市场是指银行与个人及公司客户之间进行的外汇买卖行为及场所。

## 六、外汇市场的交易工具

外汇市场的交易方式和交易工具种类繁多，市场参与者可以根据自身的需要灵活选取。

### (一)即期交易

外汇的即期交易(spot)也称现汇交易或现汇买卖，是指外汇交易双方以当时外汇市场的价格成交，并在成交后两个营业日内办理有关货币收付交割的外汇交易。外汇即期交易是外汇市场上最常见、最普遍的买卖形式。由于交割时间较短，外汇风险较小。

### (二)远期交易

远期交易(forward)是指在外汇买卖成交时，双方先签订合同，规定交易的币种、数额、汇率以及交割的时间、地点等，并于将来某个约定的时间按照合同规定进行交割的一种外汇方式。远期外汇交易的期限按月计算，一般为1个月到6个月，也可以长达1年，通常为3个月。

---

① 例如美国、英国、法国、瑞士的外汇市场皆属于自由外汇市场。

### （三）掉期外汇交易

掉期外汇交易（swap）是指同时买进和卖出相同金额的某种外汇，但买和卖与交割期限不同的一种外汇交易方式。进行掉期外汇交易的主要目的是避免汇率波动的风险。

### （四）外汇期货交易

外汇期货交易（forex futures trading）是指按照合同规定在将来某一指定月份买进和卖出规定金额外币的交易方式。目前，世界主要金融中心都设立了金融期货市场，外汇期货现在已经成为套期保值和投机的重要工具。

### （五）外汇期权交易

外汇期权交易（forex option trading）是一种以一定的费用（期权费）获得在一定的时刻或时间内拥有买入或卖出某种外汇的权利的和约的交易方式。期权合同的卖方可以在期权到期日之前按合同约定的汇率买进或卖出约定数量的外汇，但也有不履行这一合同的权利。

在中国外汇交易市场上目前还只有外汇即期交易。中国外汇市场由于条件不成熟和风险控制技术不完善，还不能开办外汇远期交易、掉期外汇交易、外汇期货交易和外汇期权交易，但是随着中国外汇市场的进一步发展和中国金融改革的逐步完善，上述四种交易未来会成为中国外汇市场的主角。

# 第四节　外汇交易基本理念

## 一、外汇交易是一种概率游戏

外汇交易是一种金融投资，涉及金钱问题。正因为关系存亡，所以每次交易都要如履薄冰，要像作战一般做到"知己知彼""知天知地"，要对各种优劣条件做出充分估计，考虑各种影响因素，然后制定交易计划。

因为外汇交易中涉及的情况都是非确定的，概率和统计的思想在交易中占据着核心，所以在思维的习惯上我们必须坚持以概率思维进行交易、以统计思维进行评估。

那么如何培养概率和统计思维呢？首先，在交易系统的设计中要利用历史数据对系统进行检验，得出各种统计特征，比如最大单笔亏损以及胜率等。只有凭借大量的统计数据得出检验结论，才能形成优良的交易系统。然后，利用新的行情数据对已经初步建立的交易系统进行外推检验，并根据统计结果对系统进行针对性的检验。最后，在正式交易中利用交易日志对系统进行定期的修正和改进。另外，在非自动化交易和多系统综合研判中涉及一个概率分析，也就是说当诸多矛盾因素合成时，必须在赋予不同权重的基础上进行交易决定，而这涉及概率、潜在风险和报酬分析。

## 二、防守是外汇交易最重要的前提

由于外汇交易是一种涉及概率分布的游戏，任何不利的情况都存在发生的可能，也就是说市场在两个方向上都有运动的可能，只是发生的概率存在差别而已。外汇交易的这种概率性特征和实际风险的不确定性，使我们在交易的时候不能忽视最坏的情况发生。在概率论中，小概率事件可以看成是系统的噪声，可以忽略不计。然而，在外汇交易中，这样的认识是致命的。在外汇交易中，我们对大概率的方向是顺着操作，但同时要保留完全措施来应对小概率的相反方向。很多人总是能以很高的胜率来获得快速的增长本金，但往往在小概率的反方向行情上功败垂成。

其实学习防守技术的效率要比学习进攻技术的效率高，因为防守相对于进攻更加简捷和具有一致性。进攻涉及行情方向的估计，看起来市场就是两个方向可以导致账户金额的变化，要么上，要么下，各占50%，中间盘对账户没有实质影响（可能有时间上的亏损，短期内可以忽略不计），但方向的分析手段是非常多的，所以在短期内要有很大提高是很难的。向上为阳，向下为阴，然后阴阳的组合有四种，四种组合又可能演化。看似简单的行情分析在实际操作中会遇到曲曲折折的百变行情，这时就不是当初认为的简单的50%的问题了。防守主要涉及的是关键位置，也就是天然位置、阻力位置和支撑位置。关键位置的掌握比行情分析要系统些、简单些，体系比较单一。主要的天然位置集中于前期高点、低点、黄金分割位置，前期成交密集区。外汇的阻力和支撑位置绝大多数就是这几类，找到天然位置后，我们再结合资金管理就能很好地建立起防御阵地了。找天然位置和判断行情方向，前者学起来要比后者快，掌握起来也比后者快，并且比较客观，标准比较统一。从学习收益曲线来看，防守技巧的学习比进攻技巧的学习收效更大更快。而且，对于新手来说，迅速提高进攻技巧的可能性极小，客观来说，方向判断需要更加漫长的磨炼才行，但对于一个新手来说，如果没有充足的资金，要走完这个磨炼期是很难的。在初学外汇交易时，对防守技术的迅速掌握可为进攻技术的学习提供充裕的时间。另外，防守在度过学习阶段后的收获阶段也同样重要，因为防守使我们有能力采取进攻并有机会享受胜利的果实。

不管是进攻还是防守，最重要的是要有纪律来保证两者得到实施。在防守中更是如此，因为防守涉及市场中的生存问题，一旦疏忽，后果是无法承担的。而防守是容易在知识上掌握，但在执行中容易不一致和违背常识的。所以，军人般的纪律意识要得到遵循。进攻是最好的防守，这是被误解的一句话。这句话不是在强调进攻比防守重要，而只是说进攻包括于防守之中，防守是母亲，是总概念，进攻是一种积极的防守策略中的一个重要部分。

## 三、墨菲定律与外汇市场

### (一)"墨菲定律"的含义

"墨菲定律"是一种心理学效应，是由爱德华·墨菲（Edward A. Murphy）提出的。它的主要内容包括：首先，任何事都没有表面看起来那么简单；其次，所有的事都会比你预计的时间长；再次，会出错的事总会出错；最后，如果你担心某种情况发生，那么它就更有可能发生。墨菲定律告诉我们，容易犯错误是人类与生俱来的弱点，不论科技多发达，事故都会发生。而且我们解决问题的手段越高明，面临的麻烦就越严重。所以，我们在事前应该尽可能想得周到、全面一些。

### (二)"墨菲定律"在外汇市场中的应用

(1)交易有可能受损失，墨菲定律告诉我们，可能受损的交易首先是那些不曾建立保护性止损委托的交易;其次是由于不谨慎而持有过多的头寸。

(2)你怕跌，它偏偏跌给你看;你盼涨，它偏不涨;你忍不住卖了，它开始涨了;你看好三种货币，买进其中的一种，结果除了你手中的那种外，其他两种涨得都很好。

(3)你找到丢失东西的地方是你寻找的最后一个地方。假如一周五个交易日，前三天涨、涨、涨，你没注意;后两天就一跌再跌。

(4)每天都有好、坏结果的发生，二者的可能性同时存在。好的结果，没人注意。一旦出现坏的结果，只不过因结果太强烈，给人印象太深刻，就造成了一种必然的结论。在流动的市场中，坏的地方就是你下结论的地方，也就是所谓墨菲定律起作用的地方。

(5)墨菲法则重视的是可能性，主要是针对那些小概率事件，强调事物的变化及不确定性，应拓展我们的思维或观察的视野，防患于未然。同时，它又告诉我们不要人云亦云，要看人所未见，想人所未想。出其不意也同此理。

(6)有效管理注意力，是墨菲法则的一个方面。关注什么是有选择的，世界呈现在我们面前的信息是非常丰富的，但通常我们都受到自己内心需求与认识和接受能力的制约只能做出有限的选择。这些选择通常都是线性的、片面的、主客不协调的。所以有时事情发生后，我们注意并开始后悔。因此，强调墨菲法则的目的主要是打破我们内心认识世界的自我屏障，尽可能让注意力发散、流动，观察到全局的变化。它像一个风险市场的守护神，让你备好逃路，然后坐享收获的喜悦;又像黑暗之中的探照灯，照亮你心灵的死角，让你发现常人遗忘的机会。

## 四、提高盈利的三个方法

外汇交易盈利的因素有哪些呢?尝试对其进行分解，可以得到盈利的初步结果。

### (一)提高准确度

"提高准确度"能大大提高我们外汇交易的盈利能力。要善于总结、积累经验，逐渐掌握各个货币对的走势规律，从现实中找依据，结合货币的特性找到适合有效的分析方法，不要局限于现有的某种理论。这样能相应地将准确度提高到较高水平。

不过，从实际观察中发现，对"准确度"影响最大的往往不是分析方法，人们总是等不到完全具备信号的"最佳时机"，过早地参与一些符合部分信号要求、勉强的机会，此类机会的准确度相对较低，出现次数反倒较多，如此必然大大冲抵整体的准确度，亏多盈少在所难免。所以，"提高准确度"一方面要善于总结，不断磨炼完善分析技艺;另一方面，更重要的是要学会放弃、忍耐和等待，杜绝模棱两可的"机会"，只有忍得了寂寞，才能集中精神做好完全符合信号要求的交易，提高综合准确度。

### (二)提高盈亏幅度比

实际外汇交易中有两种相关的典型现象。第一种是"截短盈利"。无论有多么好的愿望和理想，实战中总是赚点就跑。造成这样结果的原因主要是"随意性交易"，交易前并未完全分析好，理由不充分，信心不足，只要一有盈利就无法抵制"落袋为安"的强烈冲动。而每次交易所面对的潜在风险，并不因为"赚点就跑"而改变。一次亏损可以抵消几次的微薄进账。如此交易方式，平均盈利幅度小于平均亏损幅度，即使是盈利次数多于亏损次数，整体上仍然是亏损。

第二种是"将亏损幅度理想化地变小"。对于可能产生不利状况的亏损幅度估计不足。要真正做到提高盈亏幅度比，首先要对实行的交易行为(无论隔日长线还是当日交易)所可能发生的反向亏损，做一个现实客观的全面评估。在这样一个评估数据基础上，只有参与客观的潜在盈利幅度高于该数值的行情，才能真正做到整体资金盈利状况的提高优化。

### (三) 关于是否加码的抉择

在判断正确的外汇交易中，相对判断错误的外汇交易，投入更大的仓位，同样的行情走势，获取的利润会更加可观，这实际上是一个思维误区。

(1) 尽管每次交易均建立在仔细分析、严格筛选、理由充分的基础之上，仍然会出现一部分胸有成竹但却失败的行情走势，而在结果出来之前我们不可能事先知晓，否则就不会去做了。因此，有可能结果是判断错误的交易，反被我们加重了仓位。

(2) 既然要避免"仓位过重"导致单次风险过大，那么在行情介入之初，就必须将仓位控制在一定比例以内。当行情按判断方向发展到一定幅度以后，增加仓位，也就是传统所谓"加码"，会导致面临的风险瞬间提高。其原因在于，行情当前走势的顺利，对未来走势的确定预示性，并不比建仓之初要高。而通过"加码"当前持仓却超过初期仓位，步入"仓位过重"的状况。行情继续发展当然万事大吉，但一旦就此反转，所遭受的损失往往大大超过不"加码"造成的损失。同时回旋余地、抵御震仓、调整的能力都将大幅度降低，并反作用于交易，致使出错的概率增加。

(3) 如果"加码"后行情失败，交易者将在资金和心态上发生极大的变化，致使该种交易行为很难连续实施。有时加码，有时不加码，会导致多次交易后的综合结果难以预料。

虽然"获利加码"比"没获利重仓"要好很多，但其是瞬间仓位加重，而非随着资金成倍增长，仓位随之合理增加，因此仍然无法改变"冒大风险博利"的本质特征。所以，还是舍弃为好。

盈利各要素之间的关系可以表述如下：

盈利 = 资金 × (准确度 × 平均盈亏幅度比 × 盈亏战役仓位比)

对于外汇交易，我们建议在"及时止损"和杜绝"仓位过重"的前提下，运用一定比例安全的仓位，舍弃"盈亏战役仓位区别"以保证结果清晰简单地预见。同时，提高分析能力，学会等待、放弃和忍耐以提高准确度，寻找客观的盈利预期幅度大于亏损幅度的行情交易。

### 【本章小结】

外汇交易管理涉及外汇、汇率、外汇交易价格、外汇交易市场、外汇交易工具等多方面内容，深刻理解相关概念的内涵对我们做好外汇交易管理工作具有重要意义。此外，形成外汇交易业务拓展的正确理念，也有助于外汇交易管理工作的规范和有序开展。

## 【思考与练习】

1. 如何形成正确的外汇交易管理理念?
2. 如何提高外汇交易业务的盈利水平?
3. 如何在外汇交易业务中用好"墨菲定律"?

## 【案例分析】

### 提升外汇交易盈利能力 哪些安全问题不容忽视

外汇交易盈利是最终目的,资金安全却是外汇交易盈利的前提。

首先我们来看资金安全。做国内实盘,钱存在国内银行,这是安全的。而对于保证金交易来说,只有选择正规的外汇交易商才能保证你的资金安全。

讲到正规公司,有的不正规公司会这样讲,说现在做保证金都是不正规的,国家不允许的,天下乌鸦一般黑,并以此来掩盖它们的违规行为。事实不是这样的。中国大陆虽然现在没有完全放开保证金交易,不允许交易商在国内开设分公司和办理业务,但是国家没有干涉居民个人在海外的投资,所以我们可以通过这些交易商的代理或者在国内的办事处的介绍,进行国外保证金交易。正规的外汇交易商会受到所在国家或地区政府机构的监管,客户会获得它们的保护。目前此类正规的外汇交易商大多在美国、英国。如FXBTG金融集团(全球知名外汇交易商)受美国期货管理委员会(NFA)、英国金融服务管理局(FSA)和澳大利亚证券投资委员会(AISC)的监管。

美国作为世界经济大国,美元也在全世界有着很大影响。因此,美国作为外汇交易来说,也是一个主要的交易市场,它所拥有的外汇保证金交易商也最多。而且世界比较知名、实力雄厚的大交易商也大多在美国。它的监管比较健全,法律制度较完善,是外汇交易比较好的选择。

以美国为例,外汇交易受NFA、FSA监管,一定要遵守以下条件。

客户保证金和交易商账户分离,必须由第三方,也就是一家合作银行来监管。如FXBTG金融集团收到的客户资金存放于分离的客户银行账户中,这些资金不会在公司的资产负债表中显示,在几乎不可能发生的公司违约中上述资金不得用于偿还债权人。FXBTG金融集团用于存放客户资金的银行账户,均是国际知名银行机构,在亚洲所有客户资金均存放在汇丰银行(HSBC)的独立账户,这些资金不可用作公司的营运费用。汇丰银行(香港)-HSBC(Hong Kong)是汇丰银行有限公司全资拥有的外商独资银行,历史悠久,资金雄厚。

这只是其中最重要的原则,还有其他很多要求。例如,要求外汇交易商和银行在美国中央银行存入一定数量的风险保证押金,以保留对外汇交易商和银行存在违规操作等不良行为的最终制裁权。由此我们可以看出受NFA监管对客户来讲资金安全可以说是完全有保障的。

此外,投资者可以从这些监管机构的网站上很清楚地查到该外汇交易商的历史、注册资料、有无违规记录、有无监管机构警告或者惩罚记录等,从而可以更好地了解外汇交易商。而选择不正规的外汇交易商,投资者资金没有安全保障,一旦外汇交易商有违规的行为,投资者的资金就会损失，甚至连投诉的地方都没有。

在风险控制方面，FXBTG 金融集团有着丰富的经验，公司不断识别、评估、监督并控制与运营相关的各种风险。加上强健的资产负债管理，所以，无论从法律上还是公司结构上，客户的资金安全都可得到额外的保障。

FXBTG 金融集团一直维持着稳健的财务增长，并实施了严格的内部管理和审计程序。每年必须按规定呈交由独立会计司审核的财务报告。FXBTG 金融集团指定 C@k 国际会计顾问有限公司作为外部审计，负责每年在审查期间，审查公司的账目和记录并向金融管理局报告公司"客户资金使用"及"资金充足"条例的履行情况。

FXBTG 金融集团分析师提醒外汇交易客户，整个外汇交易过程都是在外汇交易平台上进行的，因此外汇交易平台的选择是至关重要的。外汇交易资金安全只是保障外汇盈利的重要基础，并且贯穿外汇交易的整个过程，但是还有一个更为突出的因素也会对外汇交易的结果产生重要影响——外汇交易平台的安全性。

此外，FXBTG 金融集团的电子交易设施采用最先进的技术，向客户提供最具竞争力的在线交易优势。其与网络服务商和数据中心进行战略性合作，以匹配贯穿 5 大洲 120 多个国家的客户需求，最优化的安全配置可有效防止连接问题和系统延迟。通过核心事故修复计划和广泛的内外部备份方案，FXBTG 金融集团的设备能够有效防止数据丢失及故障停机，保证业务畅行无阻。此外，FXBTG 金融集团还不断根据未来的需要调整基础设施，不断投入研发和不断改进，确保客户获得最新和最可靠的配置，取得领先优势。

问题：

1. 如何有效规避外汇交易风险？
2. 如何有效提升外汇交易业务的盈利能力？

# 第三章 外汇交易业务的种类

## 第一节 即期与远期外汇交易

### 一、即期外汇交易

#### (一)即期外汇交易的含义与功能

1.即期外汇交易的含义

即期外汇交易(spot exchang transaction)又称现汇交易,是指外汇交易双方在完成交易后的两个工作日内办理交割的交易行为。即期的意思是交易当时就完成,但由于外汇交易的运行需要24小时,而交割存在全球范围内的时差问题,因此在两个工作日内交割都算是即期外汇交易。

交割就是买卖双方办理实际收付的行为。交割日或称起息日就是外汇交易合同的到期日,在该日买卖双方互相交换货币。在这种交易中所买卖的外汇称为即期外汇,或称现汇。

2.即期外汇交易的功能

即期外汇交易具有以下功能:

(1)满足客户临时性的支付需要,实现货币购买力的转移。

(2)帮助客户调整手中外币的币种结构和各种货币头寸,避免外汇风险。

(3)是外汇投机的重要工具①。

#### (二)即期外汇交易的交割日

所谓交割日(spot date)就是买卖双方将资金交付给对方的日期。

即期交割日的规则如下:首先,即期外汇交易的标准交割日为成交后的第二个营业日②。根据需要,交易双方也可将交割日约定为成交当日(cash)或成交次日(tom),二者均为超短期的即期交易。其次,交割日必须是收款地和付款地共同的营业日,至少应该是付款地市场的营业日。最后,若第一、二日均不是营业日,则即期交割日必须顺延。

---

① 如进行套汇等投机业务。

② 加拿大规定为成交后的第一个营业日。

### (三)即期外汇交易的报价

**1. 报价方法**

即期汇率是外汇市场最基本的汇率,其他交易的汇率都是以即期汇率为基础计算出来的。在外汇市场上,从事外汇交易的报价行在报出外汇交易价格时一般采用双向报价法,即同时报出银行买入价(buying rate,或称 bid)和卖出价(selling rate,或称 offer)。买入价或卖出价是针对银行而言的,银行买入即客户卖出;银行卖出即客户买入。银行报出的即期汇率的排列总是前小后大,中间的差额是银行的收益。在国际外汇市场上,人们惯用的标价方法为直接标价法。如银行报出美元兑日元的价格为:USD/JPY=115.70/115.80,其中斜线左边的数字(115.70)表示银行买入美元付出日元的价格,斜线右边的数字表示银行卖出美元收回日元的价格。全球各外汇市场一般都采用美元标价法,在路透社、美联社等主要系统报出的即期行情中,除了英镑等少数货币对美元汇率是完整报出基准货币、报价货币名称之外,其他汇率均只报出报价货币名称。

**2. 报价依据**

报价行的外汇交易人员在开市报价或接到询价时,为了使本身的报价合理或比较合理,一般要考虑以下四个因素:

(1)市场行情。

(2)报价行现时的头寸情况。

(3)国际经济、政治及军事的最新动态。

(4)询价者的意图。

**3. 报价技巧**

(1)拉开买价与卖价的差幅。

(2)与外汇市场上一般买卖价拉开差距。

(3)根据具体情况,随时调整买卖价。

(4)灵活及时地调整报价。

### (四)即期汇率与套算汇率

**1. 即期汇率**

即期外汇交易使用的汇率称为即期汇率。进行即期外汇交易时,按银行之间结算操作方式的不同,外汇交易可以分为电汇、票汇、信汇,相应地其汇率也分为电汇汇率、票汇汇率、信汇汇率。

电汇(telegraphic transfer, T/T)是指汇出行以电信方式(电报、电传或其他电子通信方式)向汇入行发出付款委托的一种汇付方式。汇入行在对收到的付款委托核对密押无误后,将款项解付给收款人。

票汇(remittance by bank's demand draft, D/D)是银行以即期汇票作为支付工具的一种汇付方式。汇出行应汇款人的申请,开立以汇入行为付款人的汇票,交由汇款人自行寄交给收款人,收款人凭票向付款行取款。

信汇(mail transfer, M/T)是指汇出行以邮政航空信件向汇入行发出汇款委托的一种汇付方式。汇入行对汇出行支付委托书的签字或印鉴核对无误后,将款项解付给收款人。

在实际交易中，票汇和信汇使用得较少，大部分外汇交易的货币收付采用电汇方式。因此，电汇汇率是计算信汇汇率和票汇汇率的基础，银行所报出的即期汇率指的也是电汇汇率。

电汇之所以受到普遍使用，是因为其效率高、时间短，只需一两天货币资金即可到账。电汇通常采用纽约清算所银行同业支付系统（CHIPS）、环球银行金融电信协会（SWIFT）这两个结算系统完成货币资金的收付。电汇即期交易能够在很短的时间就完成交易双方资金的交割，交易双方互不占用对方资金，因此，它的汇率是最贵的。

信汇或票汇都存在一方占用另一方资金的问题，例如，某伦敦客户需要一笔100美元的资金，他将一定的英镑通过账户支付给银行，银行为其签发一张以美国某银行为付款人的即期汇票，由他本人将其带往美国进行结算交割。这时，该客户的资金已经支付出去，但客户的美元由于有邮程的原因不能及时到账，这就存在伦敦银行占用了客户资金的问题。为了解决这一问题，银行需要按特定的方式将该笔资金在合理的邮程天数所产生的利息返还给客户。因此，银行卖给客户美元的汇率就要适当低一些。同样，如果客户拿着一张美国银行开具的即期美元汇票来购买英镑，银行即时将英镑支付给客户，而将汇票流转到美国银行进行美元的划入需要一定的天数，这时又会存在客户占用银行资金的问题，银行需要按一定的方式将这笔资金在一定的邮程天数内产生的利息计算进来，也就是买入美元的汇率要低一些。因此，由于资金占用产生的利息问题，信汇汇率和票汇汇率的买入价和卖出价都要比即期汇率的低一些。

2. 套算汇率

在国际外汇市场上，银行一般报出以美元为中心的汇率，即美元与其他货币之间的即期汇率。如果客户要求非美元货币之间的即期汇率，则可通过非美元货币分别与美元货币的即期汇率套算出来，即套算汇率（cross rate）。交叉汇率的计算规则见表3-1。

表3-1　交叉汇率的计算规则

| 美元所处地位 | 美元作为单位货币 | 美元作为计价货币 |
|---|---|---|
| 美元作为单位货币 | 交叉相除 | 同边相乘 |
| 美元作为计价货币 | 同边相乘 | 交叉相除 |

（1）美元为基准货币。

例：1美元=1.2680/1.2690瑞士法郎，1美元=7.7920/7.7940港币。

现需要计算瑞士法郎对港币的汇率，计算方法如下：

瑞士法郎的买入汇率：7.7920/1.2690=6.1403港币。

瑞士法郎的卖出汇率：7.7940/1.2680=6.1467港币。

即1瑞士法郎=6.1403/6.1467港币。

（2）美元为标价货币。

例：1英镑=1.5080/1.5090美元，1加元=0.7280/0.7285美元。

现需要计算英镑对加元的汇率，计算方法如下：

英镑的买入汇率：$1.5080 \div 0.7285 = 2.0700$ 加元。

英镑的卖出汇率：$1.5090 \div 0.7280 = 2.0728$ 加元。

即 1 英镑 $= 2.0700/2.0728$ 加元。

（3）美元既为基准货币，又为标价货币。

例：1 英镑 $= 1.5080/1.5090$ 美元，1 美元 $= 1.2680/1.2690$ 瑞士法郎。

现需要计算英镑对瑞士法郎的汇率，计算方法如下：

英镑的买入汇率：$1.5080 \times 1.2680 = 1.9121$ 瑞士法郎。

英镑的卖出汇率：$1.5090 \times 1.2690 = 1.9149$ 瑞士法郎。

即 1 英镑 $= 1.9121/1.9149$ 瑞士法郎。

可以看出，套算汇率存在很大的买卖差价，主要是因为以美元为中介套算出来的即期汇率是将两个买卖差价结合起来，这就会使交易产生双倍的交易成本；而许多非美元货币之间的交易无须通过美元过渡，可以避免交易成本的增加，许多报价行也以此来吸引客户。因此在交易成本比较小时，套算汇率只要出现一点偏离，报价行就会抓住机会进行套利。

### （五）即期外汇交易的结算

#### 1. 交易地与结算地

买卖双方进行交易的地点为交易地（the dealing location），例如在伦敦的两家银行进行日元的买卖，伦敦就是交易地。进行某种货币交易的双方就在该种货币的发行国，则这个地点就是结算地（the settlement location），如上例中，交易地是伦敦，结算地是东京。区分交易地和结算地的目的是使进行交易的当事人能确定交易的时机。

#### 2. 即期外汇交易的结算时间

即期外汇交易的结算时间有以下三种情况：

（1）零星的即期外汇交易。

（2）处在同一时区的即期外汇交易。

（3）不处于同一时区的即期外汇交易。

## 二、远期外汇交易

### （一）远期外汇交易的含义、特点与作用

#### 1. 远期外汇交易的含义

远期外汇交易（forward exchange transaction）又称期汇交易，是指买卖双方[1]成交后，不立即进行交割，而是在未来的某个约定日期[2]进行交割的一种交易方式。通过远期外汇交易买卖的外汇称为远期外汇或期汇，使用的汇率称为远期汇率。远期外汇交易是通过合同（合约）来完成的，合同是买卖双方达成的协定。合同一经签订，双方必须按照合同的有关条款履行，不能任意违约。合同中一般包括五方面的内容：货币种类、汇率、数量、交割期限以及买

---

[1] 其中至少有一方是银行。

[2] 至少是成交后的第三个营业日以后。

卖外汇类型①。常见的远期外汇交易的期限为 1 个月、2 个月、3 个月、6 个月、9 个月及 12 个月，当然也有短至几天或长至 1 年以上的，不过在实际中比较少见。

从另一角度来讲，远期外汇交易指的是比任何传统的即期市场交割日都晚的外汇交易。对于接受即期交割国际惯例的市场来说，任何交割日超过交易日两日的交易都可被视为远期外汇交易。远期外汇交易汇率及交易规模取决于交易日的相关指标，而与交割日或实际交割日的即期汇率无关。交割时间可以自第三个工作日至第几年。通常在到期时，采取全额交割制，企业还需在银行开立外币账户。

综上，我们可以总结出远期外汇交易的特点，即"三个固定"：价格（远期汇率）固定、数量固定、交割期限固定。

2.远期外汇交易的特点和作用

（1）特点。

通过远期外汇买卖，能够事先将外汇的成本或收益固定下来，但是这也意味着交易双方在锁定了将来汇率变动不利于自己的风险的同时，也失去了将来汇率变动有利于自己而获利的机会。

①远期外汇合约中的条款，如汇率、交割方式、金额等由交易双方自行协商确定，该合约不是标准化的合约。②远期外汇交易一般在场外进行，属于无形市场，没有固定的场所和交易时间。③远期外汇交易市场的参与者大多为专业化的证券交易商或资信程度良好的大厂商，小户的参与机会很少。④远期外汇交易直到合约到期才会按商定的价格履行合约，一般以实际交割为目的，成交合约中有 90% 以上将于到期日被实际交割。⑤外期外汇交易的规模较大，信用风险也较大，很难规避违约风险。银行和客户之间的远期外汇交易是否缴纳保证金视客户的诚信而定。银行间的远期外汇交易通常是标准化的远期外汇交易，基本上没有信用风险，24 小时进行交易。

（2）作用。

远期外汇交易是为了防范国际贸易中的外汇风险而发展起来的，适合将来某天有外币买卖需求的企业，用于公司进出口贸易结算、支付信用保证金等。

①远期外汇交易最直接的功能就是为外汇资产和负债的持有者提供保值的工具。进出口商在签订国际贸易合同时便与银行进行购买或出售远期外汇以锁定汇率，可避免远期外汇因汇率变动带来的损失。②远期外汇交易为外汇银行调整外汇持有额和资金结构提供了方便。③远期外汇交易为外汇投机者提供了获得投机利润的机会。

**（二）远期外汇交易的类型**

远期外汇交易根据交割日的不同，可以分为固定交割日远期交易和择期外汇交易两种类型。

1.固定交割日远期交易

固定交割日远期交易是指交割日期固定的远期外汇买卖活动。这种交易的特点在于交割日一旦确定，双方中的任何一方都不能随意变动。我们通常所说的远期外汇交易指的就是这种固定交割日远期交易。

---

① 到期买进还是卖出。

### 2.择期外汇交易

择期外汇交易，是指在做远期交易时，不规定具体的交割日期，只规定交割的期限范围。在规定的交割期限范围内，客户可以按规定的汇率和金额自由选择日期进行交割。客户在签订贸易合同后经常不能把未来收付款的具体日期确定下来，只能预期将来的某一段时间内将收、付一定外汇款项。为了防止收付款时汇率变化带来损失，客户可以通过银行为其叙做择期外汇买卖，这样，在约定的时期内，客户便可以自由选择交割的日期。客户在做择期外汇买卖时，应尽可能地缩短未来不确定的时间，以便获得更有利的远期汇率。

【例】某公司2017年4月3日向中国银行提出用美元购买欧元，预计对外付款日为7月7日至8月5日，但目前无法确定准确交割日期。公司与中国银行叙做择期外汇买卖，交割日为7月7日至8月5日中的任何一银行工作日，远期汇率为1.0728。无论汇率如何变化，公司都可选择在7月7日至8月5日中的任一银行工作日按汇率1.0782从中国银行买入欧元。

### (三)远期外汇交易的起息日和交割日

远期外汇交易的起息日为成交后的第二个营业日，即即期日。远期外汇交易的交割日则是远期交割月的最后一个营业日，可按照外汇交易通用惯例确定。这些惯例可以概括为"日对日""月对月""节假日对节假日""不跨月"。

#### 1."日对日"

"日对日"是指远期交易的起息日与即期交易的交割日相对应，也就是说交割期限是从起息日开始计算，而不是从成交日开始计算。例如：在3月25日达成一笔3个月期的远期外汇交易，则其起息日为3月27日，交割日为6月27日。

#### 2."月对月"

"月对月"也称为"月底日对月底日规则"。月底日是指每个月的最后一个营业日，而不是指某个月的最后一天。按照外汇市场交易惯例，如果即期日为月底日，那么远期交易的起息日也应该为月底日。例如，某月的月底日为28日，29日、30日为周末，31日为法定节假日，如果即期日就是该月的28日，那么一月期远期交易的起息日为下一个月的30日或31日，而不是下一个月的28日，因为下一个月的月底日即最后一个交易日为30日或31日。

#### 3."节假日顺延"

"节假日顺延"指远期交易的起息日为周末或法定节假日时，则起息日顺延到下一个营业日。需要注意的是，当起息日向后顺延时，一定不能跨越其所在的月份，也就是"不跨月"。那么在这种情况下远期外汇交易的起息日是哪一天呢？应该返回到该月的最后一天，把其作为起息日。

### (四)远期汇率的报价

#### 1.远期汇率的标价方法

远期外汇交易使用的是远期汇率。远期汇率是一种预约性汇率，是以即期汇率为基础加减远期差额求得的。远期汇率可以用两种方法表示。

(1)平白远期汇率。

直接标出具体的货币数量。如日元对美元的即期汇率和30天远期汇率表示见表3-2。

表 3-2 远期汇率表示

| 类别 | 即期汇率 | 远期汇率 |
|---|---|---|
| USD/JPY | 120.90 | 121.30 |

（2）远期点数。

只标出远期与即期汇率的差额，这个差额称为远期汇水（forward margin）。远期汇率比即期汇率低叫贴水（discount）；远期汇率高于即期汇率称为升水（premium）；远期汇率等于即期汇率称为平价（at par），这种情况比较少见。升水或贴水都是相对的概念，如果单位货币升水，计价货币则贴水；反之，单位货币贴水，计价货币则升水。

远期汇率中用"点"表示远期汇水，它与即期汇率中的点相同。如即期美元兑日元的汇率为 120.90，30 天远期汇率为 121.10，则远期美元升水 20 点。

远期汇率与即期汇率的关系是远期汇率=即期汇率±升（贴）水。

在直接标价法中，如果远期点数小数在前，大数在后，表明标价货币远期升水，远期汇率等于即期汇率加上升水数字；如果大数在前，小数在后，则表明远期贴水，远期汇率等于即期汇率减去贴水。在间接标价法下，情况正好与之相反。

综上所述，即期汇率、远期汇率与汇水之间的关系见表 3-3。

表 3-3 即期汇率、远期汇率与汇水之间的关系

| 汇水的形式 | 计算方法 | 基准货币 | 报价货币 |
|---|---|---|---|
| 小/大 | 加 | 升水 | 贴水 |
| 大/小 | 减 | 贴水 | 升水 |

具体又可得出即期汇率、远期汇水、远期汇率的关系如下：

小/大+小/大=小/大

小/大-大/小=小/大

现以美元兑港币的汇率为例加以说明，具体见表 3-4。

表 3-4 美元兑港币的汇率表示

| USD/HKD | spot rate | 一个月的远期价格 | | 三个月的远期价格 | |
|---|---|---|---|---|---|
| | | points | forward rate | points | forward rate |
| | 1.8000/30 | 70/85 | 7.8070/7.8115 | 245/215 | 7.7755/7.7815 |

2. 远期汇率的确定

在一般情况下，远期汇率取决于两种货币的利率差。在其他条件不变的情况下，利率高的货币远期汇率贴水，利率低的货币远期汇率升水，利率差和汇率差经常保持平衡。这就是利息平价原理。

在远期外汇市场上，购买者总是用一种货币购买另一种货币。如果用高利率的货币购买

低利率的货币,则购买者由于放弃了高利率的货币而遭受损失,为了弥补这个损失,就要求低利率货币的远期价格上涨,即升水,这个升水等于他放弃的净利率差。反之,如果以低利率货币购买高利率的货币,则购买者会增加利率负担,因此就要求购买的远期货币汇率下跌,即贴水,这个贴水率就是他多负担的利率。

假如港币年利率为 7.25%,美元年利率为 6%,即期汇率 7.8000/30,当香港银行卖出 3 个月美元远期后,必须向同业买进相同数量的即期美元,以备 3 个月后进行远期外汇的交割。该银行由于把利率高的港币换成了利率低的美元造成利息上的损失,计 $7.8030\times(7.25\%\sim6\%)\times3/12$ 港币,为了将这个损失转嫁给远期外汇的买主,远期汇率的卖价应比即期高。在利率差和汇率差平衡的条件下,3 个月远期汇率为 $7.8030\times[1+(7.25\%\sim6\%)\times3/12]=7.8274$。

反过来,如果银行买进 3 个月远期美元,就必须向同业卖出相同数量的即期美元才能平衡外汇头寸,3 个月后进行远期外汇交割时即期和远期外汇交易正好相互冲销。但由于该行把利率低的美元换成了利率高的港币,造成利息增溢,由于竞争需要,必须把这个利息增溢部分转让给远期外汇卖主,因此远期外汇买价也升水。在利率差和汇率差平衡的条件下,3 个月的美元远期汇率为 $7.8000\times[1+(7.25\%\sim6\%)\times3/12]=7.8244$。

3. 远期汇率的计算

远期汇率是由两种货币的利率差决定的。远期汇率=即期汇率±远期汇水。远期汇水可以由利率推算出来,其计算公式为远期汇水=即期汇率×两种货币利率差×远期天数/360。

至于远期汇率是升水还是贴水,要看这两种货币的利率,利率高的货币表现为贴水,利率低的货币表现为升水。

【例】假设美元对日元的即期汇率 USD/JPY = 153.30/153.40,美元 3 个月定期利率为 8.3125%,日元同期利率为 7.25%,则可以计算出美元兑日元的远期汇水:

$153.30\times(8.3125\%\sim7.25\%)\times90/360=0.41$

因为美元利率高于日元利率,所以美元贴水而日元升水,3 个月美元兑日元的汇率如下:

$153.30-0.41=152.89$

3 个月远期汇率 USD/JPY = 152.89/99。

远期外汇交叉汇率的计算与即期交叉汇率的计算相同,但在计算远期外汇交叉汇率时,首先要分别计算远期汇率,然后才能按即期交叉汇率的计算方法进行计算。

# 第二节　套汇与套利

## 一、套汇

### (一)套汇的含义

套汇交易(arbitrage)是指套汇者利用同一货币在不同外汇中心或不同交割期出现的汇率差异,为赚取利润而进行的外汇交易,具有强烈的投机性。

一般来说,进行套汇必须具备三个方面的条件:一是存在不同的外汇市场和汇率差异;

二是套汇者必须拥有一定数量的资金，并在主要外汇市场上有分支机构或代理银行；三是必须有一定的技术和经验，能够判断各个外汇市场的变动和趋势，并根据预测迅速采取行动。

### (二)套汇的种类

**1. 直接套汇(direct arbitrage)**

也叫两地套汇或两角套汇，是指利用两地之间的汇率差异，同时在两地进行低买高卖，赚取汇率差额。

【例】香港市场汇率：USD/HKD=7.7804/7.7814

纽约市场汇率：USD/HKD=7.7824/7.7834

香港市场的美元汇率明显低于纽约市场，香港的金融机构便可以用港币买入大量的美元，同时在纽约市场上抛出这笔美元。由于纽约市场的买价比香港市场的卖价高出10个点，因此利润是很可观的。

套汇可促使不同市场汇率差异缩小。在上例中，套汇过程一方面会扩大香港市场美元(汇率较低)的需求，使其汇率上涨；另一方面会增加纽约市场美元的供应，使其汇率下跌。加上先进的通信与支付系统，各市场存在的价格偏差很快会被纠正，当今国际外汇市场上直接套汇的机会很小。尽管如此，由于不同市场的汇率调整存在时滞，精明的套汇者仍可抓住短暂的机会获利。

**2. 间接套汇(indirect arbitrage)**

也叫三地套汇、三角套汇或多地套汇、多角套汇，是指利用三个或三个以上外汇市场之间出现的汇率差异，同时在这些市场贱买贵卖有关货币，从中赚取汇差的一种外汇交易方式。

【例】在某日的同一时间，巴黎、伦敦、纽约三地外汇市场的现汇行情如下：

巴黎：1英镑=1.7100/1.7150欧元

伦敦：1英镑=1.4300/1.4350美元

纽约：1美元=1.1100/1.1150欧元

第一步，判断三个市场是否存在套汇的机会，方法是在其中某一个市场投入1单位货币，经过中介市场，收入的货币不等于1个单位，则说明三个市场汇率存在差异。

判断方法：为了方便起见，先求出三个市场的中间价格：

巴黎：1英镑=1.7125欧元

伦敦：1英镑=1.4325美元

纽约：1美元=1.1125欧元

将上述三个标价改成同一标价法且基准货币的单位为1，然后相乘。$1.7125 \times (1/1.1125) \times (1/1.4325) = 1.075 > 1$，上式说明套汇者在巴黎投入1英镑，经过纽约市场，在伦敦市场可以换回1.075英镑，因此有套汇机会。

综上所述，判断多个市场有没有套汇机会，可按三个步骤进行：首先，求出各市场的中间汇率；其次，将汇率的不同标价方法变成同一标价法，且基准货币的单位为1；最后，将各汇率相乘，只要乘积不等于1，就有套汇机会。

## 二、套利

### (一) 套利的含义

套利也称利息套汇(interest arbitrage),是指利用不同国家和地区的利率差异,将资金由利率较低的国家或地区转移到利率较高的国家或地区投放,以赚取利率差额的外汇交易。在国际金融市场上,大的银行和金融机构经常进行套利活动。

套利与套汇一样,都是外汇市场上重要的交易活动,都具有一定的投机性。套利活动是利用不同货币市场利益的差异赚取利差利润;套汇活动是利用不同外汇市场上汇率差异赚取汇差利润。汇率波动过小而利率差很大时,套利的收益相对较高;反之,汇率波动过大而利率差别很小时,套利的收益相对较低。

当今社会,信息技术高度发达,世界外汇市场和资本市场关系密切,套利机会一旦出现,银行或公司便迅速投入大量资金,最终促使各国货币利差与远期汇率变动率趋于一致,使套利不再有利可图,一次套利循环也中止。在外汇业务中,银行和企业通过远期交易或掉期外汇交易来进行套利活动是相当普遍的,以致有西方经济学家这样认为:"如果银行家不能利用这种(套利)机会,我们就会对他们的经营才能感到怀疑。"

### (二) 套利的分类

用各国间的利率差异来取得资金带来了外汇交易市场崭新的面貌,模型交易、程序交易、算法交易大量充斥在外汇交易市场之中,其目的就是规避进行套息交易时可能产生的汇率风险。

根据是否对套利交易所涉及的外汇风险进行抵补,套利可分为"未抵补套利"和"抵补套利"。

#### 1. 未抵补套利

未抵补套利(uncovered interest-rate parity, UIP)是指将资金从利率低的货币转为利率高的货币,从而赚取利率差额,但不同时进行反方向交易轧平头寸。这种套利要承受高利率货币贬值的风险,具有投机性。

【例】在苏黎世市场上,瑞士法郎一年定期存款利率为5%,在纽约市场上美元一年定期存款利率为8%,苏黎世市场的即期汇率为USD/CHF=1.5400/1.5410,瑞士的短期投资者有100000瑞士法郎,准备投资3个月。他可以有两种选择:一是在瑞士的银行存一年定期,到期连本带息收回105000瑞士法郎;二是用瑞士法郎购买美元,把瑞士法郎存款转为美元存款,在一年内赚取3%的利差,100000瑞士法郎合64892.93美元(100000÷1.5410),一年后本利和为70084.36(64892×1.08),如果到期时,美元对瑞士法郎的汇率不变,他连本带息可以收回107929.91瑞士法郎,比在瑞士投资多2929.91瑞士法郎的收益。

但在浮动汇率制度下,汇率的波动是很频繁的。如果一年后美元兑瑞士法郎的汇率下跌为1.4260/70,则该投资者收回的美元本利和为70084.36美元,兑换为瑞士法郎为99940.30,投资者不但赚不到利润,反而亏损。

如果一年后美元兑瑞士法郎的汇率上升到1.5450/60,则该投资者在美国收回的本利和为70084.36美元,兑换为瑞士法郎为108280.34,不但赚到了2929.91瑞士法郎的利差收益,而且赚回了 350.43 瑞士法郎的外汇收益。

如果一年后美元对瑞士法郎的汇率为 1.4269/79，则该投资者收回的本利和 70084.36 美元，大约可以兑换 100000 瑞士法郎。显然，此种情况下，该投资者既没有收益，也没有损失。

因此，不抵补套利行为面临着汇率变动不确定性所带来的风险，在大多数情况下，投资者对投资期内的汇率变动是没有把握的。为避免汇率在投资期内向不利方向变动所带来的损失，投资者往往采取的是抵补套利。

2.抵补套利(covered interest-rate parity，CIP)

抵补套利是套利者把资金从低利率的货币转为高利率的货币用于投资的同时，在外汇市场上卖出高利率远期货币，避免汇率风险。它是投资常用的一种形式。

抵补套利是非抵补套利和掉期外汇交易结合的一种交易。其好处在于套利者既可获得利率差额，又可避免汇率波动的风险。当然，进行抵补套利需要考虑掉期成本年率与利率差的关系问题。大套利日，如果掉期成本年率小于两种货币市场的利率差，则说明利差没有完全被掉期成本抵消，尚有套利利润，可以进行抵补套利活动；反之，套利成本太高，无利可图。

如上例中，为避免美元下跌造成的损失，该投资者可以把美元本利和卖掉远期。因此又要考虑美元贴水合年率的大小。如果美元贴水合年率小于两地利差，则套汇成功，反之则无利可图。

如 3 个月远期汇率为 1.5333/60，则美元远期买价对即期卖价的贴水年率为 $[(1.5410-1.5333/1.5410)]\times12/3\times100\%=2\%$，套汇有利。该投资者用 154.1 万瑞士法郎买入 100 万美元，预计 3 个月后将收回本利和 $1000000\times(1+0.075\times3/12)=1018750$ 美元，则同时卖出 3 个月远期 1018750 美元。到期按 1.5333 汇率交割，投资者收到 $1018750\times1.5333=1562049.38$ 瑞士法郎，比瑞士法郎存款的本利和 $1541000\times(1+0.04\times3/12)=1556410$ 瑞士法郎多 5639.38 瑞士法郎。

### (三)套利交易操作

由上面的套利交易操作过程可以看出计算套利条件的重要性。套利条件是指在两国利率水平和两国货币的即期汇率既定的情况下，远期汇率或者是未来的即期汇率处于什么样的水平，套利者才有利可图。

1.低利率货币持有者的套利投机

【例】新加坡 3 个月期国库券年利率为 5%，而美国同期国库券年利率为 7.5%，新加坡外汇市场上即期汇率是 1.4180(USD 1=SGD1.4180)，3 个月期的远期汇率为 1.4160，则持有 100 万新元的套利者可按下列程序进行套利。

(1)分析是否存在套利条件，具体如下式：

$(1+5\%\times3/12)/(1+7.5\%\times3/12)\times1.4180=(1.0125/1.01875)\times1.4180l=1.4093<1.4160$

因此，存在低利率国家货币持有者向高利率国家货币套利的条件。

(2)测算新元持有者进行套利投机可获得的利润，具体如下式：

$100/1.4080\times(1+7.5\%\times3/12)\times1.4160=102.45$

$100\times(1+5\%\times3/12)=101.25$

$102.45-101.25=1.20$(万新元)

2. 高利率货币持有者的套利投机

【例】美国 3 个月期国库券年利率为 5%，而英国同期国库券年利率为 7.5%，纽约外汇市场上即期汇率是 1.4180(GBP1=USD 1.4180)，3 个月期的远期汇率为 1.4060(GBP1=USD 1.4060)，则持有 100 万英镑的套利投机者可以按下列程序进行套利。

(1)分析是否存在套利条件，具体如下式：

$(1+5\%\times3/12)/(1+7.5\%\times3/12)\times1.4180=(1.0125/1.01875)\times1.4180=1.4093>1.4060$

因此，存在高利率货币持有者向低利率货币进行套利的条件。

(2)测算英镑持有者进行套利投机可获得的利润，具体如下式：

$100\times1.4180\times(1+5\%\times3/12)\div1.4060=102.11$

$100\times(1+7.5\%\times3/12)=101.88$

$102.11-101.88=0.23(万英镑)$

在套利投机活动中，投资者应动作迅速，坚决果断，抓住时机。投机机会稍纵即逝，这是因为世界外汇市场和货币市场之间的关系已相当密切，一旦出现套利机会，大银行、大公司便会迅速投入大量资金，从而使两国的利差与掉期率①之间的不一致迅速消失。因此，投机者应时刻注意国际外汇市场上的汇率变动和国内外货币市场的货币供求状况及发展趋势，一旦发现套利条件，就迅速进行套利活动。在实际套利活动中，还应考虑税负水平、外汇管制因素及中央银行的货币政策变动等。

# 第三节　择期与掉期

## 一、择期外汇交易

### (一)择期外汇交易的概念及特点

1. 择期外汇交易的概念

择期外汇交易又称时间期权或弹性交割日的远期外汇交易，是指交易双方约定于未来某一段时期，依交易当时所约定的币别、汇率及金额可随时进行交割的交易活动。在这种远期交易中，银行给予客户在收支货币时间上一定的灵活性，客户在成交后从第二个营业日起到约定期限内的任何一天，都可按约定的汇率办理交割。

2. 择期外汇交易的特点

(1)交割日有一定的灵活性，有利于规避汇率风险。

(2)择期外汇交易的成本较高，买卖差价大。

(3)时间期权与货币期权有明显的区别。

### (二)择期外汇交易的交割日

择期外汇交易交割日的期限范围可以是从第二个营业日至到期日的整个期间，也可以是该期间内的某一具体时间。一般而言，交割期限越长，银行承担汇率的风险越大，

---

① 指远期汇率与即期汇率之间的差额同即期汇率的比率。

而银行总是给客户最差的汇率报价，客户遭受的损失也就越大，因此，客户在择期外汇交易中应尽可能缩短交割期限。在实务中，通常为1月内的交割期限，更长交割期限的择期合约很少见。

有关择期合约的交割日，有两点注意事项：

（1）择期合约规定的第一个与最后一个交割日，都必须是银行的营业日。

（2）每一次交割的金额有最低限额，对于大金额的交割通常要提前通知银行。

### （三）择期外汇交易的汇率

择期外汇交易在交割日上对顾客有利，对银行不利。因此，银行在择期外汇交易中使用的是对顾客相对不利的汇率。银行一般会选择从择期开始到结束期间最不利于顾客的汇率作为择期外汇交易的汇率。具体操作规则如下：

（1）当美元有远期升水，其他货币有远期贴水时，银行买进美元，卖出其他货币，如果择期从现在开始，则按即期汇率报价；如果择期从未来某一天开始，则按择期开始的第一天的远期汇率报价。反之，银行卖出美元，买进其他货币，则按择期最后一天的远期汇率报价。

（2）当美元有远期贴水，其他货币有远期升水时，银行买进美元，卖出其他货币，按择期最后一天的远期汇率报价。反之，银行卖出美元，买进其他货币，如果择期从现在开始，则按即期汇率报价；如果择期从未来某一天开始，则按择期开始的第一天的远期汇率报价。

（3）在其他货币从远期升水到远期贴水或从远期贴水到远期升水时，银行买进美元，卖出其他货币，按择期最低美元贴水报价或择期最高美元升水报价；反之，银行卖出美元，买进其他货币，按择期最高美元升水报价或择期最低美元贴水报价。

### （四）择期外汇交易的汇率的计算

银行计算择期汇率的步骤如下：

（1）列出选择行使期的首天及尾天日期；

（2）计算该两天的远期汇率[①]；

（3）比较第一天和最后一天的远期汇率，选择一个对银行最有利的汇率作为该期限内的择期汇率。

【例】USD/DEM　　　　即期汇率　　　　3个月远期　　　　6个月远期
　　　　　　　　　　　1.8100/1.8110　 300/290　　　　590/580

某客户要求买入马克，择期从即期到6个月。

银行在报价时，首先计算即期汇率：USD/DEM=1.8100/1.8110，然后计算6个月远期汇率：1.8100/1.8110−590/580=1.7510/1.7530。

银行卖出马克，买入美元，即期汇率为1.8100，6个月远期汇率为1.7510，显然远期汇率对银行最有利，因此银行报价为1.7510。

---

① 如果首天是即期，则采用即期汇率。

## 二、掉期外汇交易

### (一)掉期外汇交易的概念和特点

#### 1.掉期外汇交易的概念

掉期外汇交易又称为调期外汇交易(swap),就是同时买进和卖出不同交割日的同一种货币。一笔掉期外汇买卖可以看成是两手交易金额相同、起息日不同、交易方向相反的外汇买卖组合。因此一笔掉期外汇买卖具有一前一后两个起息日及两项约定的汇率水平,也就是以货币A交换一定数量的货币B,并以约定价格在未来的约定日期用货币B反向交换同样数量的货币A。外汇掉期形式灵活多样,但本质上都是利率产品。首次换入高利率货币的一方必然要对另一方予以补偿,补偿的金额取决于两种货币间的利率水平差异,补偿的方式既可通过到期的交换价格反映,也可通过单独支付利差的形式反映。

例如,某客户卖出即期英镑100万,买入即期美元200万,即期汇率GBP/USD=2.0000;同时买入3个月远期英镑100万,卖出3个月远期美元190万,3个月远期汇率GBP/USD=1.900。

#### 2.掉期外汇交易的特点

(1)买与卖是有意识地同时进行的。

(2)买与卖的货币种类相同,金额相等。

(3)买卖交割期限不相同。

掉期外汇交易与前面讲到的即期交易和远期交易有所不同。即期与远期外汇交易是单一的,要么做即期外汇交易,要么做远期外汇交易,并不同时进行,因此,人们通常也把它叫作单一的外汇买卖,主要用于银行与客户的外汇交易之中。掉期外汇交易的操作涉及即期外汇交易与远期外汇交易或买卖的同时进行,故被称为复合的外汇买卖,主要用于银行同业之间的外汇交易。一些大公司也经常利用掉期外汇交易进行套利活动。

掉期外汇交易的目的包括两个方面,一是轧平外汇头寸,避免汇率变动引发的风险;二是利用不同交割期限汇率的差异,通过贱买贵卖,获取利润。

### (二)掉期外汇交易的作用

由于掉期外汇交易是运用不同的交割期限来进行的,这种金融衍生工具可以避免因时间不一所造成的汇率变动的财务风险,对国际贸易与国际投资发挥了积极的作用。

#### 1.有利于进出口商进行套期保值

例如,英国出口商与美国进口商签订合同,规定4个月后以美元付款。这意味着英国出口商在4个月以后将收入一笔即期美元。在这期间,如果美元汇率下跌,该出口商要承担风险。为了使这笔货款保值,该出口商可以在成交后马上卖出等量的4个月远期美元,以保证4个月后该出口商用本币计值的出口收入不因汇率变动而受损。

除进出口商外,跨国公司也经常利用套期保值,使公司资产负债表上外币资产和债券的国内价值保持不变。在实质上,套期保值与掉期外汇交易并没有差异。因为在套期保值中,两笔交易的交割期限不同,而这正是掉期外汇交易的确切含义所在。凡利用掉期外汇交易的同样可获得套期保值的利益。但在操作上,掉期外汇交易与套期保值仍有所区别,即在套期保值中,两笔交易的时间和金额可以不同。

2. 有利于证券投资者进行货币转换，避开汇率变动风险

掉期外汇交易可以使投资者将闲置的货币转换为所需要的货币，并得以从中获取利益。现实中，许多公司和银行及其他金融机构就利用这项新的投资工具，进行短期的对外投资。在进行这种短期对外投资时，它们必须将本币兑换为另一国的货币，然后调往投资国或地区，但在资金回收时，有可能发生外币汇率下跌使投资者蒙受损失的情况，因此，投资者就得利用掉期外汇交易避开这种风险。

3. 有利于银行消除与客户单独进行远期交易承受的汇率风险

掉期外汇交易可使银行消除与客户进行单独远期外汇交易时所承受的汇率风险，平衡即期外汇交易与远期外汇交易的交割日结构，使银行资产结构合理化。

### (三) 掉期外汇交易的种类

1. 即期对远期掉期

即期对远期的掉期外汇交易，指买进或卖出某种即期外汇的同时，卖出或买进同种货币的远期外汇。它是掉期外汇交易里最常见的一种形式。

这种交易形式按参加者不同又可分为以下两种：

(1) 纯粹的掉期外汇交易：指交易只涉及两方，即所有外汇买卖都发生于银行与另一家银行或公司客户之间。

(2) 分散的掉期外汇交易：指交易涉及三个参加者，即银行与一方进行即期外汇交易的同时与另一方进行远期外汇交易。但无论怎样，银行实际上仍然同时进行即期和远期外汇交易，符合掉期外汇交易的特征。进行这种交易的目的就在于避免风险，并从汇率的变动中获利。

2. 远期对远期掉期

远期对远期的掉期外汇交易，指买进并卖出两笔同种货币不同交割期的远期外汇。该交易有两种方式：一是买进较短交割期的远期外汇(如30天)，卖出较长交割期的远期外汇(如90天)；二是买进期限较长的远期外汇，而卖出期限较短的远期外汇。假如一个交易者在卖出100万30天远期美元的同时，买进100万90天远期美元，这个交易就是远期对远期的掉期外汇交易。这一形式可以使银行及时利用较为有利的汇率时机，并在汇率的变动中获利，因此其越来越受到重视。

3. 即期对即期掉期

其又可分为今日掉明日掉期(today/tomorrow)、明日掉后日掉期(tomorrow/next)和即期掉次日掉期(spot/next)。今日掉明日掉期的第一个到期日在今天，第二个到期日在明天。明日掉后日掉期的第一个到期日在明天，第二个到期日在后天。即期掉次日掉期的第一个到期日在即期外汇买卖起息日(即后天)，第二个到期日是将来的某一天(如即期掉1个月远期，远期到期日是即期交割日之后的第30天)。

### (四) 掉期汇率的计算

在掉期外汇交易中，经常使用的一个重要概念是"调期率"，它表示一种差价，即买进或卖出两种不同货币所使用的汇率之差价，掉期率也有买价和卖价之分。掉期汇率与远期汇率的计算方法是不同的，远期汇率等于即期汇率加减远期汇水，远期汇水在掉期外汇交易中，其第一个价格相当于即期卖出单位货币与远期买入单位货币的两个汇率的差额；其第二个价

格相当于即期买入单位货币与远期卖出单位货币的两个汇率的差额。实践中，掉期汇率的变化对掉期外汇交易量的影响是十分显著的。

| 【例1】GBP/USD | 即期汇率 | 1.6020/30 |
| | 3个月远期汇水 | 40/60 |
| | 3个月远期汇率 | 1.6060/90 |
| 掉期汇率：即期买入英镑 | | 1.6060 |
| | 3个月远期卖出英镑 | 1.6080(1.6020+0.0060) |
| | 即期卖出英镑 | 1.6030 |
| | 3个月远期买入英镑 | 1.6070(1.6030+0.0040) |
| 【例2】USD/DEM | 即期汇率 | 1.9060/70 |
| | 3个月远期汇水(掉期率) | 50/30 |
| | 3个月远期汇率 | 1.9010/40 |
| 掉期汇率：即期买入美元 | | 1.9060 |
| | 3个月远期卖出美元 | 1.9030(1.9060-0.0030) |
| | 即期卖出美元 | 1.9070 |
| | 3个月买入美元 | 1.9020(1.9070-0.0050) |

由上面的例子可以看出，远期汇率的两个价格对掉期外汇交易的意义是不同的。当单位货币升水时，远期汇率的第一个价格是银行买入/卖出单位货币的收益，第二个价格是银行卖出/买入单位货币的损失；当单位货币贴水时，第一个价格是银行买入/卖出单位货币的损失，第二个价格是银行卖出/买入单位货币的收益。

# 第四节　外汇期货与期权交易

## 一、外汇期货

### (一)外汇期货交易的概念和特点

1.外汇期货交易的概念

外汇期货交易是指外汇买卖双方在固定的交易场所，通过公开竞价的方式买进或卖出具有标准合同金额和标准交割日期的外汇合约的交易。

2.外汇期货交易的特点

(1)外汇期货交易具有一定标准数量的合约单位。

(2)外汇期货交易的合约时间标准化与报价统一。

(3)外汇期货交易的交割日统一。

(4)外汇期货交易对每日汇率变动的幅度设有最低的限制。

(5)外汇期货交易对价格最大波动进行限制。

3.外汇期货和远期外汇交易的差别

外汇期货交易和传统的远期外汇交易都先订立合约，将来再办理交割，具有相似的规避外汇风险的功能，但两者又有显著的差别，主要表现在以下方面：

（1）参与者不同。只要按规定缴纳必要的保证金，任何投资者均可进行外汇期货交易；而远期外汇市场的参与者大多为专业化的证券交易商或资信程度良好的大厂商，小户的参与机会很少。

（2）流动性不同。由于大量投机者和套利者的参与，外汇期货市场的流动性很好；而远期外汇市场参与者多为避险者，市场流动性差。

（3）交易方式不同。外汇期货交易是在集中的交易场所采取公开竞价方式进行的；而远期外汇交易是场外交易，一般通过电话或电传进行，市场是无形的。

（4）合约的标准化程度不同。同任何商品期货一样，外汇期货合约中的货币种类、交易规模、交割日期与方式等条款都是由交易所规定的，是标准化的合约；而远期外汇合约中的各项细则均由买卖双方自行商订。

（5）履约保证不同。外汇期货交易中买卖双方必须向交易所结算机构缴纳一定的保证金。

（6）结算方式不同。外汇期货交易采用逐日盯市制度定期结算盈亏，视盈亏情况对冲或追加保证金；而远期外汇交易是直到合约到期才会按商定的价格履行合约。

（7）交割方式不同。外汇期货交易中大部分成交的合约以对冲的方式结清，实际交割很少；而外汇远期交易正好相反，一般以实际交割为目的。

**（二）外汇期货合同**

外汇期货交易的基本单位就是期货合同，它是一个具有法律效力的外汇买卖的书面协议，规定了外汇期货交易双方在未来要交割的某种货币的特定数量，以及交割的地点、日期等。

如果外汇交易双方中任一交易方在合同有效期内，以规定的外汇量进行交割或接受交割，则该合同履行完毕。在一般情况下，一个买入或卖出头寸的外汇期货合约，可以在合同到期前用另一份等量合约的冲抵买入或卖出进行平仓（具体情况见表3-5、3-6）。

表 3-5　芝加哥国际货币市场（IMM-CME）

| 货币名称 | 马克 | 瑞士法郎 | 日元 | 英镑 |
|---|---|---|---|---|
| 合同金额/万 | 12.5 | 12.5 | 12.5 | 2.5 |
| 价格单位 | 0.0001 | 0.0001 | 0.000001 | 0.0005 |
| 日价波动最大限 | 0.01 | 0.015 | 0.0001 | 0.05 |
| 货币名称 | 墨西哥比索 | 加元 | 荷兰盾 | 法国法郎 |
| 合同金额/万 | 100 | 10 | 12.5 | 25 |
| 价格单位 | 0.00001 | 0.0001 | 0.0001 | 0.00005 |
| 日价波动最大限 | 0.0015 | 0.075 | 0.01 | 0.005 |

注：合同月份为1、3、4、6、7、9、10、12月及次年上述月份。

表 3-6  伦敦国际金融期货市场（LIFFE）

| 货币名称 | 英镑 | 瑞士法郎 | 马克 | 日元 |
|---|---|---|---|---|
| 合同金额/万 | 2.5 | 12.5 | 12.5 | 12.5 |
| 价格单位 | 0.0001 | 0.0001 | 0.0001 | 0.000001 |
| 日价波动最大限 | 0.05 | 0.01 | 0.01 | 0.01 |

注：合同月份为 3、6、9、12 月及次年上述各月。

### （三）外汇期货交易的程序

（1）选择经纪公司及经纪人。
（2）开设保证金账户。
（3）订单（指令）。
（4）期货合同的清算与交割。

### （四）外汇交易的操作

1. 外汇期货的套期保值交易

（1）空头套期保值。

空头套期保值（short hedge），又称卖出套期保值。空头套期保值是即将有现货头寸的交易者，在期货市场上做一笔相应的空头交易，以防止现货头寸价格下跌而遭受损失。如对于出口商的应收外汇货款、个人或公司在外国银行的存款等，为避免外汇汇率波动造成这笔款项价格下跌，相关人员可以事先在外汇期货市场上卖出该种货币的期货合约，从而锁定其价格。

（2）多头套期保值。

多头套期保值（long hedge），又称买入套期保值，是指对国外负有债务的债务人或将来在某一时间内支付外汇货款的进口商将要以外汇支付的款项，为避免计价货币汇率上升造成损失，可先在外汇期货市场上购进同等数量的外汇期货合约，等到将来在现货市场上购进所需外汇时，再卖出购进的期货合约。

2. 外汇期货的投机交易

（1）买空与卖空交易。

其一，买空行为。

买空行为，又称多头投机，是指投机者预测某种外汇期货合约的价格将要上涨，而采取购买某一交付月份的外汇期货合约，一旦预测准确，便立即将事先购买的合约卖出，从中赚取差额。

【例】假设某日市场行情如下：即期汇率 1 USD＝100 JPY；日元期货价格为 1 日元＝0.01 美元。

某投机者预测 12 月交割的日元期货价格呈上升趋势，因此他买入 100 张 12 月日元期货合约，每份期货合约为 1250 万日元。假设 15 日后，日元期货价格上升为 1 JPY＝0.011 USD。于是该投机者立即平仓其日元期货合约，则他的获利为（0.011－0.010）×12500000×100＝

1250000 美元。即在不计交易成本的前提下，该投机者通过日元期货的多头投机交易获利125 万美元。

其二，卖空行为。

卖空行为，又称空头投机，是指投机者预测某种外汇期货合约的价格将下跌，而采取事先出售外汇期货合约，待该合约的价格真正降低后再买进，从中赚取差额。

（2）外汇期货套利交易。

外汇期货套利投机交易是指投机者同时买入和卖出两种相关的外汇期货合约，然后再进行反向对冲，即卖出和买入其手中持有的合约，从这两种合约的相对价格变动中获利。外汇期货套利投机又分为跨市、跨期与跨币投机套利。

其一，跨市套利投机。

如果投机者预测两个市场的同种外汇期货合约均处于上涨状态，其中一个市场的涨幅高于另一个市场，则在涨幅大的市场买入，在涨幅小的市场卖出。

如果投机者预测两个市场的同种外汇期货合约均处于下跌状态，其中一个市场的跌幅大于另一个市场，则在跌幅大的市场卖出，跌幅小的市场买入。

【例】某套利者在国际货币市场和伦敦国际金融期货交易所进行英镑期货合约的跨市套利。在国际货币市场，每份英镑期货合约为 62500 英镑；在伦敦国际金融期货交易所，每份英镑期货合约为 25000 英镑。6 月 20 日，套利者在国际货币市场以 1 GBP = 1.6325 USD 的价格买入 40 份 9 月到期的英镑期货合约，同时在伦敦国际金融期货交易所以 1 GBP = 1.6574 USD 的价格出售 100 份 9 月到期的英镑期货合约。至 8 月 20 日，套利者以 1 GBP = 1.6680 USD 的价格分别在两家交易所对所持合约平仓（交易结果见表 3-7）。

表 3-7　跨市套利损益分析

| | 国际货币市场 | 伦敦国际金融期货交易所 |
|---|---|---|
| 6 月 20 日 | 买入 40 份英镑期货合约，支付 1.6325×62500×40＝4081250 美元 | 出售 100 份英镑期货合约，收入 1.6574×25000×100＝4143500 美元 |
| 8 月 20 日 | 出售 40 份英镑期货合约，收入 1.6680×62500×40＝4170000 美元 | 买入 100 份英镑期货合约，支付 1.6680×250001×100＝4170000 美元 |
| 赢利或亏损 | 88750 美元 | −26500 美元 |

其二，跨期套利交易。

如果投机者预测两种合约价格均上涨，则买入预期涨幅较大的交割月份的期货合约，卖出预期涨幅较小的交割月份的期货合约。

如果投机者预测两种合约价格均下跌，则卖出预期跌幅较大的交割月份的期货合约，买入预期跌幅较小的交割月份的期货合约。

【例】6 月 1 日，假设国际货币市场上，9 月交割的英镑期货合约价格为 1 GBP = 1.5630 USD，12 月交割的英镑期货合约价格为 1 GBP = 1.5610 USD。一投机者预测 9 月交割的英镑期货合约价格下跌速度比 12 月交割的英镑期货合约价格下跌速度快，因此采用跨期套利投机,卖出10张9月交割的英镑期货合约,同时买入10张12月交割的英镑期货合约,以获取价差上的利润。如果该投机者于8月进行平仓,此时9月的英镑期货合约价格为1 GBP = 1.5560 USD,12月交割的英镑期货合约价格为1 GBP = 1.5570 USD,那么这个投机者平仓后的利润为(1.5630 − 1.5560)×62500×10 + (1.5570 − 1.5610)×62500×10 = 1875(美元)。

其三,跨币种套利。

有两种货币,如果预测一种货币对美元升值,另一种货币对美元贬值,则买入升值货币的期货合约并卖出贬值货币的期货合约。

如果预测两种货币都对美元升值,则买入升值速度较快的货币期货合约并卖出升值速度较慢的货币期货合约。

如果预测两种货币均对美元贬值,则卖出贬值速度较快的货币期货合约并买入贬值速度较慢的货币期货合约。

如果预测两种货币,一种货币对美元汇率保持不变,另一种货币对美元升值,则买入升值货币的期货合约,卖出汇率不变的货币的期货合约;若预测另一种货币对美元贬值,则卖出贬值货币的期货合约,买入汇率不变的货币的期货合约。

【例】6月10日,国际货币市场9月期瑞士法郎的期货价格为1 CHF = 0.5000 USD,9月期英镑的期货价格为1 GBP = 1.5000 USD,则9月期瑞士法郎期货兑英镑期货的套算汇率为1CHF = 0.3333 GBP。某套利者在国际货币市场买入10份9月期瑞士法郎期货合约,同时卖出7份9月期英镑期货合约。之所以卖出7份英镑期货合约是因为瑞士法郎期货合约与英镑期货合约的交易单位不同,前者是125000瑞士法郎,后者是62500英镑。因此,为保证实际价值基本一致,前者买入10份合约,后者卖出7份合约。9月5日,该交易者分别估以1 CHF = 0.5500 USD和1 GBP = 1.5750 USD的价格对冲了结持仓合约(其交易过程和损益分析见表3-8)。

表3-8  跨币种套利损益分析

|  | 瑞士法郎 | 英镑 |
|---|---|---|
| 6月10日 | 买入10份9月期合约,支付<br>0.5000×125000×10 = 625000 美元 | 卖出7份9月期合约,收入<br>1.5000×62500×7 = 656250 美元 |
| 9月5日 | 出售10份9月期合约,收入<br>0.5500×125000×10 = 687500 美元 | 买入7份9月期合约,支付<br>1.5750×62500×7 = 689062.5 美元 |
| 赢利或亏损 | 62500 美元 | −32812.5 美元 |

## 二、外汇期权

### (一)外汇期权的含义

外汇期权(foreign exchange option)是一种选择契约,期权合同的买方享有在契约到期日或之前以规定价格买进或卖出约定数量的某种外汇的权利。

### (二)外汇期权合同

为了使买卖双方能在交易所内以公开竞价的方式进行交易,并有助于外汇期权市场的活跃,外汇期权已有标准化契约合同。

#### 1.交易数量

外汇期权交易的标准化合同都规定了固定的交易数量,如每一个合同单位为 12500 英镑、62500 瑞士法郎、62500 德国马克、625 万日元等,并且为了方便交易,所有汇率都是以美元表示的,如 1 英镑等于多少美元等。

#### 2.履约价格

履约价格又称为协定价格,是合同中规定交易双方将来行使期权时的交割价格。履约价格决定于合同签订之时,可能完全不同于即期汇率或远期汇率。

#### 3.到期日

外汇期权合同有一个最后到期日,期权的持有者如果希望履行合同,必须在合同到期前通知对方。到期日一般表示为某年某月某日的某个时间。如果买方没有在到期日前向卖方表示履约的意愿,则卖方在法律上没有接受履约的义务;然而,如果买方显然会履行期权,市场按成规通常会给予一段通融的时间。但买方不应依赖卖方的通融,而应确定及时地发出履约通知。另外,在合同到期前,卖方必须让买方发出履约通知。

#### 4.保证金

实践中,当买方要求履行相关合同时,卖方有义务按履约价格进行交割。为了确保合同义务的有效履行,卖方须在订约时缴纳保证金。卖方所缴纳保证金通过清算所会员缴存于清算所规定的保证金账户之内,随市价而涨跌,并于必要时卖方追加。

#### 5.权利金

权利金又称保险费,是外汇期权的价格,在订约地由买方支付给卖方,作为取得履约选择权的费用。买方在签订期权合同并支付权利金后,就有权在他认为最佳的时机或特定日期买进或卖出一定的外汇,因此可以获取利润。在外汇行情走势对自己不利时,买方可以放弃行使期权,其损失仅是支付的权利金。因此,外汇期权与期货交易一样,可以用少量资金来控制大量的外汇。

### (三)外汇期权的种类

(1)从期权购买者的角度划分:看涨期权和看跌期权。
(2)按期权合同的交割日划分:美式期权和欧式期权。
(3)按汇率划分:即期外汇期权、外汇期货期权和期货式期权。
(4)按交易方式划分:挂牌交易期权和柜台市场交易期权。

### (四)外汇期权的价格

#### 1.外汇期权的报价

外汇期权的价格即权利金,可以表示为百分数或点数。根据市场惯例,如果权利金以计价货币表示,而另一种货币是基准单位,则以点数报价。例如,权利金以 DEM 计价,表示每 1USD 为多少 DEM,则权利金是以点数报价,如每 1 USD 为 250 点。如果权利金的计价货币与基准单位相同，如两者都是 DEM，则权利金是以百分数报价的，如每 DEM 为 2.5%。

2. 期权价格的构成

权利金由内在价值和时间价值两部分构成，期权价格等于内在价值加上时间价值。期权的内在价值就是期权本身所具有的价值，即期权的协定价格与市场价格的差额。期权协定价格通常由买方选择。因此，期权的协定价格与市场价格之间有以下三种关系：

（1）平价。如果期权合同的履约价格等于当时的市场价格，则该期权处于平价，其内在价值为零。

（2）折价。如果看涨期权的履约价格低于其市场价格或者看跌期权的履约价格高于其市场价格，则该期权折价，即买方处于有利地位，该期权合同具有内在价值。

（3）溢价。如果看涨期权的履约价格高于其市场价格或者看跌期权的履约价格低于其市场价格，则该期权溢价，即买方处于不利地位，这种情况下期权的内在价值为零。

在签订期权合约时，无论看涨期权还是看跌期权，其内在价值都不可能为负数，只可能大于零或等于零。

期权的时间价值是期权的权利金减去内在价值。对于内在价值，不论是否知道期权的总价值都可以计算，它只是期权的折价部分。但如果不知道期权的总价值，其时间价值的评估便很困难。期权的时间价值一方面反映了期权交易期间内的时间风险，另一方面也反映了市场价格波动的风险，它实际上就是期权有效期内市场价格变化使期权履约时所产生的额外收益。

期权有一特性，即持有者是否履行合同，取决于到期日市场汇率。期权的时间价值要根据至到期日的时间内，其市场汇率所能获得的分布而定。正是由于到期日市场汇价的不确定性，期权的定价也就比较复杂。

期权的时间价值的变化是一个从大到小、从有到无的过程。相对而言，期权的时间价值与交易期内剩余的时间成正比，到了到期日就没有时间价值了，这称为时间衰竭。

### （五）外汇期权合同的清算与交割

期权买卖双方是通过经纪人在交易所内成交的。所有成交的期权合同都必须通过期权清算公司进行清算与交割。期权交易市场都设有或独立或附属的清算公司，它对每一笔符合规范的期权交易进行担保。期权合同成交后，买卖双方都只同清算公司发生关系。买方只向清算公司提出行使权利的要求，而卖方则只向清算公司承担相关的责任。有清算公司为买卖双方担保，交易时双方均无需对对方的信用状况做任何调查，从而使得期权交易变得既简单又可靠。不过，为确保期权卖方到期承担履约责任，清算公司一般要求期权卖方缴纳保证金。这些保证金通过清算公司存于清算公司的保证金账户上，当市场波动激烈时，清算公司还有权要求卖方追加保证金金额。

对于美式期权而言，其买方有权在合同有效期内的任何时候要求行使权利，提早进行结算交割；而欧式期权的买方则没有这种权利，只有在到期日才能进行清算与交割。不论美式期权还是欧式期权，其卖方均可在到期日以前做回购交易，从而结束自己所承担的义务；其买方也可以在到期日前做再售交易，从而转让自己的权利。

当期权持有人要求行使权利、执行合同时，他只需要简单地通知其经纪人，再由经纪人通知清算公司。清算公司收到期权交割通知后，便采用一种对所有清算成员都公正、公平的准则，一般都选择"先进先出"的原则，指定一家与要求交割的人完全匹配的期权出售者的清算公司成员，由该成员来完成与期权持有者之间的交割事宜。

【本章小结】

本章介绍了外汇交易业务的各种交易方式、特征、作用与功能，分析了相关外汇交易行为的大致过程、程序与规则，剖析了汇率的表示方法及决定与影响汇率或交易价格的主要因素。此外，为加深对相关知识的了解，本章还使用了不少实务例题进行具体说明。

【思考与练习】

1. 假定即期汇率 USD/JPY：106.85，美元年利率 6%，日元年利率 0.5%。请问：3 个月美元远期汇率是多少？

2. 假如某外汇银行有两个月德国马克外汇多头 5000 万，其向另一家银行询价，该银行即报出 USD/DEM 即期汇率：2.3446/2.3570，两个月远期汇率 45/55，那么按此远期汇率轧平多头，可收回多少美元？

3. 根据下表做如下计算。

| 币种 | 即期 | 1 个月 | 2 个月 | 3 个月 | 6 个月 | 12 个月 |
|------|------|--------|--------|--------|--------|---------|
| USD | 1.5392/02 | 13/11 | 24/31 | 34/31 | 68/63 | 153/143 |
| DEM | 2.2321/52 | 55/48 | 108/99 | 157/147 | 304/289 | 588/558 |
| CHF | 1.8168/96 | 72/66 | 143/136 | 209/200 | 394/378 | 753/722 |
| NLG | 2.4996/29 | 65/59 | 128/119 | 189/179 | 364/347 | 691/661 |
| FRF | 7.659/718 | 131/113 | 252/227 | 339/308 | 622/566 | 1219/1124 |
| JPY | 160.5/77 | 77/72 | 152/145 | 224/217 | 428/417 | 808/790 |
| ITL | 2375.4/9.4 | 67/82 | 147/168 | 223/248 | 416/463 | 754/832 |
| BEF | 45.88/98 | 13/9 | 24/19 | 34/29 | 65/55 | 127/108 |
| ESP | 187.96/25 | 37/47 | 79/93 | 118/135 | 220/243 | 399/444 |

(1) 请计算 GBP/USD 2 月期的远期汇率。

(2) 请计算 GBP/DEM 2 月期的远期汇率。

(3) 某客户希望出售美元买入英镑，请计算 1 月期远期汇率。

(4) 一客户希望以英镑购买远期 1000 万法国法郎，期限为 6 个月，请计算其将花费多少英镑。

(5) 一客户希望出售期限为 3 个月的 200 万德国马克来换取英镑，请计算其将获得多少英镑。

(6) 某公司出口一套设备，美元报价为 20000 美元，现外商要求以英镑报价，且货款在 3 个月后才能收回，该公司应如何报价？

（7）某公司出口一套设备，英镑报价为20000英镑，现外商要求以意大利里拉报价，且货款在6个月后才能收回，该公司应如何报价？

4.假如某一时间，法兰克福外汇市场USD/DEM：1.8560/1.8610，纽约外汇市场USD/DEM：1.8480/1.8550。一金融机构现有美元多头5000万欲进行套汇业务，它如何做才能赚取收益？（不考虑其他费用）

5.假定某一时间内有关外汇市场即期汇率（中间价）是阿姆斯特丹外汇市场USD/NLG：1.9025，纽约外汇市场USD/CAD：1.2646，多伦多外汇市场实际折算汇率CAD/NLG：1.5214。一荷兰套汇者用100万荷兰盾进行套汇，问他的套汇利润是多少？（不考虑套汇费用）

6.假定美元货币市场美元年利率8%，日元货币市场日元年利率5%，若某日上午香港外汇市场上USD/JPY即期汇率为135.00，6个月远期汇率为134.50，在抵补套利中，请问相关的利率差带来的收益是多少？

## 【案例分析】

假设美国福特汽车公司在英国巴克莱银行的英镑存款账户中多头头寸较大，为了降低英镑多头头寸的外汇风险，福特公司决定在即期外汇市场上出售500万英镑。该公司在与美洲银行谈妥这笔外汇交易后，电告巴克莱银行，请其将500万英镑转移到美洲银行的账户上；与此同时，美洲银行则在福特公司的美元存款账号上贷记等值的美元金额，或者美洲银行以福特公司为受票人签发一张等值美元金额的银行本票。

请问：这就是一个典型的外汇交易过程，整个交易过程最多不超过两个营业日，但外汇交易都是案例所述的类型吗？外汇交易还有哪些种类？每一种交易的过程和规则又是什么？汇率怎么计算？

# 第四章　外汇交易管理制度比较

国际金融市场是随着国际贸易的扩大和发展而产生并发展的。从最早的国际清算中心到国际金融市场的出现，到形成北美区、西欧区、亚洲区、中美洲与加勒比海区以及中东区五大区域，中间历经了几个世纪。其中，北美金融市场比较成熟，西欧金融市场改革成效显著，亚洲金融市场起步虽晚但发展较快。本章以美国、欧盟和日本等金融市场为例，研究其相关外汇交易监管改革动向及处罚案例，以寻求对我国外汇管理工作的有效参考与启示。

## 第一节　美国的外汇交易管理制度

### 一、强化金融监管

经历 2008 年国际金融危机后，美国致力于制订全面的金融监管改革方案。2010 年 7 月，多德-弗兰克法案正式生效，使美联储成为超级监管者。该法案被认为是大萧条以来最全面、最严厉的金融改革法案，其核心是限制银行从事高风险投机性交易活动，具体措施包括每年对具有系统重要性的大银行进行压力测试，成立消费者金融保护局对金融机构实施监管等。随着全球银行业逐渐形成较稳定的发展态势，2017 年 6 月，美国众议院通过了一项新法案，取消了限制银行进行投机交易的沃克尔法则，要求重组消费者金融保护局，放松对具有系统重要性的大银行的压力测试要求，取消有序清算制度以防止使用纳税人的钱救助"大而不倒"的金融机构，旨在取代多德-弗兰克法案①。

### 二、优化监管机构功能

美国的监管机构有两个——美国期货交易委员会（CFTC）和美国全国期货协会（NFA）。

CFTC 是独立的联邦机构，由国会根据修正的《期货交易法》创立于 1975 年。这个机构的主要职能是监督期货和期权市场的经营，保护客户利益。CFTC 在总体上负责规范市场，同时下放部分职责给 NFA 及交易所。

NFA 是一个期货行业强制性自律机构，强制性会员资格是 NFA 监管机构的基石，并使整个行业的自我监管成为可能。NFA 的日常职责是维护衍生品市场的诚信，保护投资者权益，并确保其成员达到监管要求，其主要的经营资金来源于会员的会费。目前监管标准只针对美

---

① 新法案是建立在当前金融业较为健康有序发展的前提下的，旨在降低监管费用、改善流动性不足问题、削减企业成本，被视为美国金融监管存在放松趋势的信号。

国境内交易商，侧重于保护美国客户的相关利益①。因为美国并不鼓励发展零售外汇行业，而是一贯以严厉的监管在打压零售汇商，所以能得到 NFA 的美国本地交易商的实力是毋庸置疑的。另外，在 NFA 网站上，人们还可以查阅每个机构的注册情况和客户投诉记录。

此外，外汇保证金行业归属于 CFTC 和 NFA，在监管方面均依照期货行业的监管条款。相比较而言，CFTC 的角色工作更多的是仲裁和为客户向相关机构索赔，而 NFA 则以调解为主。

### （一）NFA 监管规定与平台开发

NFA 成立于 1981 年，目前仅监管 2 家零售外汇交易商，分别为 GAIN Capital② 和 OANDA③。

NFA 要求外汇交易商设立首席合规官，并规定从事外汇业务的个体须参加场外零售外汇考试。NFA 的处罚措施非常严格，除一般的警告、罚款和吊销牌照外，还包括市场禁入。NFA 对资本金要求十分高，规定每个外汇交易商必须保持"调整后净资本额"等于或大于 2000 万美元。NFA 要求对客户资金进行隔离，对主要货币对的杠杆限制为 100∶3，同时还规定所有外汇交易商必须设立实体办公室。

NFA 也受理中国投资者的投诉，如果投资者想追回投资款或获得补偿，则必须申请仲裁，NFA 的裁决具有强制执行力。然而，在 2012 年 7 月 11 日的百利事件中，当美国零售外汇交易商百利集团申请破产时，NFA 并没有采取实质性的措施保护投资者的利益，导致中国投资者至今仍未收到赔偿款项。

2016 年 12 月，NFA 对外汇经纪商的信息披露做出了新规定，要求在美国营业的外汇经纪商必须向他们的客户提供每笔交易的具体成本细节，无论客户是否需要这一信息。根据 NFA 的要求，外汇经纪商需要向客户披露所有的佣金、手续费等各种形式的成本费用。

对于 STP④ 模式的经纪商来说，他们必须披露"在执行订单交易过程中，因经纪商自身操作而引起价格波动的所有细节信息"。

非 STP 模式的经纪商，则必须披露每笔交易的中间点差成本（mid-point spreadcost）。NFA 规定，中间点差成本是指经纪商在执行客户订单时的执行价格和经纪商向客户提供的点差价格之间的差额成本。

### （二）NFA 如何防止欺诈和滥用交易

1. 严格的登记检查

在美国期货、外汇市场，给客户提供交易服务的每一个个人和公司都必须在 CFTC 注册并成为 NFA 成员。

2. 全面系统的规章制度

NFA 对企业在销售方式、数据记录、定期报告、风险披露、业务自由、收费公开、最低资

---

① 包括极端情况下的补偿措施。
② 其机构外汇业务已出售。
③ 其已被私募股权公司 CVC 收购。
④ 直通式处理。

本要求等方面都有系统严格的规则并要求有效执行。

3. 强有力的执法性

实践中，企业若有违反规则的情况，NFA 会采取以下措施：警告信、罚款、吊销牌照、禁止与 NFA 成员的任何合作以及公开责令罚款[①]等。NFA 会与 CFTC、FBI 及其他执法机构一起确保投诉的执行。

### (三) 合理内部与外部监管系统

NFA 的监管平台由内部系统和外部系统两部分组成，为协会的各项自律监管业务提供强大的技术支持。

内部系统以 FACTS 2000 系统为主，专为 NFA 各部门工作人员提供服务和支持，是 NFA 电子化办公的重要组成部分。FACTS 2000 系统主要由财务分析系统、审计系统、每日隔离账户审查系统、交易行为和市场监督系统等子系统构成。

NFA 的外部应用系统建立在因特网的基础上，主要进行网上申报和电子邮件录入、传递数据，主要职能是从会员及其他机构获得信息，并分类转入内部系统。外部系统主要包括在线注册系统、在线纠纷解决系统、隔离账户资料登录与录入系统等，这些系统的使用大大简化了会员和 NFA 双方的工作流程，降低了工作量，提高了工作效率，是 NFA"提供优质监管服务"指导思想的重要体现。

NFA 的内部系统与外部系统相结合，有效地保证了在市场不断发展的形势下 NFA 协会成本和规模的稳定，使工作效率大幅提升、监管服务日趋完善。

## 三、充分发挥美联储和财政部的作用

美国用于干预国际外汇政策的外币通常来自美联储持有量和财政部的交易稳定基金，这些持有量目前由欧元和日元组成。相关的政策干预可能与其他中央银行协调，特别是与使用货币的国家中央银行协调。

近年来，美联储和财政部的干预措施更加透明化。因此，纽约(房市)联储经常直接与许多大型银行同业交易商进行现货汇率市场买卖。美联储历来没有从事衍生品交易。美国财政部长通常在美联储正在开展业务或不久之后确认美国干预。通常，反映美国官方对其汇率政策的立场的声明伴随财政部对干预活动的确认。

首先，美联储经常对外汇市场进行"消毒"干预，阻止干预措施将银行储备金额从既定货币政策目标水平上调。例如，如果纽约联储出售美元来购买外币，那么这个出售会增加银行体系的储备。为了消灭交易，美联储在其国内公开市场交易中可能通过出售政府证券来消除储备。

其次，纽约联储在向国会发出的报告中于每个季度结束后约 30 天内公布美国货币当局的外汇活动的全部细节，并同时公开发行"库存和联邦储备外汇业务"。

当然，市场上并不是所有的纽约联储交易柜台的活动都是由财政部或美联储执行的。有时候，纽约联储可能代表希望参与美国外汇市场的其他中央银行和国际组织的代理人。外国央行利用纽约联储作为代理人，超越其时区和外汇对手方。这些购买和销售不被认为是美国外汇干预，也不是反映美国货币当局的任何政策举措。当联邦储备银行代表外国中央银行购

---

① 最高上限为 250000 美元。

买和出售货币时，银行储备总额不变，不需要控制。

### 四、切实完善外汇交易监管法律

资金的安全性是投资客户在选择外汇交易商的过程中必须重点考量的要素之一。从全世界来看，美国、英国和瑞士三个国家是对外汇交易商的客户资金安全、交易规则监管最严格的，有专门的管理法律。如果是在上述国家拿到上述政府机构的经营许可的交易商，只要不是蓄意违规，其资金安全基本都有保障。美国是世界经济大国，美元也在全世界有着很大影响；因此，对于外汇交易来说，美国是一个主要的交易市场，不但拥有的外汇保证金交易商最多，而且在世界比较知名、规模实力雄厚的大交易商也大多在美国。

（1）外汇交易商与银行之间签署合作协议，开展国际外汇保证金交易业务必须建立监管信托账户（trust account），由银行承担外汇交易商破产所导致的客户账户的风险；银行由联邦中央存款保险公司（FDIC）负责监管，由保险公司承担因协议银行破产所导致的客户账户的风险。

（2）外汇交易商提供资产评估证明、详细业务计划及监管方案，附带与银行和保险公司签署的协议，向 NFA 和 CFTC 提出申请；NFA 和 CFTC 分别要求其协议银行和保险公司提供资料，以验证协议的准确性和真实有效性；NFA 和 CFTC 批准外汇交易商的申请，并要求外汇交易商和银行在美国中央银行存入规定数量的风险保证押金，以保留对外汇交易商和银行违规操作等不良行为的最终制裁权。

（3）外汇交易商定期向 NFA 和 CFTC 提交日常业务报告；NFA 和 CFTC 对外汇交易商、协议银行和 FDIC 进行日常监督和定期监察。

（4）CTFC 会定期公告所有外汇交易商的资产报表和信用评级以及违规事项、客户投诉和处理情况。另外，各交易商严重违规投诉和最后处理结果也都会被通告并永远记录在案，交易者通过网络就能够在 CFTC 或 NFA 官方网站上轻松在线查阅任何一家交易商的背景资料及所有的严重违规行为记录。

通过上面的法规，可以知道，美国政府机构对客户资金账户安全的监管是比较严格的——不但客户保证金和交易商账户分离（分离账户），必须由第三方，也就是一家合作银行来监管，而且要由联邦存款保险公司为这家托管银行进行存款保险①。

# 第二节　日本的外汇交易管理制度

### 一、日本金融制度的变迁及借鉴意义

从 2013 年开始，我国加快了金融改革的节奏和步伐，迈入改革的深水区。而日本金融自由化是在"试错"中不断进行和发展的，其成功经验和改革中的失误均可以为中国金融改革提供良好借鉴。

第二次世界大战（简称二战）后，日本经济取得了迅速增长，赶超欧美，成为世界上的第二大经济体，这与其以政府为主导的金融体系是密不可分的。在 20 世纪 80 年代，随着金融

---

① 而根据美国保险法的规定，联邦存款保险公司的风险是由美国联邦政府来承担的。

全球化的发展和日本经济结构的改变，日本开始了金融自由化进程，但是金融自由化过慢过缓，日本的金融体制逐渐落伍了，日本在金融制度方面陷入了制度疲劳。这是导致 20 世纪 90 年代"泡沫破灭"后日本经济一蹶不振的重要因素之一。1997 年，日本进行了"金融体制的大爆炸"改革，但是结果不太理想。

**（一）金融制度的变迁**

1. 日本二战后金融制度的形成

日本二战后的金融体系轮廓形成于 1950 年前后。这种金融体系支撑了日本二战后经济的迅速增长和崛起，使日本赶超欧美，成为世界第二大经济体。此时日本形成的金融体制具有以下特征。

（1）银行主导型的金融制度。二战后日本资金短缺，为充分利用有限的资金促进经济发展和加强对经济的宏观调控，日本建立了银行主导型的金融制度。该制度最主要的特征是以银行部门为资金中介，银行融资在社会融资中占绝对比重。在日本实行"金融大爆炸"改革伊始的 1998 年，现金、活期存款、定期存款、信托等金融机构保本付息的金融产品占居民金融资产的比重在 60% 以上。

（2）限制竞争的严格管制。二战后，日本对金融行业的竞争进行严格管制，且管制的范围比较广泛，具体表现在以下三个方面。一是明确业务分工。其主要表现是长短期金融业务的分离，长期金融业务主要是由长期信用银行和信托等长期金融机构经营；短期金融业务主要是由城市银行、地方银行等短期金融机构经营。同时，银行与证券业分离①且银行与信托业分离②。二是利率管制。日本通过人为的低利率管制，将存款利率维持在很低的水平。这可以保证日本的企业获得低成本的资金，对二战后日本经济的迅速恢复和发展起到了重要的作用，同时结合间接融资的金融体制可以使银行等金融机构获得一个稳定的收益。三是国内金融市场和国外金融市场分离管制。通过严格限制资金的内外流动，保证人为的低利率政策不会造成资金的外流，使日本储蓄尽可能地转化为日本产业发展所需的资金。同时，严格限制国外金融机构在日本开设分支机构和外国金融机构业务在日本的发展，避免国外金融机构同日本的金融机构展开竞争，保证日本金融体系的稳定。

（3）主银行制度。日本在二战后并没有对主银行制度的强制规定，主银行制度是由历史的延续和二战后特殊的金融体制造就的。在日本实行银行主导型的金融体制下，企业的资金来源主要是银行借款。因此，企业加强同主银行的关系，一方面可以保证企业从主银行获得稳定的资金，满足企业对资金的需求；另一方面可以使得主银行有稳定的客户群体和投资对象，由此自发形成了主银行制度。

（4）对金融行政的过度保护。金融行政是日本特有的说法。过度保护体现在当日本的金融机构出现经营危机时，日本政府往往会通过向出现问题的金融机构注入公共资金或者将其与经营状况良好的金融机构合并的办法予以救助。这是二战后日本"银行不倒的神话"形成的原因，同时也造成了日本金融体系的脆弱。在二战后日本资金短缺的情形下，日本当时的金融体系最大限度地为企业提供了充足而廉价的资金，并且金融机构的分工限制和银行的资

---

① 即商业银行不得从事证券业务，而只允许证券公司经营证券业务。

② 基于利益冲突考虑，二战后日本规定只有信托银行可以经营信托业务，原则上禁止其他银行经营信托业务。

金中介地位使得银行之间避免了过度竞争,获得了稳定收益。这保证了金融体系的稳定,推动了日本经济的高速增长。

2. 日本金融自由化

在20世纪80年代,日本经济追赶阶段结束,由高速增长向中速增长转变,资金状况由储蓄不足向储蓄过剩转变。此时,日本的过剩资金为寻求高额回报,开始冲破旧有金融体制的束缚,日本服务环境发生了根本变化。同时,由于对外经济的发展,美日经济摩擦日益加剧,美国等国强烈要求日本开放其国内金融市场。日本金融当局在国内外的合力推动下,逐步开始了金融自由化的进程①。

1984年,日本设立了"日美日元美元贸易委员会",开始对日本金融自由化问题进行实质性商谈。概括而言,日本金融自由化包括利率自由化、业务经营自由化、市场准入自由化和资金流动自由化四个方面。

(1)利率自由化。日本二战后的低利率政策实际上是剥削储户支持工业发展的经济行为,是经济扭曲和市场缺乏效率的表现。此时,银行无法发挥信息生产和风险管理的功能,导致了金融机构根本功能的丧失。利率自由化改革旨在最终形成由资金供求状况决定的市场化利率,使利率成为宏观经济形势的风向标,成为自发调节经济的重要因素。

(2)业务经营自由化。日本业务分工管制使金融机构的相互竞争被限制在狭窄的范围内,逐渐使金融机构提供的金融服务同质化和趋同化,难以满足企业多元化的金融交易需求。日本在金融自由化的改革进程中,逐步将银行业、证券业、信托业之间严格的分业管制放松。日本于1992年制定的《金融制度改革相关法》中,允许金融机构通过设立子公司的形式进行金融业务的渗透。日本逐步建立了提供"百货公司式的金融服务"的金融机构。

(3)资金流动自由化和市场准入自由化。1980年12月,日本政府实行新外汇法——《外国汇兑及外国贸易管理法》。新外汇法中设立"原则自由,例外限制"的资本自由流动方针,允许资本双向自由流动,即只有当日本的国际收支出现急速的大幅度变动时日本政府才会进行干预。同时,日本金融当局放宽了国外金融机构准入条件、经营活动范围的限制和国内金融机构进入国际市场的限制,使日本金融机构与国外金融机构同台竞技,提高了日本金融机构的竞争力和资金配置效率②。

(4)拓展融资方式,促进资本市场自由化。虽然从20世纪70年代开始日本逐渐放松并撤销了各种金融管制,但日本国内金融市场上直接融资的成本较国外金融市场仍高出许多。因此,日本企业纷纷选择在国外的金融市场融资,使国内资本市场出现了"金融空洞化"现象。鉴于此,1984年的《日美日元美元委员会报告》废除了公司债发行业务管制,加速了资本市场的自由化和国际化进程。1996年1月,公司债发行市场实现了自由化。

日本经济学家奥村洋彦对比分析了日美的金融自由化进程,总结了日本金融自由化的特点:渐进性、不平衡性和波及范围广。日本金融自由化呈现出这些特征是因为日本资本市场、货币市场以及海外交易中存在各种严格管制,所有领域都成了金融自由化的重点。但全面自由化是不可能同时实现的,因此日本采取了"渐进、不平衡的自由化进程"。这种不健康

---

① 金融自由化是日本金融体制由封闭到开放、由限制到逐步自由化和国际化的过程,是从维持金融的稳定转向追求金融高收益的过程。

② 尤为重要的是这些举措提高了东京金融市场在国际金融市场中的地位,促使东京金融市场逐渐成为国际金融中心。

的改革模式是导致"异常的经济行为",形成"泡沫经济"并延长泡沫崩溃过程的一个重要因素。正因为金融自由化进程的迟缓和改革的不平衡性,日本对金融业新的管制依然存在,各种竞争仍然受限,金融机构仍在严格的保护之下。此时,金融改革没有使得政府主导的日本金融体制发生本质的变化。因此日本需要在金融自由化的基础上进行进一步的全面的战略性变革,使日本的金融体制适应金融自由化和全球化发展的需要。

3. 日本的"金融大爆炸"改革

1998 年 4 月,日本开始了"金融大爆炸"改革。改革目标是利用三年时间建立一个具有国际竞争力、能支撑 21 世纪日本经济发展的健全的金融体系,促进内外竞争并且使日本成为与纽约、伦敦并驾齐驱的国际金融中心①。

(1)外汇交易自由化。从 1998 年 4 月开始,日本开始正式实施《外汇外贸管理法》,实现外汇交易自由化。该法主要包含两方面内容:一方面,废除了外汇公司指定银行制度、指定证券公司、外币兑换商制度,实现外汇业务的自由准入及退出②;另一方面,由事前许可、申报制度修改为事后报告制度,提高了交易的效率和便捷性。

(2)提高央行的独立性和决策的透明度。日本修改《日本银行法》,明确了日本银行稳定物价和维护金融体系稳定的职能;废除大藏省对日本银行的指令权和禁止因为意见相左而解雇重要干部,以提高央行独立性。这实质上是废除金融行政和金融行政对金融机构的过度保护,使效率低下的金融机构退出市场,增强了金融市场的活力。

(3)促进金融机构间的重组和整合,实现混业经营。根据《反垄断法》第九条,在日本禁止设立纯粹的控股公司,当然金融控股公司也在禁止之列。1997 年 12 月日本修改后的《反垄断法》规定:原则上可自由设立控股公司。此后,日本陆续出台措施,具体规定了金融机构设立控股公司的措施。在金融控股公司制度解禁后,日本金融机构进行了大规模的合并和重组,最终形成了六大银行集团和三大金融集团。

(4)加强金融监管。在 20 世纪 90 年代日本泡沫经济崩溃以后,金融机构积累了大量的不良债权,一系列金融机构倒闭,严重影响了经济的健康发展。为维持金融体系稳定,日本确立了新型金融监管体系。新型监管体制的核心就是将财政与金融分离,将金融监管的权限从大藏省剥离。1998 年 6 月日本对大藏省进行改组,撤销其内部的银行局、证券局和金融企划厅,建立直属内阁的金融监督厅。金融监督厅于 2000 年改组为金融厅,金融厅通过定期检查和突然检查的方式对民间金融机构进行监督,并根据监督结果,对不符合要求的金融机构责令其改善或停止经营业务。2001 年,日本将金融厅升为内阁府的外设局,使之成为日本金融监管的最高机构,摆脱了大藏省一统天下的金融监管格局,开始独立、全面地负责金融监管业务。

"金融大爆炸"改革是在金融自由化基础上的改革深化,是对金融体制的战略性变革。通过"金融大爆炸"改革,日本逐渐解决了不良债权的问题,解除了各种管制,降低了金融交易中的交易成本,促进了日本金融行业的健康持续发展。改革后的金融体系,能够更好地抵御外来大幅度经济波动的冲击。2007 年由美国次贷危机引发的全球经济危机给日本的实体经

---

① 金融体系的变革需要进行两个转变,即从重视作为生产者的金融机构向重视作为消费者的客户转变,从传统的金融行政保护向重视发挥市场机制效用转变。

② 这使得任何一家证券公司和外汇银行都可以自由地参与外汇交易,都有了自由兑换货币的可能。

济带来较大冲击,而日本的金融体系则影响不大,保持相对稳定。

### (二)对我国的借鉴意义

我国的金融体制与日本在"金融大爆炸"前的金融体制具有很大的相似性①,因而,积极借鉴日本的相关经验教训对我国的金融制度改革深化对具有重要意义。

#### 1. 金融体系应同经济发展阶段相配套

体系即制度,任何制度都存在着时代的局限性,因此制度要随环境变化进行调整。国家金融制度是否合理关系到国家经济发展运行的方方面面。合理的金融体系能促进资金配置效率的提高,促进经济的持续和快速发展。制度经济学大师诺斯认为,任何经济制度的形成和发展都具有路径依赖的刚性特征。换言之,即使存在更合理有效的制度,其要替代已经建立的现行制度也是非常困难的,金融制度也不例外。在国家经济发展中尤其要注意制度路径依赖的刚性特征,要让金融制度随着现实经济发展的需要而不断地改进完善。

在 20 世纪 80 年代,国际经济环境和日本国内经济环境已经发生重大的变化后,日本当局对金融自由化进程仍然犹疑不定。在欧美要求下,日本才进行了被动消极的金融改革。改革进程的缓慢和不平衡性客观上导致了日本的泡沫经济的形成和崩溃。我国在经历了经济高速增长后,制度红利快被耗尽,亟须加强金融等领域的体制改革,挖掘深层次制度红利。例如,可通过逐步完善多层次的金融体系,为企业发展提供所需资金,降低企业融资成本,进而彻底解决"融资难、融资贵"等问题。

#### 2. 金融自由化须与金融监管改革并举

日本在金融自由化进程中,着重于放松各项管制,对金融监管体系的改革很少,导致金融监管功能跟不上金融自由化进程。金融监管功能的相对弱化导致日本对泡沫经济初期的异常金融指标没有引起足够的重视,从而使经济泡沫越积越大,最终失去控制。在泡沫经济崩溃以后,日本金融丑闻和金融机构破产事件频出,金融机构积累了巨额不良债权,这才引起日本对金融监管体系的重视。由此,日本在此后的"金融大爆炸"改革中建立金融监督厅,强化金融监管功能。

我国金融体系正朝着自由化方向迈进,如取消贷款利率下限、股票市场注册制改革、扩大人民币汇率浮动区间、资本项目可兑换的推进、人民币国际化等。这些说明我国正在步入金融改革的深水区。因此,我国在自由化进程中应该微观审慎和宏观审慎并举,注重金融监管。

#### 3. 金融改革应稳健推进

美国著名金融学家明斯基的"金融不稳定性假说"指出,金融体系具有天然的内在不稳定性特征,因此,金融体系应采取渐进的改革方式,尽量不采用"疾风骤雨式"的改革方式。日本在"金融大爆炸"改革期间,发生了较大的金融动荡,使金融机构的经营状况恶化,在挤兑和存款减少的情况下,引起了北海道拓殖银行、三洋证券和山一证券等金融机构的破产。因此,我国要在统筹全局的前提下,在经过充分科学的论证后稳健推进金融改革。唯有如此才

---

① 如我国现在仍然存在银行、保险、证券业的分业经营限制,直接融资市场不发达,金融体系中存在大量的不良债权亟待处理,至今没有实现国内外资本流动的自由化等。

能尽量避免重大改革失误,保证改革的顺利进行①。

## 二、汇率制度改革深化及经验

在 20 世纪 70 年代以前,日本采用固定的汇率制度,同时实行严格的资本项目管制和高度的金融市场保护制度,主要表现在五个方面:一是对资本流入或者流出实施严格管制;二是金融市场发展水平不高;三是银行业务与非银行金融机构业务分开进行,明确债务筹集资金的合法途径;四是统一管制各个市场的利率水平;五是银行仅贷款给企业,优先借贷者可以享受低利率借贷。随着二战后日本经济的快速发展,日本国内大企业的融资方式改变、用于弥补政府预算赤字的国债大量发行等直接融资的方式对二战后日本以间接融资为主的传统金融体制提出挑战,促进了日本经济自由化。

### (一)汇率制度改革历程

1. 第一次汇率制度改革(1971—1980):从固定汇率制度到有资本项目管理的浮动汇率制度

(1)改革背景。

20 世纪 70 年代的国际环境比较动荡,1973 年和 1979 年连续爆发的两次石油危机造成石油价格上涨,主要国家的经济随之出现衰退。1974 年 6 月,德国赫斯特银行因无法兑现外汇兑换承诺而倒闭,使得欧洲金融市场动荡不安,国际资本市场波动性加剧。20 世纪 70 年代初期,美国经济由于越南战争出现经济过热状态,并在 1971 年出现财政赤字和资本外流。1971 年 5 月德国马克自由浮动后,大量资本流入日本,预期日元也转向浮动。

在日本国内经济发展方面,二战以后,日本在美国支持下开始了快速的经济复苏计划。由于受惠于长期的 1 美元兑换 360 日元的固定汇率制度,日本出口企业的国际竞争力大大提高,国内经济也出现高速增长。1955 年,日本经济已恢复到了二战前水平,1960 年日本出口额达 40 多亿美元。同时,经过产业合理化等一系列政策措施,日本实现了经济的快速发展,1961 年重化工业的比重已达 64.2%,并达到了先进工业国水平。到 1970 年,日本工业化阶段任务基本完成。

1973 年日本经济开始下滑,日元贬值趋势明显。随后,日本经济复苏并继续增长,财政盈余增加,日元再次出现升值预期。但是日本经济处于扩张状态,国内需求大于供给,日元的升值和净出口的双重作用使得日本经常项目盈余日益减少。1970 年,日本经常项目实现自由化,外商直接投资和非居民间接投资开始实行部分开放,但大部分资本项目仍处于管制之下,随后才逐步放宽。此时,日本的间接金融比率始终高达 80%~90%,而同期美国和德国的该比率只有 30% 和 65%。自 20 世纪 70 年代中期开始,日本政府放松对金融业的管制,日本金融业逐步踏上了自由化之路。

---

① 20 世纪 80 年代,日本有着全球最大的房地产循环周期:在上行周期,银行出借量在 5 年中提升了 3 倍,而房地产价格上升了 4 倍,特别是东京市中心房价达到天文数字的级别。而在 20 世纪 90 年代市场失去信心后,房地产价格下降 70%,当时很多企业已经有了沉重的负债。虽然日本央行调低了利率,但日本企业坚持偿还自己的债务。它们不再新增借贷,开始还债并削减投资,而投资的削减导致经济进入衰退期;经济进入衰退期,政府财政也不断恶化,公共支出受到影响,由盈余变成赤字。在这之后的 25 年当中,日本企业去杠杆化,日本政府债务的 GDP 占比从 60% 上升到 200%。英国知名经济学家、英国金融服务局(FSA)前主席阿代尔·特纳勋爵(Lord Adair Turner)认为,一旦陷入债务,这种债务不会消失,它只是在经济体当中不断地循环,在私营部门和公共部门之间循环。

（2）改革措施。

受到国际环境变化的影响，日本在这一阶段的资本管制措施实施得较多，而且多是面对外部冲击进行迅速反应，但政策的多变性同样给国内经济发展带来不利影响。同时，在汇率制度改革过程中，日本一方面依赖开放国际竞争力较强的国内企业的外商直接投资以缓冲国际资本流入影响，另一方面则通过日元兑换限制和鼓励资本流出等措施减小国际资本净流入规模。

在日本国内经济迅速增长及国际环境动荡的背景下，大量国际资本流入日本，预期日元也转向浮动。1971年8月15日"尼克松冲击"后的短短11天，就有40亿美元以出口预付款的形式进入日本境内，占日本总储备1/3。这一现象表明尽管对资本账户实行监管，但是经常账户的开放也会导致大规模的资本流动。8月28日，日本宣布实施有管理的浮动汇率制度。

一方面，为防止流入资金过度集中、增加经济风险，加之此时日本的企业国际竞争力较强，因此日本开始加快开放投资范围，1971年到1973年间，日本政府实施了2次外商直接投资企业一揽子计划。到1976年5月，除农业、林业、渔业、采掘业和皮革业外，日本外商直接投资限制基本废除。另一方面，日本开始限制资本流入、鼓励资本流出以减少国际资本流入和日元升值的压力。在资本流入管制措施方面，自由日元账户储备金要求逐渐增加，同时日元兑换的上限由月平均额度更改为基准日额度。对于贸易预付款的限制在1972年2月设置上限下降为10000美元，6月进一步下降到5000美元。非居民购买股票和债券的额度不得超过之前已经卖出的额度。

在鼓励资本流出方面，日本采取提高非居民购买日本国内证券占卖出证券的比例等措施。日本在1972年废除了外汇集中管理体制，同时开始实施居民持有外汇资产自由化，外商直接投资实现完全开放。在对外间接投资方面，1970年4月日本首次允许信托投资公司投资国外证券，随后国外证券的投资开始对一些特定的日本国内金融机构逐步放开，例如寿险公司、证券机构和通过证券机构交易的居民。

在对资本项目进行管制的基础上，日本央行也开始增加对外汇市场的干预，保证汇率的稳定。尽管如此，"尼克松冲击"之后日元仍在1971年持续升值。为避免通货紧缩，日本政府实施扩张的财政政策和宽松的货币政策以降低日元升值预期。由于J曲线效应的存在，日本经常项目盈余持续增加。到1972年中期，日元升值压力增加，日本央行将贴现率降至二战后最低，同时继续采取扩张性财政政策刺激经济，由此导致M2的增长率达到20%，到1973年这一现象仍然持续，日元的稳定性难以保持。

1973年汇率制度改革后，日本经济下滑，日元贬值趋势明显。此时日本资本管制政策转向积极鼓励资本流入、限制资本流出。采取的措施包括降低自由日元存款账户的储备金率[①]，暂时取消除主要公司总部或其分支机构以外的日元兑换限制，贸易预付款免税限额从5000美元上升到10000美元、随后又上升到100000美元，居民借入国外无指定贷款的限制和非居民买入证券的限制逐步放宽。在限制资本外流方面，主要是限制非居民发行证券。

1974年6月，德国赫斯特银行因无法兑现外汇兑换承诺而倒闭，致使欧洲金融市场动荡不安，日本授权的外汇兑换银行很难在欧洲市场获得欧洲美元。因此日本政府继续加大了引

---

① 从50%降低到10%。

进外资的力度,废除自由日元账户的储备金要求,允许发行国外证券,放宽贸易预付款限制,从沙特等国家借款,同时限制出境旅游携带外汇数量,这些措施的实施缓解了日本资本净流出的现象。

通过鼓励引进资本流入、限制资本流出,1974年下半年开始,日本经济复苏,经常账户盈余。同时国际环境比较稳定,日本当局实施的鼓励资本流入的措施包括对日元兑换限制和即期外汇头寸限制等逐步减弱,对资本流出的限制包括在外汇兑换银行的国外贷款、居民购买外国证券以及非居民在日本发行证券等方面都进行了不同程度的放松。日本在外国资本流入加快的同时鼓励资本的流出,逐渐实现了国际收支平衡。

受到经济复苏的影响,1977年日元升值预期出现,国际资本重新大量流入日本,日本重新加强了对外汇兑换和资本流动的管制,将非居民的自由日元账户的储备金要求上升到50%,1978年又上升到100%。同时,停止公共部门向非居民发行短期政府证券。

随着1979年第二次石油危机的爆发,日元再一次面临贬值的压力。此时日本政府采取了一系列措施吸引国外资本流入。具体措施如下:降低自由日元账户的储备金要求,从100%降到50%而后又下降到0;放宽非居民购买债券的限制;降低无指定用途国外贷款的要求以及允许居民在国外发行债券。

总体来看,日本政府在这一段时间对外汇兑换和资本项目交易的监管进行了一系列眼花缭乱的政策改变,以防范国际环境剧变时短期资本流动带来的影响。但是措施的多变性同样会造成相关企业和投资商计划与生产的不稳定,加剧了日本国内的经济动荡。

2. 第二次汇率制度改革(1980—2000):资本项目自由化后的浮动汇率制度改革

(1)改革背景。

进入20世纪80年代,日本国内经济开始复苏,随后基本稳定发展。而此时美国经济正处于"滞涨"阶段,美国政府通过扩张性财政政策和紧缩性货币政策组合的方式刺激经济增长,但美元升值扩大了美国贸易赤字。1980—1984年美国对日本的贸易赤字激增,美国成为世界最大的债务国,而日本成为世界最大的债权国。

进入20世纪80年代后,日本经济增长率和劳动生产率已远远超过美国。1980—1985年间,日本的经济增长率为4.8%,美国约为1.5%;劳动生产率方面,日本约为3%,而美国仅为0.4%。在这一背景下,美元相对日元已处于衰落趋势。1980年12月日本新的外汇法开始实施,相比旧法,新法改变了外汇管制原则,由"除特殊情况外禁止外汇交易"到"除个别情况外自由交易",这标志着日本的资本项目自由化基本完成。此外,金融市场的广度和深度均具有良性发展,在这一稳健的局面下,日本金融市场开放的主要措施是利率市场化。

(2)改革措施。

总体来看,在这一期间,日元主要呈现上升趋势,同时货币当局为降低日元升值预期采取了过度宽松的货币政策,金融自由化节奏过快,造成日本境内通货膨胀严重,使得日本出现严重的经济危机。

具体而言,受到美国经济低迷和日本经济迅速增长的影响,20世纪80年代初期日元升值预期增强。1985年9月,美国、日本、德国、英国和法国在纽约签订"广场协议",拉开日元升值序幕。在此后半年内,日元从1美元兑237日元迅速上升到1美元兑120日元,升值率超过1倍(日本财政部,1990)。同年,日本政府发表了《关于金融自由化、日元国际化的现状与展望》的公告,宣告日本进入经济、金融全面自由化、国际化阶段。但是,美元的大幅贬值使得日本投资者损失巨大，1987 年中期日本投资者相继减少美国资产，这进一步造成日元相对美元的强势。

为减轻日元升值的影响，日本央行开始实施宽松的货币政策，1986—1987 年日本央行连续 5 次降低利率，中央银行的贴现率从 5% 降低至 2.5%，这是当时主要国家利率水平的最低值。宽松的货币政策造成资金过剩，而投资机会的缺乏导致资金流入股票市场和房地产市场，进而造成日本证券市场资产价格和城市土地价格上涨，银行放贷量增加，形成经济泡沫。

### (二) 汇率制度改革效果与经验

在 1973 年和 1987 年日元的两次升值过程中，日本经济发展强劲，日元升值是必然的发展趋势。但日本政府仍坚持日元实际汇率水平尽量不变的原则，为降低汇率升值的影响两次均采用了极度扩张的财政政策和宽松的货币政策，导致随后出现经济泡沫，这一失败的教训对我国有着重要的借鉴意义。

#### 1. 汇率制度改革效果

日本汇率制度的演化大体上可分为三个阶段：1971 年以前为固定汇率制度，1971 年开始变为有管理的浮动汇率制度[①]，1980 年进一步实现资本项目自由化，并于 1990 年后实现自由浮动汇率制度。总体而言，三次汇率制度变革之后，日本的经常账户余额均出现一定幅度增长，说明汇率制度改革对日本的对外贸易起到了正向作用。经常项目余额在每次汇率制度改革后均会有一定程度的增长[②]。

当然，因种种因素的影响，日本的汇率制度改革也存在系列不足[③]。1972 年左右，日本采取了扩张性的财政政策和宽松的货币政策，造成日本严重的通货膨胀和资产泡沫。随后的汇率制度改革引起日元升值，国际竞争力的下降又导致日本经济泡沫破灭，因而 1973 年和 1980 年日本进行汇率制度改革后均进入了经济衰退时期。在第三次汇率制度改革之后，日元继续升值，为缓解国际竞争劣势，日本实施宽松的货币政策，使得经济出现过热现象，1987 年的美国股市灾难使日本没有收缩货币政策，而是继续对房地产和建筑业进行大幅放贷，到 1989 年日本的经济泡沫已然形成。在 1990 年日本央行开始升息后，经济泡沫破灭，日本经济再一次出现下滑。

#### 2. 汇率制度改革经验

日本经常项目开放在固定汇率制度阶段就开始实行并完成。资本项目开放同样在固定汇率制度阶段开始，但是开放经历的时间比较长，前后历经近 40 年的时间。对于资本项目来说，金融系统的市场化和对外开放开始得较晚，而且持续的时间较长。总体来看，经常项目、资本项目和金融体系三者之间的开放顺序是先开放经常项目，然后开放资本项目，最后开放金融市场，但是三者并非鲜明地分离而是有所重叠，同时国内金融市场应在资本项目开放之前具备良好的发展态势。

日本的资本项目开放的主要措施集中在 1965—1975 年，这也是日本的汇率制度从固定汇率制度演化成浮动汇率制度的时期。但是在浮动汇率制度实施以后日本还是在继续推进资

---

① 有管理的浮动汇率制度主要体现在资本项目尚未完全开放。
② 实施自由浮动汇率制度后外汇储备规模在 1993 年开始出现较快速度的扩张，到 2009 年达到 4000 多亿美元。
③ 在三次汇率制度改革之后日本经济增长速度出现小幅上升，随后又大幅下滑。这说明日本的汇率制度改革效果并不理想，导致经济增长速度每况愈下。

本项目开放和金融市场的发展，以保证货币当局能够采取有效的措施应对汇率波动过程中出现的意外冲击造成的影响。

此外，从日本金融发展进程也可以看出，日本的金融发展比较平稳，而且利率自由化是在实现浮动汇率制度以后才开始的。利率自由化之前，日本主要的措施是引入各种货币市场产品，以促进货币市场发展，在货币市场的交易流动性上升后再进行利率自由化。在此过程中，日本首先自由化定期存款利率，然后自由化活期存款利率，但储蓄存款利率在 2000 年之前并没有自由化，这说明政府对金融市场还是存在一定程度的控制①。

总之，通过对日本各个汇率制度阶段的经常项目、资本项目和金融发展的历程分析，可得出如下经验。

（1）日本在实现自由浮动汇率制度以后，仍然保持了一段时间的资本项目管制，然后逐步开放资本项目，最终完全开放。因此，改革汇率制度和资本管制时可先放宽汇率制度波动区间，同时保持资本项目管制。在实行自由浮动汇率制度期间，通过资本项目的逐渐开放实现稳定过渡是一个比较有效的方法。

（2）日本资本项目开放的基本顺序为首先开放经常项目，然后开放资本项目，最后开放金融市场，而且各个部分的开放可以重叠。这样能够稳定国家整体的发展，防止出现失衡。其中，资本项目开放的顺序是先资本流入，后资本流出。值得关注的是，最初日元可以作为对外贸易的支付工具的原因主要是当时日本的制造业比较发达，在国际市场上具有一定的定价权。

（3）在开放资本项目流入的过程中，日本首先开放的是外商直接投资。在开放 FDI 后日本逐步允许国外资本自由投资国内各行业。在行业对外开放的过程中，日本分成五次进行自由化，以降低开放过快而产生的风险。在对内间接投资方面，日本则是先允许国内机构进行国外借款，然后是允许国内机构在国外发行债券，最后是允许国内企业在国外发行股票②。总体来看，在资本流入方面，先吸引外资直接投资，然后允许国内企业在国外借款、发债和发行股票，在资本项目开放期间实现了国外资本对内直接投资自由化。

（4）资本项目流出的开放时间要晚于资本项目流入。具体的开放内容是首先开放对外直接投资，然后允许间接投资的资本流出。间接投资中，先允许非居民在日本境内发行债券，然后允许国内企业进行国外间接投资。在开放国外间接投资过程中的参与者授权方面，日本开放的顺序是先开放债券信托机构的国外投资，再开放一般金融机构和个人投资者的对外证券投资，最后实现证券公司的对外开放。这样做的主要原因也是尽量降低风险。

（5）日本国内行业对外开放所耗的时间比较短，主要是因为日本的产业结构和企业竞争力良好，对外开放的影响较小。但日本也并没有同时开放所有行业，而是先对行业的国际竞争力进行评估再逐步对外开放。竞争力较差的行业则加快发展速度，增加自身的竞争力。通过评估、促进的方式逐步实现国内行业的对外开放，是一种比较科学、可靠、稳健的路径，值得我国借鉴。

（6）在汇率制度演变过程中，面对国际环境的剧烈波动，日本采取各种措施减缓冲击。

---

① 其中定期存款利率自由化也是先对大额存款利率进行自由化，然后对小额定期存款利率进行自由化。

② 这三种融资方式中，对外借款的风险最小，债券风险次之，股票风险最大，风险暴露逐步增强，有助于开放的稳步深入。

在实施的一些措施中，自由日元账户和日元兑换限制两种手段被使用得比较频繁，这说明这两种控制手段具有一定的有效性；其他还有跨国投资、借债和贸易预付款、旅游换汇等方面的管制。

（7）日本资本项目开放过程中比较显著的特点是非居民自由日元账户的建立。这一创新促进了日本对外贸易中日元使用范围的扩大，同时成为首次吸引短期国外资本的尝试措施。另一个特点是授权外汇兑换银行管理外汇。授权外汇兑换银行在追踪国外交易并检查合法性的过程中起到了重要的作用；同时，授权外汇管理银行还采取措施控制短期资本流动的影响。

（8）在金融发展和对外开放过程中，日本首先在资本项目和金融对外开放之前便做好各种金融工具的开发，提高市场的流动性和基础设施的完备性，然后进行利率市场化和对外开放。此外，为促进利率的市场化，日本还逐步发展回购市场和银行间拆借市场；同时，注重先采取一些试探性的措施，然后总结经验进行立法，通过法律规范金融发展的路径。在利率自由化过程中，日本首先实施定期存款利率自由化，然后实施活期存款利率自由化，最后实现了储蓄存款利率的自由化[①]。

### 三、外汇保证金市场监管制度完善及经验

外汇保证金作为一种独特的外汇衍生品，对于中小企业和个人投资者来说，是一种比较理想的风险管理工具和投资工具，在我国也有一定的市场基础。日本最早于 20 世纪 90 年代末推出外汇保证金业务，并成功地将一部分场外交易引入场内，创设了交易所外汇保证金市场。

外汇保证金是一种独特的外汇衍生品，其采用保证金制度进行即期外汇交易，以场外交易为主。较早发展外汇保证金业务的国家是英国和美国，日本直至 1998 年才开放这一业务，但在 2005 年日本推出《金融期货交易法》以后，日本的外汇保证金交易飞速发展。日本的外汇保证金市场不仅包含场外市场，2005 年东京金融交易所还推出了"Click 365"交易平台，创设了交易所外汇保证金市场，成功地将一部分场外外汇保证金交易引入场内[②]。

#### （一）日本外汇保证金市场的发展历程

1998 年 4 月，日本修改了外汇和对外贸易法，使外汇交易更加自由化并在一定条件下放开了场外金融衍生品的交易限制，以适应金融衍生品交易日益多样化的需要，由此，面向个人投资者的外汇保证金业务在日本得以逐渐发展。之后，随着日本投资者投资意识的提高和网络技术的发展，证券公司、期货公司和未受监管的专门的外汇公司等都纷纷向个人开放外汇保证金交易，当时开展外汇保证金业务的期货公司、证券公司等各类机构多达 200 多家，个人投资外汇保证金交易的数量大增，日本的场外外汇保证金市场快速发展。

在日本外汇保证金市场发展初期，由于法律法规的不健全和政府监管的疏漏，部分机构

---

① 大额存款利率自由化要先于小额存款利率自由化，自由化的顺序同样按照风险的大小进行。

② 外汇保证金作为一种成熟的金融衍生品，在国际金融市场上迅速发展，我国也拥有一定规模的投资者。但是，长期以来，我国的外汇保证金市场相对不够透明，相关监管部门也没有给予足够的关注，特别是目前我国的外汇保证金市场存在一些不规范行为，甚至产生了专门进行欺诈的非法交易平台，不时会出现因外汇保证金交易而导致的各类纠纷和违法事件。

通过劝诱等不正当方式诱导投资者投资外汇保证金业务，扰乱了市场秩序，因外汇保证金交易而滋生的各类问题和纠纷也日益增多，特别是 2002 年以后，针对外汇保证金交易的各类投诉事件剧增。

2003—2004 年，一些外资企业开始进入日本的外汇保证金市场，并出现个别公司老板卷走顾客全部资金逃离海外的现象，给投资者造成巨大损失。日本"国民生活中心"发布的信息显示，2000—2004 年，其受理的有关外汇保证金业务的案例所涉及的主要纠纷有：①向无投资经验的客户推销外汇保证金业务；②通过电话或者上门屡次执意推销外汇保证金业务；③没有向客户充分说明外汇保证金交易的交易内容和交易风险；④给客户提供武断的判断[①]；⑤不受理客户的清算要求或者延误客户的返金请求；⑥因公司经营不善、破产倒闭等产生的纠纷。

在此背景下，日本自 2005 年起开始对外汇保证金市场进行严格监管，日本金融厅果断采取措施规范外汇保证金市场。2005 年 4 月 25 日，日本东京金融交易所宣布将推出外汇保证金交易，5 月 27 日，日本金融厅表示同意东京金融交易所推出外汇保证金业务。2005 年 7 月 1 日，日本新金融期货交易法实施，东京金融交易所率先规范投资环境，确保投资市场的公平与公正，推动外汇保证金业务向公开化、透明化方向发展，以减少各类纠纷案件的发生。之后的几年时间里，日本的外汇保证金业务迅速发展。2007 年 9 月，日本的外汇保证金存款为 5126 亿日元，头寸总额为 32614 亿日元，2014 年 9 月，这两项指标分别增长至 11976 亿日元和 68250 亿日元，都增长了一倍多，个人投资者的外汇保证金交易总额达 7567786 亿日元。就外汇保证金账户数量来说，2007 年 9 月至 2014 年 9 月，日本的外汇保证金账户总数增长了 465.79%，活跃账户数量增长 124.8%。这些年，日本的外汇保证金存款余额、头寸总额、交易总额、账户总数及活跃账户数目等都有大幅增长。

为进一步规范外汇保证金市场，2009 年 4 月 24 日，根据日本证券交易监管委员会的建议，日本提出外汇保证金的经纪商应构建风险管理制度，制定止损规则，并要求外汇保证金经纪商根据汇率波动情况预存相应的保证金资金，以确保外汇经纪商的财务安全。2008 年金融危机后，日本再次加强对投资机构的风险监管并抑制过度投资，2010 年 2 月，日本开始对客户保证金资金进行专门统一的管理，与此同时，日本金融厅自 2010 年起分两次对外汇保证金杠杆率的上限进行了限定，最终将杠杆上限设定为 25 倍，以更好地保护投资者的利益[②]。

从场外外汇保证金市场情况来看，随着在 2005 年后日本金融厅加强对外汇公司的监管，至 2016 年 12 月，日本的外汇公司已从最初的 400 多家缩减至 69 家。但同时，由于监管力度的加大，日本的外汇交易制度和交易设施日臻完善，日本的外汇经纪商除开拓本土业务外，还大力拓展海外市场，以 GMO Click、Monex、DMM 等为代表的金融巨头在 2013 年的月度交易额甚至突破了万亿日元关口。

---

① 如强调绝对不会亏损等。
② 监管力度的加大使得部分投资者转投其他金融产品或者转向海外金融市场，这在一定程度上阻碍了日本外汇保证金市场的发展。

### (二) 日本外汇保证金市场的发展现状及存在的问题

#### 1. 日本外汇保证金市场的发展现状

目前，日本的外汇保证金市场有两种形式：交易所的外汇保证金市场①和场外的外汇保证金市场②。场内的外汇保证金交易是指，客户必须通过在东京金融交易所取得交易资格的外汇公司开设外汇保证金交易账户后，才能在开设账户的外汇公司进行外汇买卖。至 2015 年 11 月，在东京外汇交易所取得交易资格的外汇公司有 29 家，其中最大的一家是 inv@st 证券株式会社，其每日的交易额占外汇交易所总交易额的 20%～30%。场外的外汇保证金交易是客户在外汇公司下单，由外汇公司的交易系统直接送达交易银行，外汇公司也不收取手续费，这样的交易方式可以降低顾客的交易成本。

场外业务的场内化是衍生品交易模式的一大创新，东京金融交易所 (以下称 TFX) 于 2005 年首次将外汇保证金交易引入交易所市场。东京金融交易所的外汇保证金交易以面向个人投资者的零售业务为主，亦有机构投资者参与，产品推出后，交易规模增长迅速。目前，日本的外汇保证金交易基本实现了 24 小时交易③。东京金融交易所已推出的货币对共有 24 种，其中日元货币对 13 种，交叉货币对 11 种，日元外汇保证金合约既涵盖了主要货币，又包括土耳其里拉和波兰兹罗提等小币种，交叉货币对则由主要货币构成。外汇保证金交易的杠杆倍数有 25 倍、20 倍、10 倍、5 倍、2 倍、1 倍等。总体来看，日本场内外汇保证金市场已有相当程度的发展，TFX 的交易模式非常成功。

TFX 外汇保证金交易的运行机制是，由做市商向交易所提供外汇报价，交易所从所有报价中选择最优价格报给交易所会员，投资者须通过交易所会员进行交易。个人与机构会员均可以申请成为做市商，通过交易所审查后获得做市资格。按照规定，在交易时间内，做市商需要对交易所内的所有外汇保证金交易持续提供合理的双向报价，这种做市模式增强了做市商之间的竞争，能够确保投资者得到最优报价。截至 2014 年 11 月，TFX 共有 6 家做市商，分别为东京三菱银行、巴克莱银行、德国商业银行、高盛日本、德意志证券和野村证券。TFX 的做市商制度保证了市场的流动性，同时也增加了报价程序的透明度④。

与传统的场外交易相比，TFX 的外汇保证金交易增加了交易所监管环节，在更大程度上保证了交易的安全性。交易所针对外汇保证金交易制定了相关准则，交易所会员不仅受《金融商品交易法》的制约，还要达到交易所准则的要求，因此，其经营更加规范，提供的交易服务也更加安全。TFX 将投资者的个人账户和交易所的账户分开管理，要求交易会员将客户资金存入指定的托管银行，这样即使发生交易会员破产的情况，投资者也依然可以从托管银行取回自己的资金，可以有效保护客户的资金安全。TFX 的外汇保证金交易实行集中清算模式，由 TFX 清算所作为交易的中央对手方。在非集中清算的场外交易中，交易双方自行清算，以自身或第三方信用为担保，存在较大的信用风险。相比之下，通过引入清算所作为所有交易的中央对手方并进行集中清算，可将信用风险转移至清算所，而清算所拥有成熟的风控体系，可以将风险爆发的概率控制在较低水平。因此，TFX 的清算模式降低了外汇保证金

---

① 场内交易市场。
② 场外交易市场。
③ 周末等假期除外。
④ 当前的交易所会员共有 20 多家，包括银行、证券公司和外汇公司等。

交易的对手方风险，这与金融危机后主要国家对外汇衍生品市场的改革思路相一致。

除注重市场透明度和安全性外，交易所在经营中还充分考虑投资者需求，不仅价差小，而且在产品设计方面推出了多种交易指令，包括市价委托、限价委托、触及市价（market if touched）委托、二择一（one cancels the other）委托和如果完成（if done）委托等。在交易时间上，交易所也充分考虑外汇保证金作为场外交易产品的特征，实行接近24小时的交易时长。为方便投资者交易，交易所开发了灵活实用的移动交易渠道，在交易应用中为投资者提供多种投资辅助服务，如实时信息和分析工具等。同时，交易所通过成立投资者俱乐部来获知投资者意见，采用研讨会、广告宣传等各种方式进行市场推广，积极参与相关国际事务，通过各方面努力保证了日本外汇保证金交易场内化模式的成功。

2. 日本外汇保证金市场存在的问题

在低利率政策背景下，日本有些投资者偏好于投资外汇保证金等高风险、高收益的金融产品，一些外汇经纪商也乐于向客户提供高风险、高收益的业务，这使因外汇保证金交易而产生的各类问题和纠纷日益增多。日本需要进一步完善纠纷调解和诉讼处理制度，防止由于恶性竞争而导致违规行为的产生。同时，对于外汇保证金交易产生的新问题，可以由行业协会首先制定应对办法，并及时向监管部门反映，以增强市场制度的灵活性和提高处理问题的能力。

就日本外汇保证金经纪商的情况来看，如果经纪商开展自营业务，汇率一旦发生异动或者经纪商判断有误，就可能造成经纪商的投资亏损。调查数据显示，16%的经纪商开展了自营业务，84%的经纪商没有开展自营业务。在风险管理方面，当汇率发生剧烈波动时，若经纪商不能跟对手方进行交易，无法平仓，其将不再接受客户的下单或暂停自营业务，以应对汇率波动所带来的风险。调查数据显示，在汇率剧烈波动时，56%的经纪商会停止接受客户下单，40%的经纪商会提高保证金买卖差价，4%的经纪商则暂停自营业务。另外，为减少外汇保证金交易中可能产生的损失，一些经纪商会选择将无力处理的顾客的单子抛给银行等对手方。据调查，日本经纪商选择全部平仓的占73%，选择部分平仓的占27%。对于外汇经纪商来说，由于接单和平仓之间存在一定的时间差，这期间如果汇率发生波动，经纪商就可能面临较大损失。调查数据显示，日本的经纪商选择逐笔平仓的占71%，选择定期或定额进行平仓的占16%，根据市场情况进行平仓的占13%。外汇经纪商根据自身对市场行情的判断进行平仓时，可能会因自身判断有误或者外汇市场发生巨变而遭受损失。调查数据显示，日本外汇经纪商选择根据自身判断进行平仓的占20%，选择根据预设程序进行平仓的占80%。此外，如果因为系统出现问题导致经纪商无法进行平仓，也会使得经纪商遭受较大损失。因此，日本有必要进一步规范外汇经纪商的交易行为，降低外汇经纪商进行高风险交易的比例，以防止系统性金融风险。

**（三）日本外汇保证金市场监管制度的构建与完善**

1. 监管法律的演变

1998年4月，日本修改《外汇和对外贸易法》以后，外汇保证金业务在日本逐渐发展。2003年12月2日，日本金融厅制定了证券公司的业务指导方针和相关准则等；2004年4月1日，日本金融厅又修改了《金融期货销售法》的实施令，日本经济产业省、农林水产省对期货交易所的相关规制也进行了修订；2004年12月1日，日本修订了《金融期货交易法》（《金融先物取引法》），修改后的法律于 2005 年 7 月 1 日正式生效，此后，日本出现官方的外汇保证金交易平台。2006 年 6 月 7 日，日本修改《证券交易法》，后又将《证券交易法》更名为《金融商品交易法》，日本的外汇保证金交易均要遵守日本《金融商品交易法》的相关规定。由此可知，在《证券交易法》（2006）生效以前，外汇保证金业务主要受《金融期货交易法（2004）》约束，2004 年《金融期货交易法》的修订对"金融期货交易行业"进行了重新定义，提供外汇保证金业务的经纪商也被认定为金融期货交易机构，其必须严格遵守《金融期货交易法》。针对外汇保证金市场出现的一系列问题，《金融期货交易法》新增了更加严格的规章制度，内容涉及广告宣传、推销和销售行为、大股东规则、信息披露等方面，并加大了惩罚力度，以加强对外汇经纪商的约束。

总体来看，日本对于外汇保证金业务监管的加强主要体现在以下三个方面：（1）修订与证券公司业务相关的法律，要求从事外汇保证金交易超出一定数额的证券公司对投资者的利益尽职尽责，确保投资交易的公平性；（2）修改《金融商品销售法》实施令，规定所有涉及外汇保证金交易的经纪商都必须严格遵守金融商品交易的规则，遵循销售方针，对客户详尽说明投资风险等重要事项；（3）修改《金融期货交易法》及其实施规则。

2. 相关监管内容的设定

（1）市场准入制度。

日本外汇保证金业务的准入制度采取的是注册制，从事外汇保证金业务的经纪商必须依照《金融期货交易法》进行注册。该法律根据不同的金融业务对金融机构设定不同的准入条件，金融机构申请登记时要提交符合相应业务类别的资质条件的证明材料。目前，在日本可以从事外汇保证金业务的金融机构有银行、证券公司、期货公司和外汇公司等。

在日本，申请经营金融期货交易业务的机构必须是股份公司或金融机构，其自有资本应在 5000 万日元以上。金融期货机构的从业人员必须具备相关的专业资质，并通过期货从业注册。此外，由于目前日本有数万投资者使用自动交易软件，但系统故障导致投资者损失的现象时有发生，日本金融厅督促提供这类服务的金融企业注册金融厅的"投资助言业务"的资格，并需要配置专门的人员进行监管。在场内交易市场方面，日本对在交易所进行外汇保证金交易的会员机构的资质要求是资本金 3 亿日元以上、净资产 20 亿日元以上、资本充足率达 200% 以上，远远高于对从事一般金融交易的机构的资质要求。

（2）日常经营活动的要求。

2008 年金融危机以后，由于金融市场的混乱和金融风险的加剧，日本原有的高杠杆率之下的外汇保证金业务投资亏损十分严重，从而造成一些外汇经纪商破产、倒闭。为了确保日本金融市场的稳定和金融投资的安全，日本金融厅分两次对外汇保证金杠杆率的上限进行了设定。东京金融交易所的外汇保证金交易没有固定的杠杆比例，但是其设定了固定的保证金额度①。

在财务方面，2004 年《金融期货交易法》的修订对金融机构提出了自有资本的要求，规定银行以外的各金融期货机构必须上报资本充足率，并且资本充足率不能低于 120%。此外，为了更好地保护投资者的利益，日本金融厅规定从事场内外衍生品交易的外汇经纪商必须持

---

① 比如买卖 1 万单位美元的保证金为 1 万日元、买卖 1 万单位英镑的保证金为 1.5 万日元、买卖 1 万单位欧元的保证金为 1.3 万日元等。

有本金4%以上的保证金存款，否则就不可以经营外汇保证金业务。同时，2004年的《金融期货交易法》修订还确定了大股东规制，要求金融期货公司的主要大股东①必须上报持有表决权的比例及持有投票权的目的等。如果大股东因个人原因不符合主要股东的条件，可以取消该股东行使大股东权利3个月。

（3）投资者保护规则。

首先，推销与销售。日本《金融商品交易法》针对广告宣传、合同缔结前的书面交付义务、书面解约、禁止行为、适合性原则、违规交易等方面都进行了规范。根据法律要求，金融期货机构及其职员必须本着对客户诚实、公正的原则开展各项业务，未经客户同意不可以随意执行交易命令，不可以向不具备专业知识和投资经验的客户推销相关投资业务，未经客户允许不可以通过电话或上门走访的方式推销业务。在2013年8月修订的《金融期货交易业务规则》中，为防止外汇经纪商做出不利于投资者客户的行为，其要求外汇经纪商向客户充分说明外汇保证金业务的交易规则，不仅要向客户说明缴纳的保证金比率等基本情况，还应向客户说明如果投资出现亏损还需追加保证金等，让投资者充分了解该业务的风险。

其次，客户资金管理及其他。日本对于客户的外汇保证金账户资金坚持分别管理的原则，而且外汇经纪商对个人投资者的外汇保证金交易设有止损规制。自2009年1月起，日本每月统计场外外汇保证金的交易情况。2009年9月，日本首次发布外汇保证金交易报告。2010年2月，日本开始对客户的保证金资金进行统一管理，同时要求外汇经纪商严格遵守止损交易等规定。2010年6月，日本开始发布外汇保证金交易的止损交易月度报告。2010年9月，日本开始发布场外外汇保证金交易的差价报告。对于场内的外汇保证金交易，其账户管理也是采取将投资者的个人账户和交易所的账户分开管理的原则，以确保投资者的账户资金安全。

另外，在规范外汇保证金行业管理的过程中，日本还纠正了在外汇保证金交易时曾出现的以不利于投资者的价格进行成交的不良行为。由于外汇市场的波动异常活跃，从投资者发出交易指令到交易成立，汇价往往会发生变化，有部分外汇公司利用此时的汇价变动，故意向投资者提供不利的价格，为公司谋取利益，导致投资者受损。针对这一问题，新规规定承认发出交易指令时的价格和交易成交时的价格变化，但如果汇价对客户有利，则需要向客户提供有利的汇价，让客户能够以有利汇价进行成交②。

3. 完善监管制度，优化市场环境

从全球主要国家和地区的监管制度可以看出，外汇保证金市场的法律法规要求主要集中在牌照申请、日常经营和投诉赔偿机制等方面。牌照申请侧重于对外汇经纪商的筛选，日常运营监管的目的是提高市场效率并防范金融风险，投诉和赔偿机制则注重对投资者的保护。日本的外汇保证金市场监管制度应进一步明确监管目标及重点，加强对不规范行为的监督与处置。

对于外汇经纪商的日常运营监管，很多国家都侧重于财务要求、报告存档和投资者保护等方面。日本可以借鉴澳大利亚的做法，不仅规定财务指标，还设置有关该指标的多个金额

---

① 原则上应拥有20%以上的投票权。
② 这项规定已经成为外汇经纪商的自主规制，并通过金融期货交易协会执行实施，如有外汇经纪商违反本规则，将被处以最高额度为1亿日元的罚款，而且存在被行政处罚的可能性。

节点，当经纪商的相应资金低于临界点时，就采取不同的处置措施。对于报告存档要求，可以参照美国与欧盟的制度设计。经纪商除按时汇报当日交易情况①和提交有关月度、季度及年度报告外，还负有对客户的告知义务，及时向客户报告所有交易、资产、负债和账户余额等信息。外汇经纪商向监管机构提交的报告既可以被公布在监管机构的网站上，也可以由经纪商自行公布，以便供公众查询。这也是近年来主要国家加强场外衍生品市场监管的重要举措之一。在销售行为规范方面，日本虽然规定了禁止强行推销外汇保证金产品等行为，但还是不时有违规销售等事件发生，因此，日本可以借鉴美国的做法，不仅规定必须和禁止包含的内容和行为，还要求经纪商提交相关材料以备检查。日本监管部门的相关人员也可以乔装成客户对经纪商的销售行为进行检查，以更好地贯彻落实这一监管制度。

近几年，日本外汇保证金方面的各类纠纷事件频发，对于客户的投诉和赔偿方面的处理，日本虽然有纠纷解决机制和官方的投诉受理机构，但在执行方面有待改进，调解纠纷的效率和裁决方面的公信力都有待进一步提高。

### (四) 日本外汇保证金市场监管的经验借鉴

我国的外汇保证金交易始于 20 世纪 90 年代，当时个人炒汇在国际上兴起，一些境外货币经纪商开始进入中国大陆从事非法的外汇保证金交易。1994 年 8 月，中国证监会、国家外汇管理局、国家市场监督管理总局和公安部联合发布《关于严厉查处非法外汇期货和外汇按金交易活动的通知》，禁止在中国大陆开展外汇保证金交易，这一情况直至 2004 年以后才出现转变。自 2004 年起，银监会陆续出台相关法规和指引，鼓励商业银行发展金融衍生品业务。2005 年我国批准了首家进入中国的外汇经纪商，此后，外汇经纪商开始在中国大陆有所发展。2006—2008 年，交通银行、中国银行和民生银行先后推出了外汇保证金产品，其他一些银行也进行积极筹备，准备推出外汇保证金产品。但是，2008 年金融危机后，出于多方面的考虑，银监会于 2008 年 6 月 12 日发布了《开办外汇保证金交易有关问题的通知》，再次全面叫停了外汇保证金业务。

近些年，在中国境内虽然监管机构很早就禁止了民间的外汇保证金交易，但以外汇保证金为主要金融产品的地下外汇市场一直存在。2008 年外汇保证金交易第二次被叫停后，大部分大型外汇经纪商保留了其在境内的代表处，采取线上推广、线下培训和讲座等方式发展客户，帮助客户在境外开户投资。调研显示，当前我国境内不同规模的外汇经纪商共有两三百家，大部分集中在北京、上海等城市。在这种情况下，我国的外汇保证金市场必然存在一些不规范的现象，甚至出现了专门进行欺诈的非法交易平台。

不可否认的是，经过多年的发展，我国已经拥有一支庞大的外汇保证金投资者群体，他们既具有风险意识和风险承受能力，又有丰富的外汇投资经验。调研结果显示，当前中国的外汇保证金交易者中，超过 80% 的人表示对于外汇保证金交易有一定程度的了解，投资者的首次入金量集中在 1000~5000 美元的小额数目内，其外汇保证金投资额占金融投资的比重及金融投资占总资产的比重都比较低，而且，尽管大部分外汇经纪商都提供了最高四五百倍的杠杆，但多数投资者在投资时仍选择 100 倍左右的杠杆，以上种种现象表明，当前我国的外汇保证金投资者还是比较谨慎的。

---

① 包括客户交易、财务和运营状况等。

对于我国境内开放外汇保证金交易，很多投资者和外汇经纪商均表示有强烈的兴趣。大部分投资者担心在境外交易遇到骗子公司、交易滑点或资金挪用等安全问题，认为国内开放外汇保证金交易后，相关的监管制度会比较齐全完备，资金安全可以得到有效保障。外汇经纪商则表示，当前国内个人投资者的投资渠道有限，尤其缺乏短平快的投资产品，外汇市场具有其他市场难以媲美的种种优势，对投资者具有较大的吸引力，外汇保证金的投资需求客观存在。而且，外汇保证金交易的"阳光化"可以改善该行业目前的无序发展状况，法律法规的完善也将减少投资者与外汇经纪商之间因交易规则不明而产生的纠纷，构建和规范外汇保证金市场，不仅能更好地保护投资者的利益，还可以减少外汇经纪商的经营成本。

我国构建外汇保证金市场的条件慢慢成熟。随着人民币汇率弹性的增大，不仅个人投资者有投资需求，中小企业的汇率风险管理需求也更加多样化。通过构建国内外汇保证金市场，使国内外汇保证金交易阳光化，不仅可以有效防范相关的违法犯罪活动，维护社会稳定，还能创造更多的就业机会，增加税收收入，丰富投资产品。另外，如果我国开设外汇保证金交易，则必然会引导大量早先流出境外的外汇保证金资金回流国内市场，这对于增加我国金融市场的外汇存量也是一股不可忽视的力量。

结合日本外汇保证金市场发展的成功经验，在市场建设方面，建议我国借鉴东京金融交易所的经验，采取中国金融期货交易所与银行合作的模式，开展场内外汇保证金交易。考虑到我国现有的金融格局，建议我国采取由交易所与银行合作的方式实现外汇保证金交易的场内化，由银行作为交易所会员，投资者通过银行进行交易。长期以来，中国大陆合法的外汇中介服务均由银行提供，部分银行还曾开展过外汇保证金业务，在这方面积累了一定经验，拥有客户资源，参与热情较高，银行网点众多，在客户开户方面具有其他金融机构无法比拟的优势。与目前我国境内的外汇经纪商相比，公众对于银行的认可度更高，通过银行开展交易可在一定程度上解决当前我国投资者对经纪商及其产品的不信任问题，也可为投资者提供更加安全的投资环境，进而有助于外汇保证金市场的健康发展。另外，外汇保证金是一种具有较大市场需求的外汇衍生品，开展这一业务有利于促进银行的中间业务转型。

在实际操作中，应在产品设计上尽量接近国际市场，保留其场外交易的优势；在市场规范性与安全性建设上，应充分发挥交易所交易的优势，在两者之间找到平衡点；在市场监管方面，我们可以借鉴主要国家和地区的经验，重点关注牌照制度、财务要求、投资者保护、客户资金管理、纠纷解决及赔偿机制等几个方面。

## 第三节　欧盟的外汇交易管理制度

### 一、欧洲货币联盟及其金融监管

欧洲货币联盟（European Monetary Union，EMU）为跨越欧洲经济领域的 30 多个成员的投资服务提供统一管制，在欧盟所有成员国家实施旨在促进欧盟形成金融工具批发及零售交易的统一市场，同时在多个方面完善对客户的保护，其中包括增强市场透明度和出台更符合惯例的客户分类规则等。

### (一)主要成员及其监管机构

1. 监管机构组成

欧洲货币联盟的成员均有自己的金融监管机构,各自的名称可能有异。例如,奥地利的金融市场管理局(Financial Market Authority,FMA)、比利时的银行金融和保险委员会(Banking Finance and Insure Commission,CBFA)、保加利亚的保加利亚金融监督委员会(Financial Supervision Commission of Bulgaria,FSC)、克罗地亚的金融服务监管机构(Financial Services Supervisory Agency)、塞浦路斯的塞浦路斯证券交易委员会(Cyprus Securities and Exchange Commission,CySEC)、捷克的捷克中央银行(The Czech National Bank,CNB)、丹麦的丹麦金融监督委员会(Danish Financial Supervisory Authority,Danish FSA)、爱沙尼亚的金融监管局(Finants in Spektsioon)、法国的法国金融市场管理局(Autorite des Marches Financiers,AMF)、德国的德国联邦金融监管局(The Federal Financial Supervisory Authority,BaFin)、希腊的资本市场委员会(Capital Market Commission)、匈牙利的匈牙利金融监管局(Hungarian Financial Supervisory Authority,HFSA)、爱尔兰的爱尔兰中央银行(Central Bank of Ireland,CBI)、意大利的意大利金融市场监管局(Commissione Nazionale per le Societàe la Borsa,CONSOB)、拉脱维亚的金融与资本市场委员会(Financial and Capital Market Commission,FCMC)、立陶宛的立陶宛证券委员会(Securities Commission of the Republic of Lithuania,LSC)、卢森堡的卢森堡金融业监管委员会(Commission de Surveillance du Secteur Financier,CSSF)、马耳他的马耳他金融服务管理局(Malta Financial Services Authority,MFSA)、荷兰的金融市场管理局(Authority for the Financial Markets,AFM)、波兰的波兰金融监管局(Polish Financial Supervision Authority,KNF)、葡萄牙的葡萄牙证券市场委员会(Portuguese Securities Market Commission,CMVM)、罗马尼亚的罗马尼亚国家证券委员会(Romanian National Securities Commission)、斯洛文尼亚的证券市场管理机构(Securities Market Agency,ATVP)、西班牙的证券市场委员会(Comisión Nacional del Mercado de Valores,CNMV)、瑞典的瑞典金融监管局(Financial Supervisory Authority of Sweden)。

此外,非欧盟成员但属于欧盟经济区的效果国家也有自己的金融监管机构。如冰岛的冰岛金融监管局(Icelandic Financial Supervisory Authority,IFSA)、列支敦士登的列支敦士登金融市场管理局(Financial Market Authority,Liechtenstein,FMA)、挪威的挪威金融监管局(Financial Supervisory Authority of Norway,FSA Norway)等。

欧盟监管机构对持牌公司的资金要求大致从80000欧元到730000欧元不等,年费也根据公司营收等有不同的标准。

2. 主要监管机构

(1)塞浦路斯证券交易委员会。

塞浦路斯证券交易委员会的全称为 Cyprus Securities and Exchange Commission,简称 CySEC,官方网站:http://www.cysec.gov.cy/。

塞浦路斯证券交易委员会主要负责塞浦路斯岛的金融服务监管。2004,塞浦路斯加入欧盟,并且受其监管的公司被允许在欧洲经济区自由地开展业务。不久之后,在线交易开始兴起,塞浦路斯很快成了经纪商在寻求监管时的首选之一,他们以此来进入欧洲这个利润丰厚的市场。

塞浦路斯证券交易委员会的牌照很受经纪商欢迎，主要原因有三个。

其一，有利的税收机制。在19世纪90年代，塞浦路斯作为一个离岸金融中心吸引了大量的来自东欧等地区的资本，为塞浦路斯赢得了良好的声誉。而之所以这样，有一部分原因要归功于塞浦路斯有竞争力的税收法律，它的企业所得税低至12.5%，是欧洲国家中最低的。在塞浦路斯设立公司或公司的管理及运营均在塞浦路斯的，其净利润按统一的12.5%的税率征税。塞浦路斯对企业来说是一个避税天堂。

其二，欧盟成员的优势。就像前面提到的，塞浦路斯在2004年成为欧盟成员，受其监管的公司被允许在欧洲经济区自由地开展业务。这也就意味着受塞浦路斯证券交易委员会监管的公司可以向欧洲其他发达的、利润丰厚的市场提供服务。

其三，宽松的监管。欧盟金融工具市场法规（MiFID）允许塞浦路斯的公司在欧盟经济区内自由地开展业务，同时设立了最低的监管标准。很多国家的监管要求都会高于MiFID所要求的，然而塞浦路斯监管委员会采取的却是相当宽松的金融监管；而且对于经纪商来说，得到塞浦路斯监管委员会的监管牌照成本比其他欧洲国家的低，如德国的BaFIN。

塞浦路斯证监会将牌照分成三种类型：不持有客户资金的经纪商、持有客户资金的经纪商、做市商。最受欢迎的牌照是持有客户资金的经纪商，特别是对于二元期权提供商①。申请牌照的时间为5~6个月，塞浦路斯证监会要求加快审批进程，将审批在2个月之内完成。其对各种牌照的资本要求不同，不持有客户资金的经纪商为8万欧元，持有客户资金的经纪商为20万欧元，做市商为100万欧元，年费在3500欧元至7.5万欧元之间。办公地点方面，其要求公司必须在塞浦路斯有实体办公地点，至少要有两名高管人员管理公司，还至少要有两名非执行董事，大多数董事必须为塞浦路斯居民。另外，投资服务必须在塞浦路斯提供。

塞浦路斯证券交易委员会的主要监管要求：一是在申请的最后阶段，资本要求资金必须冻结；二是公司取得牌照后，所要求资本必须为已发行实收资本；三是原始股权、董事会和管理层的变更必须经塞浦路斯证监会批准；四是客户资金必须隔离存放；五是投资公司必须履行资本充足率及公司头寸大额风险方面的定期报告职责②；六是牌照持有人必须成为投资者赔偿基金成员；七是所有投资公司必须按照国际认可的会计标准保留适当的会计记录，而且要履行审计义务。

（2）德国联邦金融监管局。

德国联邦金融监管局的全称为Federal Financial Supervisory Authority，简称BaFin，官方网站为http://www.bafin.de/，总部在波恩和法兰克福。

2002年5月1日，德国把德意志联邦银行和保险监管、证券监管机构合并，成立统一监管组织——德国联邦金融监管局（BaFin）。德国联邦金融监管局的成立，标志着德国金融监管体系改革的又一次重大变化。它是一个独立的联邦机构，受德国联邦财政部监督。

德国联邦金融监管局的监管对象：2700家银行、800家金融服务机构和700多个保险事业。

监管模式方面，BaFin的结构设置就考虑到了行业区别：为银行监管、保险监管和证券监管/资产管理成立了独立的组织部门，而那些跨行业任务则由从传统监管功能分离出来的几

① 一些外汇服务提供商需要考虑做市商牌照，因为做市商牌照是唯一允许持牌人通过自有账户交易的牌照。
② 其他报告义务还包括内部审计报告、合规报告、风险管理报告、反洗钱报告、经审计财报和审计报告。

个交叉业务部门执行。因此，2002 年成立的德国联邦金融监管局(BaFin)代表了完全整合的监管模式，它整合先前的联邦银行监管局(BAKred)、联邦保险监管局(BAV)、联邦证券监管局(BAWe)的办公机构为单一金融监管机构并且集监管银行业、金融服务业、保险服务业功能于一身。联邦金融监管局(BaFin)是一个联邦机构，由隶属联邦财政部的部长通过公共法掌管，具有法律特性。新的德国金融监管体系明显有利于监管局间的信息交换，有利于组织间的协同作用，有利于巩固德国作为金融中心的地位，增强其在国际金融中作用。

德国联邦金融监管局职责范围如下。首先，BaFin 的主要任务是对银行、保险公司和证券交易进行监管，确保可行性、完整性和德国金融体系的稳定。作为一个以金融市场为基础的机构，BaFin 对供应商和消费者负责。其次，在供给方面，它注重银行、保险公司和金融机构的偿付能力。最后，BaFin 对外汇经纪人的严格监管也有利于确保金融市场稳定和投资者的信心。毕竟，按监管要求，外汇经纪人如果在 BaFin 注册，一旦发生意外，根据赔偿计划的规定，其最高的补偿金是 10 万欧元①。

BaFin 保证了银行、金融服务机构和保险事业的能力，以保证其履行支付义务。通过市场监管，BaFin 还强制执行标准的专业操守，维护投资者对金融市场的信任。作为投资者保护的一部分，BaFin 会杜绝未经授权的金融业务。

BaFin 监管的严苛程度并不比 FCA 差。虽然德国的外汇监管十分严苛，但由于欧盟规定，投资公司只要从欧盟的一个成员国监管机构获取牌照，就有按照欧盟金融工具市场法规(MiFID)指令在整个欧盟提供投资服务和活动的自由(通常称之为牌照权利)，可以在欧盟的任何地区开展业务。因此近年来不少外汇平台通过获取塞浦路斯牌照进而通过欧盟金融工具市场法规进入德国市场，这样便可大大减少德国监管约束。尽管如此，但由于经营外汇业务的经纪商或者投资公司开展业务时进入的是德国，仍受德国联邦金融监管局全方位地监管。BaFin 对经纪商的严密监控、对账户安全的引入，以及对差价合约交易的限制往往致使许多经纪商难以获得德国外汇客户。

(3)西班牙国家证券市场委员会。

西班牙国家证券市场委员会的全称为 Commission Nationale Mercado Valores，简称 CNMV，官方网站：http：//www.cnmv.es/index.htm。

西班牙国家证券市场委员会(CNMV)是监察西班牙证券交易市场的机构，目标是确保西班牙市场的透明度和形成正确的价格，并保护投资者，它可以对西班牙证券市场的所有参与者的一切活动进行监管。CNMV 是由欧洲经济领域管制的投资公司。根据 MiFID 规定，EEA 投资者独立机构可提供跨境投资和辅助性服务。

CNMV 的监管行为涉及公司公募发行证券、证券二级市场和投资服务公司。CNMV 也对公司及投资公司进行监管，以确保投资者的交易安全。这里所说的公司及投资公司具体如下：一是集体投资计划类别，具体包括证券和房地产投资公司、证券和房地产投资基金以及证券和房地产投资管理公司；二是主要从事买卖证券的经纪商和交易商；三是侧重于管理个人以证券为主的资产的投资组合管理公司。

CNMV 的工作重点是提高向市场所披露的信息的质量。

---

① 这一上限也适用于投资在多个账户中，这个意思是说受影响的一方可以索赔超过 10 万欧元。

（4）荷兰金融市场管理局。

荷兰金融市场管理局的全称为 the Netherlands Authority for the Financial Markets，简称 AFM，官方网站为 http：//www.afm.nl/en.aspx。

从 2002 年 3 月开始，荷兰金融市场管理局（AFM）负责监管荷兰金融市场的运行。AFM 的前身是荷兰证券董事会（Securities Board of the Netherlands/Stichting Toezicht Effectenverkeer，STE），荷兰证券董事会（STE）是监管所有证券交易参与者的机构。荷兰财政部推出"金融市场部门监管审查"的政策之后，荷兰就成立了荷兰金融市场管理局（AFM）。自此，以部门为核心的荷兰金融市场管理局（AFM）取代了以功能为核心的荷兰证券董事会（STE）。

荷兰金融市场管理局（AFM）对整个金融市场（包括储蓄、投资、保险和信贷）的行为进行监管，其最终目标是提高荷兰金融市场的运行效率。

AFM 的监管内容可以分为两个部分：审慎监管和市场行为监管。审慎监管需解决这样的问题，即金融市场的参与者能否依靠他们的缔约方来履行其财政义务。2004 年，荷兰中央银行兼并荷兰养老金和保险董事会后，担负起了审慎监管的职责。市场行为监管则侧重于回答这样的问题，即金融市场的参与者能否进行合规的市场行为和他们是否拥有准确的市场信息。市场行为监管由荷兰金融市场管理局（AFM）负责。

（5）瑞士金融市场监督管理局。

瑞士金融市场监督管理局的全称为 Swiss Financial Markets Supervisory Authority，简称 FINMA，总部设于瑞士首都伯尔尼，官方网站：http：//www.finma.ch/。

瑞士金融市场监督管理局（FINMA）于 2007 年 6 月 22 日依据《瑞士金融监管局联邦法案》（FINMASA）成立。该管理局整合了联邦私人保险管理办公室（FOPI）、瑞士联邦银行业委员会（SFBC）以及瑞士反洗钱控制委员先前的职能，全面负责瑞士所有的金融监管。

瑞士对银行业、金融业的监管由来已久。在并入 FINMA 之前，瑞士联邦银行业委员会在 1934 年甚至更早便已存在。瑞士有世界上顶级的两家银行：瑞银集团（UBS）和瑞士信贷集团（Credit Suisse）。因此，对银行业负有监管职责的 FINMA 在瑞士经济中占有重要地位。FINMA 专门设有一个特别监管部门来监管这两家金融机构。

瑞士金融市场监督管理局的监管对象为银行、保险公司、证券交易所、证券交易商以及其他各类金融中介①。瑞士金融市场监督管理局是拥有独立法人的独立机构，也是瑞士负责金融监管的政府部门。它直接效命于瑞士议会，从机构上、功能上和财务上独立于瑞士的联邦中央政府和联邦财政部。

FINMA 还是瑞士外汇交易商的监管机构。瑞士的外汇交易商必须取得银行业从业资质。瑞士监管当局对此规定了细则：瑞士交易商的最低净资本不得低于 900 万美元，实力不足的瑞士交易商，可以通过合并达标；或者选择离开瑞士，在塞浦路斯或维京群岛（Virgin Island）等地注册；或者退返客户资金，关门歇业，退出瑞士外汇零售行业的舞台。

（6）波兰金融监管局。

波兰金融监管局的全称为 Polish Financial Supervision Authority，简称 PFSA，官方网站：http：//www.knf.gov.pl/en/index.html。

2006 年 9 月 19 日，于 2006 年 7 月 1 日通过的波兰金融市场监管法开始生效，波兰金融

---

① 其中包括外汇交易商。

监管局(PFSA)也在这一天正式开始运作。波兰金融监管局(PFSA)取代了保险和养老基金监督管理委员会及证券和交易委员会。根据波兰金融市场监管法,保险和养老基金监督管理委员会及证券和交易委员会被废除。在波兰第二波金融监管机构兼并的浪潮中,2008年1月1日,波兰金融监管局(PFSA)接管了银行监管委员会的权力及其办事处——银行监管总督察。波兰金融监管局(PFSA)直接对波兰部长理事会主席负责。

波兰金融监管局(PFSA)的监管任务涵盖银行监管、资本市场监管、保险监管、养老金计划监管以及对电子货币机构的监管。除此之外,波兰金融监管局(PFSA)还有下述几项任务:①采取恰当措施确保波兰金融市场的正常运行;②采取恰当措施确保波兰金融市场的发展,提高波兰金融市场的竞争力;③开展培训活动,提供信息服务,促进波兰金融市场的正常运行;④参与起草有关金融市场监管的法律法案;⑤为金融市场的争端,创造友好协商、和和平解决的机会;⑥根据法律规定要求,开展其他方面的监管活动。

PFSA的目标是确保金融市场的正常运行,维护金融市场的稳定性和安全性,提高金融市场的透明度,增强人们对金融市场的信心及维护金融市场参与者的利益。

(7)匈牙利金融监管局。

匈牙利金融监管局的全称为 Hungarian Financial Supervisory Authority,简称 HFSA,官方网站:http://www.pszaf.hu/en/。

匈牙利金融监管局(HFSA)的目标:①确保金融中介系统的稳定、透明和高效运营,必要时,可采取强制手段[①];②通过法令和其他监管议案,营造稳定而有序的金融市场运营环境,并根据欧盟法律,搭建安全而有竞争力的金融市场发展框架;③通过制定预防性措施,识别和有效防范损害个人、金融机构和金融部门利益的风险,当然,也需要通过制定措施,降低或者消除业已存在的风险;④保护享用金融机构服务的消费者的权益,为解决消费者争端建立论坛,增强消费者的金融意识;⑤加强金融中介系统中的公众信任;⑥作为欧洲金融监管体系中的一员,代表匈牙利投资者与欧洲其他监管当局合作,共同促进欧洲金融监管水平的提高。

## 二、欧盟金融工具市场指令及外汇监管牌照

### (一)金融工具市场指令

由欧洲议会和理事会通过的欧盟金融工具市场指令(MiFID)于2007年11月1日起生效。该指令对欧洲经济区(EEA)内提供投资服务和活动的金融工具市场进行监管。欧洲经济区包括27个欧盟成员国及冰岛、列支敦士登和挪威。2008年金融危机过后,为吸取教训,欧盟委员会于2011年11月对MiFID进行了一次修订。2014年6月12日,欧盟官方公报公布了修订版的《欧盟金融工具市场指导》,也被称为MiFID Ⅱ,并公布了《欧盟金融工具市场法规》(Markets in Financial Instruments Regulation,MiFIR),该法规旨在阐明 MiFID Ⅱ 框架下的具体法律法规。MiFID Ⅱ 和 MiFIR 旨在完善金融市场功能,并加强对投资者的保护。自2018年1月3日开始,新的法律框架 MiFID Ⅱ 取代之前的法律框架并正式推行实施。

---

① 当然,也需要规范个人和机构在该系统中的行为。

欧盟金融工具市场指令的主要目标为协调欧洲经济区内金融市场的管理，从而提高效率，增强金融透明度，促进竞争，在投资服务中提供更多的消费者保护。根据欧盟金融工具市场指令的规定，只要投资公司提供的服务在其所获授权的范围内，则该投资公司可在另一个成员或第三国的境内自由提供金融服务。

在 MiFID Ⅱ法律框架下，在场外市场(OTC)上的经纪商将受到监管约束。MiFID Ⅱ中的监管条例规定，所有提供外汇、差价合约、期权、二元期权、远期合约、股票、债券、ETF 等交易的经纪商都在监管对象之列。以上提到的所有金融工具在场外市场上都被广泛交易，因为这些交易太过分散，不易管理，所以金融监管机构的监管难度变得很大。

当然，每个经纪商都需要在本国或本地区的监管机构注册登记，但仅靠登记管理基本没有多强的监管效力，只有当以下情况出现时，监管机构才会介入调查、采取相关措施：

(1)客户投诉经纪商存在欺诈行为。监管机构将审查经纪商和客户的相关信息，并判断经纪商是否存在欺诈行为。例如，一些经纪商涉嫌操纵市场，另外还有些客户经理故意诱导客户频繁交易以谋取手续费，造成客户亏损严重。

(2)经纪商宣告破产。一些经纪商由于亏损严重而宣告破产。2015 年 1 月 15 日，瑞士央行宣布放弃欧元/瑞郎的汇率下限，这起"黑天鹅事件"造成了众多经纪商破产。

(3)经纪商必须持有监管牌照。监管机构要求所有的经纪商必须满足一定的资本要求，经纪商还不能有欺诈客户的行为记录，经纪商只有满足条件才能获得监管机构的授权并进行各项业务活动。

事实上，MiFID Ⅱ的影响显然不局限于零售外汇市场，而是遍布欧盟金融业的每一个角落——监管对象从银行、基金经理，到交易商、交易系统、经纪商，乃至高频交易及零售投资者；覆盖的市场遍及外汇、股票、债券、商品、期货、交易所交易产品、差价合约之类的零售衍生品等各种类型的金融市场[①]。

MiFID Ⅱ会如何深远地影响零售外汇市场？监管机构表示，MiFID Ⅱ将保护投资者，提高透明度，并重振受到 2008 年全球经济危机冲击的客户对市场信任。短期内，MiFID Ⅱ可能会给企业带来成本增加的压力和难以达标而面临的惩处风险，但如果能够度过最初的艰难时刻，市场的愈发规范化会给整个行业带来更加长远的利益。

**(二)外汇监管牌照**

投资者在选择外汇交易平台时，监管机构必然是其关注的重点之一，大部分交易平台在宣传自己时，也会声称自己持有某机构的牌照并受该机构监管。这里需要注意的是，现在投资者所熟悉的一些监管机构会将牌照分成几个类别，不同的类别所针对的权益或者监管范围都是不一样的，因此虽然一些平台的确持有某个监管机构的牌照，但它受监管的业务可能跟外汇交易并没有关系，甚至可能完全不受该机构监管。

英国 FCA 金融行为管理局将牌照类别分为三种：欧盟牌照、Basic License、Full License。

1. 欧盟牌照

欧盟经济体内所有国家均受欧盟金融工具市场法规(MiFID)的约束，而 MiFID 的准则之

---

[①]　目前，在筹划了七年之久后，MiFID Ⅱ条款的厚度已经接近 7000 页，其中多达 140 万条的规定都不是形式化的"摆设"，而是切实需要企业投入大量的人力物力去执行的。

一就是允许受某个欧盟经济体内国家监管的经纪商在整个欧洲经济区内提供投资服务，也就是说，拥有其中一个国家的监管牌照就等于拥有了一张欧盟经济区的经营通行证，各成员间无条件相互承认。

欧盟牌照是最弱的一种，并且严格来说这些公司实际上是不受 FCA 监管的。通常持有欧盟牌照的经纪商会在 FCA 的监管信息网站的 Status 栏上显示"EEA Authorised"，其客户也无法享受 FSCS 补偿计划，这是典型的"unable to hold client money"类型的牌照，即无法持有客户资金的牌照。

2. Basic license

这种牌照可以理解成是 FCA 的基础牌照。持有这种牌照的经纪商受英国 FCA 的监管，但他们不需要在英国有办公室或分公司。这类牌照大多是发给那些白标公司，大型经纪商的白标也是持有这种基础牌照，因为要拿到"able to hold client money"类型的牌照的成本非常高，对于白标公司来说是没有必要的。欧盟牌照和 Basic License 都是"unable to hold client money"类型的牌照，也就是没有资质持有客户资金。此外，Basic license 类别的牌照同样不能获取 FSCS 补偿。

3. Full license

这种牌照可以理解成是 FCA 的全牌照，经纪商如果想要持有这种牌照，必须经过 FCA 审核，并且在英国设有实体办公室。持有 Full License 的外汇交易商多数都是有资质持有客户资金的，具备"able to hold client money"的持牌外汇交易商需要多缴纳 200 万英镑以上的保证金。这表示该外汇交易商可以持有和保管客户的资金，对于外汇交易商来说，拥有这类资质才是真正受 FCA 监管，只有这样客户资金才能享有金融服务补偿计划（FSCS）的保护。

# 第四节　新加坡的外汇交易管理制度

## 一、新加坡外汇市场

新加坡外汇市场是在 20 世纪 70 年代初亚洲美元市场成立后，才成为国际外汇市场的。2016 年 BIS 的调查显示，新加坡的交易量在全球市场中排名第三，占全球市场交易量的 7.9%。

新加坡外汇市场的形成主要是由于新加坡卓越的地理和时区位置。新加坡地处欧、亚、非三洲的交通要道，其上午可与中国香港、东京、悉尼等市场进行交易，下午可与伦敦、苏黎世、法兰克福等欧洲市场进行交易，中午可与中东的麦纳麦进行交易，晚上可同纽约进行交易。

新加坡外汇市场除拥有现代化的通信设备外，还直接同纽约 CHIPS 系统和欧洲的 SWIFT 系统连接，货币结算非常方便①。新加坡外汇市场的交易以美元为主，美元交易量占 85% 左右，而且大部分是即期交易，外资银行比较多。

新加坡金融监管局，英文全称为 Monetary Authority of Singapore，简称 MAS。新加坡金融

---

① CHIPS 和 SWIFT 系统是全球主要的外汇交易清算系统。

监管局(MAS)是新加坡的中央银行。

1970年，新加坡议会通过了新加坡金融管理局法案，并于1971年1月1日成立了MAS。"MAS法案"赋予MAS管理新加坡金融服务部门的权力，同时也被委托促进货币稳定，有利于经济增长的信贷和交换政策。1977年4月，新加坡政府决定将保险业的规管条例纳入MAS。1984年9月，"证券业法"(1973)的监管职能也转交给MAS。MAS现在负责管理有关金融、银行、保险、证券和金融部门的各种法规。

MAS颁发的牌照名为CMS，而拥有该牌照的经纪商必须遵守下列监管要求：具有授权公司的重要人员，如首席执行官(CEO)和主管；交易代表人必须持有资质并进行注册；有清楚的财报；合理处理客户资产[①]；定期报告和审计；公布重要信息，且不得有利益冲突；建立有效执行和罚款机制。

在新加坡，受MAS监管的杠杆式外汇交易服务主要有两种，一种是经纪服务，另一种是投资顾问的服务。目前，MAS授权、允许提供外汇交易账户的受监管外汇杠杆式交易经纪商已经有30家，而持有外汇杠杆式交易的顾问牌照的有3家。

新加坡外汇交易总额是英国交易规模的七分之一，略少于美国的三分之一。国际清算银行为全球各个国家中央银行保存相关数据，根据其记录，英国占据全球份额的41%，紧随其后的美国则占19%。国际清算银行还称，新加坡的市场份额为5.7%，随后的日本和中国香港则各占5.6%和4.1%。

新加坡之所以能成为国际外汇交易中心枢纽，关键性的原因有如下几点：

(1)新加坡的3A信用评级影响。[②] 新加坡是亚洲唯一一个同时被三家国际信用评级机构认可的"AA"评级国家。新加坡吸引了大量跨国公司，它们都将新加坡视为一个区域性的经济中心[③]。

(2)亚太货币的重要性影响。根据2012年新加坡金融管理局对新加坡资产管理行业的调查，总部位于新加坡的所有资产管理公司管理的总资产从2011年年底的1.34万亿新加坡元增长21.5%至2012年年底的1.63万亿新加坡元。这表明一个5年期的资产管理项目(AUM)的平均年增长率为9%，这充分反映了新加坡基金管理行业内的宽松政策和活力[④]。

(3)逐步完善的金融市场监管。随着亚洲美元市场在新加坡稳步发展，金融业务种类也越来越繁多，新加坡的金融服务业已经成为其经济至关重要的组成部分，其不仅外汇交易在全球排名前列，在跨国界贷款、柜面市场衍生交易等方面也名列前茅。这使得新加坡不断加大金融市场的监管力度，因此，1970年新加坡议会通过了新加坡金融监管局法案。1971年1月，新加坡金融监管局(MAS)成立。新加坡金融监管局法案赋予了新加坡金融监管局(MAS)监管货币各方面的权力。新加坡金融监管局于2012年上半年

---

① 隔离存放、禁止混用。

② 标准普尔、穆迪、惠誉。

③ 瑞士国家银行——瑞士央行甚至在2013年7月在新加坡开设了分支机构，这是它创建107年以来第一次在海外建立办事处。

④ 2014年2月，普华永道预计，在亚太地区的资产管理规模将从2012年的7.7万亿美元上升至2020年的16.2万亿美元。这一估计说明亚洲市场将拥有9.8%的年均复合增长率(CAGR)，高于年均复合增长率分别为4.4%、5.1%的欧洲和北美市场，尽管这两个市场拥有更大的资产管理规模。

就加强金融衍生品监管，将散户投资者参与交易的、未上市的衍生产品作为监管重点对象①。同时，新加坡金融监管局宣布将推出监管框架，避免金融指标遭到操纵，在监管框架下，投资者在本地操纵新元拆息率（SIBOR）和新元掉期利率（SOR）将触犯证券与期货法令（SFA），将受到刑事和民事制裁。

## 二、汇率制度管理的主要措施

自 1981 年以来，新加坡实行参照一篮子货币进行调节的有管理的浮动汇率制。新元汇率参照主要贸易伙伴和竞争者的货币进行管理，篮子货币权重不对外公布；贸易加权的汇率可在一定区间内波动，汇率水平和爬行浮动情况每半年被公布一次。新加坡定期对汇率区间进行评估和调整，使汇率能够爬行变动，防止出现对均衡汇率的较大偏离。从 1980 年底到 2004 年上半年的更长时间段来看，新元名义有效汇率升值了 73%。由于新加坡国内通胀率比其贸易伙伴低，新元实际有效汇率升值了 12%。实证研究表明，新元实际有效汇率与其均衡汇率基本上是贴近的，不存在明显的汇率失调。这说明，新元汇率具有一定的弹性，反映了新加坡国民经济和劳动生产率增长较快、国民储蓄率高等经济基本面。

### （一）金融监管灵活创新

新加坡实行"督察"为本、市场驱动的金融监管制度，突出官方监管、市场调控以及行业自控三个侧重点，体现"以人为本"的宗旨，实现了原则化与弹性化的统一。在风险监管中，MAS 启用影响程度和风险评估（IRAM）模型，针对不同类型的风险制订相应的监管计划，分配不同的监管资源，如对风险程度较低的金融机构的监管较松。

### （二）金融法律体系完善

新加坡法治化程度较高，金融法律体系完善，执法严厉，由于金融市场的扩大及规范市场的需要，政府不断修订金融法律体系。到目前为止，新加坡几乎拥有完善的金融法律来维护各大金融市场的发展。此外，新加坡导入自律性的金融申诉专员制度（FOS）并逐步立法化，以独立解决金融市场交易过程中的纠纷问题。健全的金融法律法规吸引了众多的金融机构和投资者，世界各大知名金融企业纷纷落户新加坡，给新加坡金融业注入了新的生机，使新加坡整个金融体系呈现良性循环。

### （三）银行业务政策明确

新加坡的银行业实行完全、批发、离岸三级执照管理模式，限制外国银行在本币业务领域的发展及开设分支机构，其中本土银行属完全执照银行，可办理所有的银行业务。

### （四）税收政策优惠

新加坡公司税税率较低，经济发展局专门负责制定和实施鼓励外资的优惠政策，并由税务局进行全面监控。具体优惠政策如下：新加坡内外资企业公司税一致；自主创新企业可获得政府 10 年的免税期；新兴产业可享受 5～10 年的免税优惠；在新加坡设立总部并转贷给区

---

① 包括差价合约和杠杆式外汇投资产品。

域总公司或相关企业的公司针对所得利息只需缴纳 10% 的企业所得税；国内居民将国外资金汇回本国，其海外收入可享受免税优惠；等等。

### (五) 充分利用现代信息技术提高货币金融监管水平

新加坡经济的发展尤其是金融业的发展依托于其发达的信息技术，全面的现代化电信服务、24 小时连续的金融交易等金融服务都依托于高新技术产业。同时，新加坡政府利用信息技术的发展对金融进行监管，实行新媒体发展与监管"两手抓"。在银行业监管中，MAS 研发了独立的信息管理系统，在信息电子化基础上进行风险监管评级，提高了金融机构的信誉和管理水平。

## 三、新加坡外汇交易管理的经验借鉴

### (一) 监管理念清晰

随着金融自由化的不断深化和本地金融业的发展壮大，新加坡正逐步发展为国际金融中心，并且形成了一套全新的金融监管理念。

(1) 由管制向监管转变，新加坡要成为国际金融中心，就必须施行灵活开放的金融监管机制；同时，注重风险的管理，积极建立适应本国国情的信用评级，进行风险甄别。

(2) 注重金融机构的公司治理和内部控制。

(3) 强调审慎会计原则和监督原则，注重培养和激励人才。

(4) 注重借鉴国际监管措施。

### (二) 监管职能明确

(1) 注重为金融机构提供良好的环境，重视培育安全和健全的金融中介机构，确保银行、保险公司、证券交易商等中介机构的安全和稳健，注重提供一个良好的高效、公平、透明的金融市场。

(2) 注重对金融风险进行有效监控，建立一个稳健的金融体系。面对现代金融体系的复杂性，需要对各种各样的金融机构实行适度的监督管理，监管过度不利于金融业的发展，但是监管不足也不利于金融业的发展，如何把握这个度是非常重要的。

### (三) 相对较低的汇率制度透明度

新加坡经济规模小，不透明的汇率制度引起的国际压力相对较小。不公布篮子货币的构成、权重、汇率波幅等重要信息，有利于防范和化解对汇率制度的投机性攻击，但也容易给外界以汇率操控的口实。新加坡经济规模小，对其他国家的影响也小，不容易因汇率机制不透明而承受较大的国际压力。

我国经济规模庞大，对国际经济的影响大，且对美国有巨额贸易顺差。如果我国长期实行透明度较低的 BBC 制度，人民币汇率升值步伐缓慢，则美国等国家会以汇率操纵为由，对我国施加种种压力，导致贸易摩擦和跨境资金大量流动，加大汇率制度的脆弱性。

### (四) 相对灵活的汇率调整制度

新加坡容易根据经济发展和国际收支灵活地调整汇率，减少汇率失调 (misalignment)。

尽管新加坡根据篮子货币和波动区间管理新元汇率，但新元汇率也具有一定的弹性。新加坡市场化程度高，金融市场尤其是外汇市场发达，经济基本面和国际收支的变化很容易反映到外汇市场上，货币当局能够准确地据此调整汇率，减少其对均衡水平的偏离。此外，新加坡不存在国际收支严重失衡的现象，降低了汇率调整的压力。如1994年以来，新加坡尽管经常项目持续较大顺差，但资本和金融项下资金大量净流出。

### (五)相对较高的金融机构信息透明度

信息披露的及时准确可以使市场利用这些信息判别金融机构的经营状况，从而约束金融机构自身的行为。

在1998年亚洲金融危机之前，新加坡以严格的金融监管著称，但是随着国际化和全球化的发展，其监管理念也不断变化。由于过于严厉的监管不利于整个金融市场的活跃和发展，其金融监管由实施合规性监管向注重风险监管和间接监管转变。

此外，新加坡金融监管局自2012年开始加强了对金融衍生品的监管工作，注重将监管重点对象定位为散户投资者参与交易的、未上市的衍生产品，包括差价合约与杠杆式外汇投资产品。同时，新加坡金融监管局还推出了完善的监管框架，以避免金融指标遭到操纵。在监管框架下，投资主体在新加坡操纵新元拆息率(SIBOR)及新元掉期利率(SOR)将触犯证券与期货法令(SFA)，并将受到刑事和民事制裁。

### 【本章小结】

由于政治体制及经济发展水平等方面因素的影响，世界各国的外汇交易管理制度大都有着自身的演进轨迹与管制特征。事实上，美国、日本、欧盟、新加坡及中国香港等国家与地区的外汇交易管理制度各具特色并在相当程度上影响了全球外汇交易市场的发展。

### 【思考与练习】

1. 比较美国与日本外汇交易管理的异同。
2. 新加坡为什么能成为全球三大外汇交易中心之一？
3. 香港的联系汇率制度有何优缺点？

### 【案例分析一】

#### 国际金融市场监管处罚案例分析

执法是金融业监管治理的重要环节。金融危机频发及对经济的巨大影响，使得金融监管的重要性日益突出，严监管、重处罚已成为国际金融领域执法新方向。

近年来，全球各国加大了对外汇市场的监管力度，数家国际大型银行因泄露客户敏感信息、操纵外汇市场汇率、欺诈交易等不当行为受到欧美等国家的监管机构的重罚。

一、相关案例情况

**1. 法国巴黎银行外汇交易违规事件**

美国纽约州监管机构在对法国巴黎银行 2007—2013 年外汇业务开展调查时发现，该行外汇交易员存在操控外汇价格等违法行为。2017 年 5 月，该行与纽约州金融服务局达成和解，同意支付 3.5 亿美元罚金，同时辞退相关外汇交易人员或禁止其从业。2017 年 7 月，美联储表示对法国巴黎银行及部分美国分支机构对外汇交易员的管理不力的行为处罚 2.46 亿美元，此举是在 2017 年 5 月和解的基础上，针对该行管理不当、未完善外汇交易内控制度等情况再次进行处罚。

**2. 英国渣打银行非法交易事件**

2001—2007 年间，英国渣打银行与被美国制裁的伊朗等国家进行交易。2012 年 12 月，该行与美国监管机构达成和解协议，同意支付 3.27 亿美元罚款。

**3. 新加坡瑞意银行被撤销执照事件**

2015 年 7 月，《华尔街日报》爆出马来西亚一马公司通过新加坡一家私人银行账户，将近 7 亿美元转入马来西亚首相纳吉的个人户头，瑞意银行 6 位职员被指控涉嫌欺诈和妨碍司法公正等罪名。新加坡金融监管局针对该银行严重违反反洗钱规定、银行业务管理不善及职员涉及不当行为等事实，对其罚款 1330 万新币、撤销其在新加坡的商业银行执照，并勒令歇业。这也是新加坡金融监管局近 32 年来首次撤销商业银行执照。除对涉案银行实施处罚外，还对瑞意银行的包括总裁、副总裁、高级私人银行经理、主管及财富规划师在内的涉案个人发出禁止执业令，处罚力度之大前所未有。

**4. 巴克莱银行等五家银行因串通操纵货币汇率、互换商业敏感信息和交易计划，共被处以 10.7 亿欧元罚款事件**

2019 年 5 月 16 日，欧盟委员会发布新闻称，巴克莱银行（Barclays）、苏格兰皇家银行（RBS）、花旗集团（Citigroup）、摩根大通（J. P. Morgan Chase）和三菱日联银行（MUFG）五家银行违反反垄断法，在彭博的多方聊天室内共享保密信息、互换商业敏感信息和交易计划，操纵 11 种货币即期交易，欧盟委员会对上述银行共处以 10.7 亿欧元的罚款。瑞士联合银行因主动向欧盟委员会揭发上述外汇合谋行为而免于 2.85 亿欧元的处罚。

欧盟委员会委员 Margrethe Vestager 表示："外汇即期市场是全球最大的市场之一，日均交易量达数十亿欧元。此次对巴克莱银行、苏格兰皇家银行、花旗集团、摩根大通和三菱日联银行的处罚向市场清晰表明，欧盟不允许任何金融市场串通行为。这些银行的行为不仅损害了银行业的诚信，还造成欧洲经济和消费者利益的损失。"

欧盟委员会持续 6 年的调查显示，这些银行的外汇交易员通过各种线上聊天室相互交换敏感信息和交易计划，包括客户订单信息，即客户希望交易的金额、所涉及的具体货币以及客户进行交易的意向；特定交易的买卖价差；敞口头寸；当前正在进行或计划进行的交易活动的其他细节。

欧盟委员会表示："信息交流使交易员能够在预先知情的情况下做出外汇买入或卖出决定。"交易员还会通过信息交流进行协调，例如"暂停交易（standing down）"，即一些交易员暂时停止交易活动，以避免干扰聊天室内另一名交易员的交易。欧盟委员会还表示，这些银行的交易员在线上聊天室中建立了两个卡特尔垄断集团：一是"Forex - Three Way Banana Split"，涉及银行包括巴克莱银行、苏格兰皇家银行、花旗集团和摩根大通；二是"Forex -

Essex Express",涉及银行包括巴克莱银行、苏格兰皇家银行和三菱日联银行。

五家银行中,参与第一个卡特尔垄断集团"Forex - Three Way Banana Split"的巴克莱银行、苏格兰皇家银行、花旗集团和摩根大通共被处以约 8.1 亿欧元的罚款;参与第二个卡特尔垄断集团"Forex- Essex Express"的巴克莱银行、苏格兰皇家银行和三菱日联银行共被处以约 2.6 亿欧元的罚款。

根据欧盟委员会 2006 年关于罚款的相关规定:(1)瑞银集团因揭露两个卡特尔垄断集团得以豁免总额约 2.85 亿欧元的罚款。(2)"Forex-Three Way Banana Split"的所有涉事银行均因配合欧盟委员会调查而获得一定宽大处理,罚款金额降低,具体降低的金额主要根据其配合调查的及时性及在配合调查的过程中所提供的信息质量来决定。(3)"Forex - Essex Express"的涉事银行中,部分银行因配合欧盟委员会调查而获得一定宽大处理,罚款金额降低,具体降低的金额主要根据其配合调查的及时性及在配合调查的过程中所提供的信息质量来决定。此外,由于各家银行均承认其参与卡特尔且愿意承担相关责任,欧盟委员会根据其 2008 年关于和解的有关规定将各家银行的罚款金额分别降低了 10%。

5. 德意志银行因外汇交易违规被纽约州金融服务局罚款 2.05 亿美元事件

2018 年 6 月 20 日,纽约州金融服务局在官网发布声明称已与德意志银行(Deutsche Bank AG, DB)达成了 2.05 亿美元罚款的和解,罚款原因是该行的交易人员、销售人员违反纽约州银行法案,涉嫌操纵外汇市场汇率、对客户收取超额价差、误导客户及滥用客户的保密信息等。与此案相关的其他被告还有美国银行(Bank of America)、法国巴黎银行(BNP Paribas)、花旗集团(Citigroup)、高盛集团(Goldman Sachs)、汇丰银行(HSBC)、摩根大通(J. P. Morgan Chase)、苏格兰皇家银行(RBS)和瑞银集团(UBS)。

纽约州金融服务局称,这些外汇违规行为发生在 2007 年至 2013 年间,当时,德意志银行是全球最大外汇交易商,其日均外汇交易量占全球外汇交易量的比例为 15%~22%。

为调查违规行为,纽约州金融服务局采用了查阅材料、与雇员访谈、从第三方获取信息、雇用独立咨询公司等方式。调查结果显示,德意志银行违反纽约州法律和监管规定,多次参与了不安全、不恰当的行为,其交易人员和销售人员以牺牲客户利益为代价,通过以下方式使银行获利最大化。这些不恰当行为之所以能发生,是因为银行未对外汇业务实行有效管控。

(1)通过在线聊天工具与其他商业银行共享客户保密信息并协调交易,试图操纵汇率基准、影响外汇价格。

德意志银行、美国银行等 16 家银行自 2007 年以来在聊天室、即时消息和电子邮件中合谋操纵汇率基准和其他金融产品价格。在操纵汇率基准方面,各行交易员通过与其他报价行交易员合谋来操纵最终的基准价格,进而获利;在操纵金融产品定盘价方面,各行交易员利用"土匪俱乐部""黑手党"等聊天室,通过"前跑""近拍"和"刷屏"等暗语交流保密订单,收集大量交易头寸,随后在定价窗口期间利用前述头寸进行交易,目的是使汇率价格按预先设定的方向靠近。

(2)不当地利用客户保密信息进行抢先交易,通过在线聊天工具与其他银行交易员交流客户的保密信息,损害客户利益。

各行交易员在聊天室内互换客户保密信息,利用客户信息串通开展利于银行、不利于客户方向的交易。举例来说,2010 年 7 月,交易员 A 透露,有客户将以 ECB 定盘价卖出 1.8 亿欧元/美元，交易员 B 回复称，其也有客户要以 ECB 定盘价卖出欧元/美元。由于交易员 A、B 均将从客户处以 ECB 定盘价买入大量欧元，于是两人串通在定盘价确定前大举卖出欧元，压低欧元价格。

（3）通过汇率基准报价操纵新兴市场货币对基准价格。

德意志银行的雇员通过影响本行阿根廷比索/美元的货币对报价来影响该货币对的基准价格。阿根廷比索/美元的货币对报价每日通过新兴市场交易协会（EMTA）发布，该货币对有 14 个报价行，EMTA 在去掉 1~2 个最高/最低报价后，对其余报价进行算术平均，进而得出该货币对的基准价格。在德意志银行作为报价行的几年间，德意志银行的交易员为使最终的基准价格朝有利于自己的方向变动，要求报价人在报价时偏离行内计算出的价格。直至 2012 年 7 月，该行交易主管才要求他们停止对该货币对报价的操纵。同样的操纵还发生在俄罗斯卢布/美元的基准价格报价上。

（4）晃骗。

2010 年 11 月 22 日，德意志银行交易员 A 接到客户 2.7 亿欧元/美元卖出订单，并在 6 分钟内建立了相应数量的空头头寸。但在上述 6 分钟内，该交易员同时在市场上放置了 3 笔大金额买盘（约为卖盘金额的 20 倍），并在数秒内撤销。根据德意志银行的交易记录，当时并未有其他客户订单或对冲需求支持放置买盘的行为。纽约州金融服务局认定上述行为为晃骗（spoofing）。

（5）几家银行交易员合谋拉大给客户的报价点差。

2009 年 11 月，德意志银行和其他几家银行交易巴西雷亚尔/美元 NDF 产品的交易员通过名为"butter the comedian"的聊天室就该产品的报价达成一致，并对询价该产品的客户报出较大的交易点差，以提升交易商在此产品上的利润。

（6）通过操纵新兴市场货币价格以触发/阻止外汇期权生效，增加银行利润，损害客户利益。

敲出期权（knock out option）作为障碍期权（barrier option）的一种，仅在参考货币对价格低于障碍线（the barrier）时生效。客户买入敲出期权，如果参考货币对价格达到或超过预先设定价格，对客户来说期权失效，但对银行来说获得了利润。德意志银行的交易员多次进行大量交易，以使货币对的价格达到或超过障碍线，从而增加该行利润。如：2009 年 4 月 16 日，德意志银行向客户卖出敲出期权，只要参考货币的价格能保持在障碍线上，德意志银行就能获利 400 万美元。为此，德意志银行的两个交易员购买了价值 300 万美元的美元/墨西哥比索。最终，银行以客户利益为代价赚取了大额收益。

纽约州金融服务局表示，德意志银行违反了《纽约州银行法》的有关规定，涉事交易人员和销售人员有严重不当行为，该行管理层也未尽到对其外汇业务有效监管的责任；该行几乎没有外汇业务方面的行内制度和流程，也没有相关培训项目及通过案例等方式让员工知晓哪些是恰当行为和不恰当行为；该行合规团队缺乏对行内外汇业务的有效监管。此外，该行还存在技术方面的缺陷，如：未实现银行内部不同来源数据间的标准化传输，一些交易的细节未能被有效记录等。

纽约州金融服务局依据《纽约州银行法》，认定德意志银行有以下方面的违规行为：①以不安全、不规范的方式开展交易；②未恰当保存能反馈所有交易情况的相关记录；③在发现内部不当交易时未能及时向监管部门报告。纽约州金融服务局对德意志银行做出以下处罚：

在 10 日内向纽约州金融服务局支付 2.05 亿美元罚金;解雇涉事交易员和销售人员;在 90 天内提交内控、合规、内审改进计划,以使银行各项行为符合相关法律及银行内部规定、流程;在外汇交易方面,银行应提交合规风险管理改进计划,以符合纽约州、美国联邦法律规定。

6. 瑞穗银行因晃骗交易被美国商品期货交易委员会罚款 25 万美元事件

2018 年 9 月 21 日,美国商品期货交易委员会(CFTC)指控瑞穗银行在芝加哥商品交易所(CME)和芝加哥期货交易所(CBOT)的 2 年期、5 年期和 10 年期国债期货合约和欧洲美元期货合约存在多项不正当行为。瑞穗银行交易员 A 在 2016 年 5 月至 2017 年 5 月期间,为上述期货合约设定了多个买入和卖出订单,并在订单执行前取消,通过此类晃骗交易(spoofing)试探市场反应。具体做法为先设置大量的买入/卖出订单,随后在交易执行前快速取消。如:2017 年 3 月 28 日,挂单 2 笔各 500 手的订单并在数秒后取消;2017 年 5 月 5 日,挂单 2 笔各 300 手的订单并在数秒后取消。交易员 A 在挂单/取消订单的过程中会密切观察市场反应。

CFTC 表示,交易中的欺骗性行为会破坏市场诚信,瑞穗银行的上述行为违反了商品交易法(Commodity Exchange Act)中的禁止晃骗(spoofing)的有关规定。此次处罚表明 CFTC 致力于发现并消除市场上的此类行为。CFTC 要求瑞穗银行支付 25 万美元的罚款。

7. 三菱日联银行因晃骗交易被美国商品期货交易所罚款 60 万美元事件

2017 年 8 月 7 日,美国商品期货交易委员会(CFTC)发布声明称,三菱日联银行交易员 A 在 2009 年 7 月至 2014 年 12 月(主要是 2010 和 2011 年)间,操纵了芝加哥商品交易所(CME)和芝加哥期货交易所(CBOT)交易的多个产品。具体方式为,交易员 A 首先发布一个或多个小金额的买/卖报价(订单 1),随后针对同一产品发布一个或多个大金额且交易方向相反的卖/买报价(订单 2);多数情况下,交易员 A 会在订单 1 部分或完全成交后、订单 2 成交前取消订单 2。交易员 A 此类交易行为的目的是推动市场价格朝有利于订单 1 的方向变化。在得知交易员 A 的不当行为后,三菱日联银行立即将其停职并向 CFTC 汇报。该行在深入进行内部审查的基础上积极协助 CFTC 调查。他们对自身内部系统及内控措施进行了全面改革,以及时发现并制止此类不当行为;同时修订了相关制度,更新了培训内容并建立了针对此类不当交易的内控措施,包括检查交易数据及可疑交易活动的沟通记录。CFTC 认为,三菱日联银行违反了商品交易法(Commodity Exchange Act)中的禁止晃骗(spoofing)的有关规定,并对其罚款 60 万美元。

二、对我国外汇管理的借鉴与启示

1. 注重前瞻性视角,提升监管意识

前瞻性对于风险管理和金融监管具有重要意义。从另一角度看,金融监管在不被重视时最具价值。监管者应对金融风险持有敬畏之心,增强风险意识,提升风险识别预警能力,加快监管反应速度,对风险事件有一定的预判和预案。新加坡的金融监管改革就较好地体现了前瞻性思维,化被动为主动。因此,可以将前瞻性视角引入外汇监管,各级外汇局应通过及时汇总辖内非现场监管和现场检查中发现的问题,分析排查其是否可能产生系统性风险,从而实现风险的早期预警。

2. 将外汇监管提升至宏观层面,真正体现监管意义

借鉴上述案例中的监管方向,将外汇监管提升至宏观层面,以防控系统性风险为主要监管目标,有利于体现监管的终极意义。如,美国监管当局对违规行为的重罚体现了其对系统性风险的低容忍度和高打击态度,新加坡金融监管局实行的"风险导向"的主张也体现了其重

视宏观层面的监管理念。因此，我国外汇管理部门应借鉴其"抓大放小"的做法，重点关注那些能够影响市场动向、有碍金融市场稳健发展的违规行为，对那些危害性较小的合规性问题，如数据报送错误等行为，以采用通报、警告等手段为主，而对明知故犯等情节特别恶劣的违规行为特别是可能产生巨大风险的违规行为进行重罚。

3. 加大处罚力度，彰显监管效果

一方面，提高处罚金额，提高违法成本。与发达国家动辄上亿美元的处罚金额相比，目前我国外汇管理部门对银行的处罚相对偏轻，建议适度提高处罚金额，给予违规主体以足够震慑，以儆效尤。另一方面，严格落实责任追究制度，提高合规经营意识。上述案例均表明发达国家对银行责任人的追究非常严格，对涉及故意违规的员工更是进行重罚甚至禁止其继续从业。因此，可按照《外汇管理条例》中对"金融机构负有直接责任人员"的相关规定，严格落实责任追究制度，对屡次违规甚至故意违规的相关人员追究其相应的责任，以此达到警示效果。

4. 将原则性监管融入内控制度

商业银行作为风险防控的第一道防线，其风控水平极大程度地影响着金融市场的稳定。银行违规行为本质就是内控制度执行不到位的问题。因此，可以借鉴美国监管机构对内控制度的监管方式，密切关注银行内部控制情况，将原则性监管融入银行内控制度中，以提升银行风控水平为目标，将银行内控制度的建立与执行情况作为外汇监管的重点，此举有利于原则性管理规则在银行层面得到有效落实。

5. 引入和解制度，提高监管效率

从上述案例可以看出，国外善于利用低成本、高效率的和解制度来替代烦琐的调查取证过程，体现了其监管的实质正义理念。当前，我国外汇管理面临越来越多的挑战，违规手法呈现异地化、国际化等特点，致使外汇局在开展调查、检查和取证工作方面都面临客观困难。因此，可以适度引入和解制度的成本效率最大化的理念，在外汇监管和处罚工作中对影响大、取证难等性质的案件做到低成本、高效率处理，进一步提高监管效率。

6. 改革监管模式，深化境内外监管合作

国际金融市场越来越重视金融风险与金融监管，各国在追求金融创新、变革与发展的同时也在防范金融风险，国际金融市场一体化程度越来越高意味着监管部门需要与其海外机构通力合作，共同监管。目前，外汇局对境内资金在境外运作的相关信息掌握和监管仍较缺乏，而异常资金借道境外投资、海外并购流出等游走于监管盲区的违规行为愈演愈烈，我国亟须加强与境外的信息互通与合作监管。因此，可以借鉴泛欧金融监管体制，打破国界约束，持续深化亚洲间地区金融合作，推进与重点国家间的信息共享与金融合作协调监管，从而做到早发现、早预警、早查处，持续提高监管效率，扩大监管成果。

**【案例分析二】**

### 新加坡外汇交易的严监管

新加坡外汇监管有多严？其日均外汇交易量达5170亿美元，却只有30家持牌经纪商。

新加坡金融监管局(MAS)对金融机构的准入、资本要求、披露要求、风险监控、资金流动都有着严苛的立法监管，时刻保障着全球资本市场的稳健高速运转。

新加坡是在 20 世纪 70 年代初亚洲美元市场形成后，才成为国际外汇市场的。由于其占据着得天独厚的地理位置，地处欧、亚、非三洲交通要道，时区优越，上午可与中国香港、东京、悉尼进行交易，下午可与伦敦、苏黎世、法兰克福等欧洲市场进行交易，中午还可同中东的麦纳麦交易，晚上可与纽约进行交易。根据交易需要，其全天 24 小时都可以不间断地参与全球外汇买卖。

此外，新加坡外汇市场除保持现代化通信网络外，还直接同纽约的 CHIPS 系统和欧洲 SWIF 系统连接，货币结算十分方便，从而吸引了大量跨国公司，被它们视为一个区域性的经济中心。

新加坡国家领土面积很小，人口很少，但是新加坡在亚洲甚至是全球范围内都有着强大的影响力。Global Financial Center Index(GFCI) 2018 年 3 月的报告显示，亚洲四小龙之一的新加坡，成了继美国纽约、英国伦敦和中国香港之后的第四大国际金融中心。

随着亚洲国家经济发展及金融市场开放，亚洲货币在全球外汇市场中占据的分量逐步提高，而新加坡依托强大的软实力、完善的基础设施及天然的地理位置，一举成为全球名列前茅的金融重地。

据国际清算银行(BIS) 2016 年三年一度的央行调查，新加坡外汇市场 2016 年 4 月的日均交易量为 5170 亿美元，比 2013 年增长 35%。这一日均交易量高于中国香港和日本东京，仅次于英国伦敦的日均交易量 2.4 万亿美元和美国纽约的日均交易量 1.3 万亿美元。新加坡名副其实地成了伦敦、纽约之后的全球第三大外汇交易中心。

新加坡之所以能够成为全球第三大外汇交易中心，与其强大的软实力分不开。健全的法律体系、稳定的政治以及较高的生活水准，使新加坡成为东南亚地区最重要的金融交易中心。

此外，汇商传媒从新加坡外汇市场委员会(SFEMC)的一次调查中获悉，截至 2018 年 4 月，新加坡市场上的现货交易、外汇远期及外汇掉期的总交易量为 8.7 万亿美元，日均交易量为 4149.8 亿美元；货币互换及外汇期权总交易量为 2.27 万亿美元，日均交易量为 1080 亿美元。相比 2017 年 10 月的调查结果，相关数据都大幅提升。

世界上每个国家都有自己的监管框架和监督金融市场的机构。作为一个国际化的外汇交易市场，新加坡外汇市场的参与者主要是经营外汇业务的本国银行、经批准可经营外汇业务的外国银行和外汇经纪商。

在新加坡，监管外汇市场的机构是新加坡金融监管局(Monetary Authority of Singapore, MAS)，它也是新加坡的中央银行，负责监管和颁发牌照。任何想要在该国提供金融服务的经纪人都必须获得 MAS 许可。

新加坡证券期货法(Securities and Futures Act)覆盖了金融市场参与者，包括杠杆式外汇交易经纪商，新加坡外汇经纪商所持有的牌照被称为"资本市场服务牌照"(Capital Markets Services Licensee, CMS)，外汇经纪商只有获得该牌照才被允许进行外汇杠杆保证金业务。

申请 CMS 牌照的条件极其严格，至少要符合以下要求：

(1)CMS 许可证只授予公司(以下均称为申请人)。

(2)申请人是信誉良好的实体，至少在过去的 5 年里，其在新加坡或相关领域开展的活动有良好的记录。

（3）申请人及其持股公司或者相关公司，在适当情况下在其本国拥有很好的排名。

（4）申请人满足新加坡金融管理局的要求，将高效、诚实和公平地履行其职责。

（5）申请人必须在新加坡设立和运作实体办公室。

（6）申请人主要从事的业务须是 SFA 规定的活动之一。

（7）申请开展证券交易或期货合约交易受监管活动的申请人，最低集团股东资金分别为 2 亿新元和 1 亿新元。

（8）申请执行信用评级服务的受监管活动的申请人必须提供其如何遵守信用评级机构的行为守则的说明。MAS 也将强制要求申请人始终遵守该准则。

（9）申请开展杠杆式交易的受监管活动申请人需要缴纳 1000 万新元（约 5000 万人民币）保证金。

如此严苛谨慎的审核标准，足以凸显新加坡 CMS 牌照的含金量和获牌机构的实力。

截至 2018 年 9 月，新加坡金融管理局（MAS）公布的获得 CMS 外汇交易牌照的外汇经纪商屈指可数，投资者熟知的 SAXO BANK、CMC Markets、Oanda、Plus 500 等位列其中。

我们可以看到，MAS 官网上公布的拥有 Spot Foreign Exchange Contracts for the Purposes of Leveraged Foreign Exchange Trading（针对杠杆式外汇交易的即期外汇合约）牌照的金融机构目前仅有 30 家。比如 Saxo Capital 是 2006 年进入新加坡的，CMC Market 是 2007 年、Oanda 是 2008 年进驻新加坡的。这些老牌经纪商贡献了一个有序而稳定的交易环境，客户满意度相当高。

此外，在长亚集团获批 CMS 牌照前，获批此类牌照的机构有世界知名的投资银行——高盛集团（Goldman Sachs），全球领先的国际性金融服务公司——摩根士丹利（Morgan Stanley），美国规模最大的上市投资管理公司——贝莱德集团（Black Rock Inc.）。

2017"全球清廉指数"公布，新加坡再次被列为亚洲最清廉国家。我们有理由相信这样一个以法治为导向的国家，必然有着强而有力的监管机制和有令必行的监管魄力。

# 第五章　外汇基本分析

外汇汇率变动通常不仅受到本国国内经济情况、货币供给、相关政策等因素影响，同时还受到其他国家国内因素的影响。本章节着重讲解外汇汇率的决定因素，并探寻哪些因素会导致汇率水平发生变化及是否可以提前预测汇率变化。

## 第一节　汇率与货币供求

在这一小节中，汇率变动将会考虑一种分析模型。在这一框架下，假设不对外汇交易设置障碍或进行控制，此外，假设政府不会为了操纵货币价值而买卖货币。在这些假设下，市场的供求力量决定了货币价值。

### 一、货币需求

货币的基本功能是促进交易。因此，对货币的需求是派生需求。换言之，我们从用货币购买商品、服务和资产的需求中派生出对货币的需求。以法国和美国为例，美国对欧元的需求来自美国居民对法国的商品与服务和欧元标价资产的需求。如果美国消费者对法国商品的需求增加，那么对购买法国商品所需的欧元的需求也会间接增加。美国消费者为欧元支付的价格为现行的美元/欧元汇率。

#### (一)图解需求关系：需求曲线

图 5-1 说明了这种需求关系。美元对于欧元贬值就是美元/欧元汇率的上升，因为购买 1 欧元需要花费比之前更多单位的美元。向下倾斜的需求曲线表明美元相对于欧元贬值，法国商品对于美国消费者变得相对更贵。因此，美国消费者希望购买的法国商品减少，由于交易量下降，他们需要的欧元也减少了。因此，货币价格和需求数量之间存在负向关系。我们可以得出结论，汇率变化导致美元沿着欧元需求曲线向上运动，即从需求曲线上点 $A$ 移动到点 $B$。这是欧元需求数量的变化。

#### (二)相关说明

图 5-1 的需求曲线说明了需求与汇率的关系。汇率从 $S_A$ 上升到 $S_B$ 表明美元相对于欧元贬值。这将使法国商品与服务对美国消费者而言变得更加昂贵。因此，美国消费者将减少他们需求的欧元数量，并减少购买法国商品与服务。

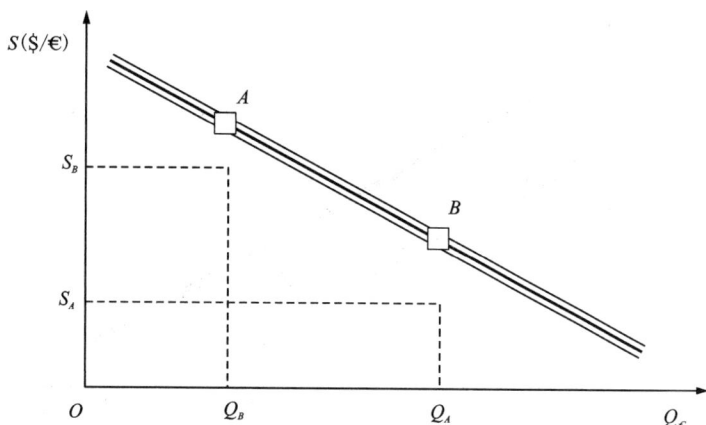

图 5-1　美元对欧元的需求曲线

### （三）案例分析：美元币值变化导致大学调整留学生项目招生人数

21 世纪初，美国各地的高校扩充了留学项目名单，通过这些计划，这些学校向学生提供了在其他国家学习计学分课程——通常只需要缴纳普通学费——的机会。校方将多数留学项目的目的地定位于欧洲国家，这些国家长期以来是美国学生青睐的留学地。

然后，从 2006 年初开始，美元币值开始下跌。仅仅两年内，美元相对于欧元、英镑和其他欧洲货币的价值就损失超过了 20%。相应地，美国学校在欧洲开展留学项目的美元成本也增加了。当美元在 2006—2010 年继续贬值时，许多美国高校开始缩减欧洲留学项目接受的学生人数。

2010 年以后，美元相对于欧元的价值开始上升。美国高校在欧洲国家开展留学项目的成本开始回落到早期的水平，这些高校又开始将招生人数提高至之前的水平。

### （四）需求变化

假设在给定汇率的条件下，美国消费者对法国商品与服务或欧元计价资产的需求随着汇率增加而减少，并且如上所述，给定汇率下的欧元需求数量减少了。

图 5-2 说明了需求曲线平移导致的需求变化。需求曲线的右移说明美国对欧元的需求增加，需求曲线的左移说明美国对欧元的需求减少。

实践中，由于对货币的需求是派生需求，因此货币需求变化的各种因素就是导致该国商品、服务和资产的国外需求变化的因素。

美国消费者对法国商品与服务和欧元计价资产的需求下降导致欧元需求下降。需求下降在图 5-2 中表示为需求曲线从 $D_e$ 左移至 $D'_e$。

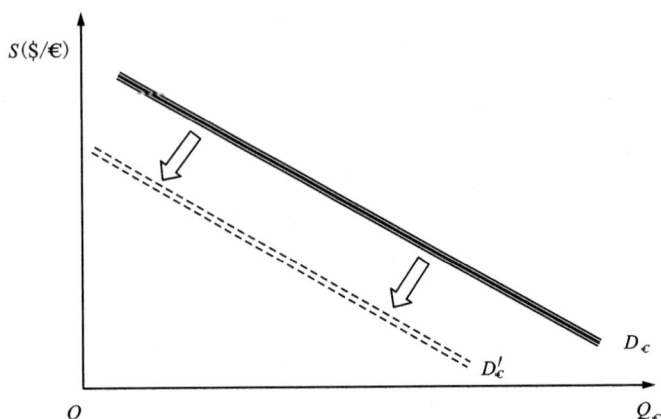

图 5-2　欧元需求曲线的移动

## 二、货币供给

为了理解货币供给，以一位法国消费者的美元需求为例，它派生自这位法国消费者对美国商品、服务和资产的需求。当这位法国消费者为了购买更多美国商品而买入美元时，他将欧元兑换成美元。同时，外汇市场上的欧元供给增加。因此，这位法国人的美元需求也代表了欧元供给。

### (一) 图解供给关系：供给曲线

图 5-3、5-4 描绘了法国人的美元需求和欧元供给之间的关系。图 5-3 和图 5-4 的主要区别是坐标轴的标签。图 5-4 的纵轴是欧元/美元汇率的倒数，即美元/欧元汇率。在图 5-4 的横轴上，欧元数量取代了美元数量。

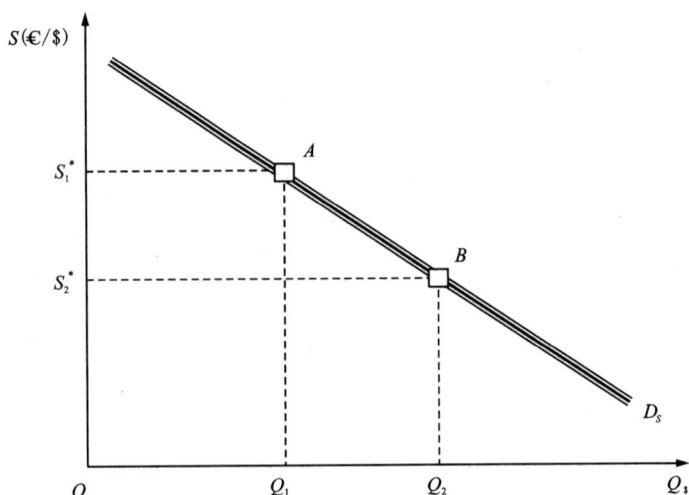

图 5-3　欧元供给曲线

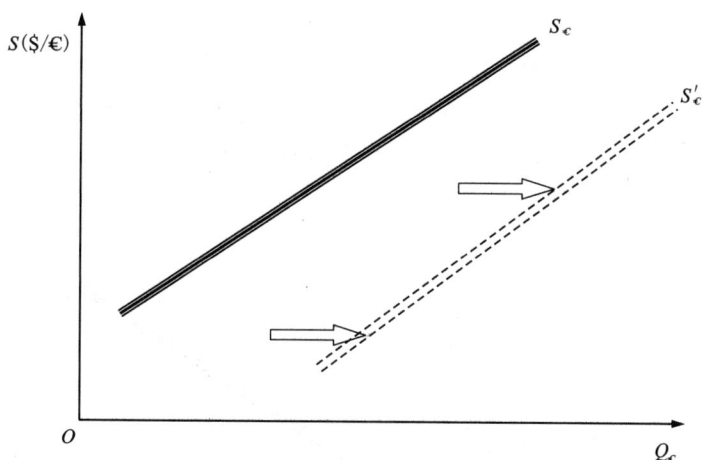

图 5-4 欧元供给曲线的移动

### (二)相关说明

图 5-3 表示美元需求。该图中的汇率为欧元/美元汇率。欧元/美元汇率的降低导致美元需求数量增加。由于用于购买欧元的美元增加了，外汇市场上的欧元供给数量也增加了。图 5-4 说明了汇率和欧元供给数量的关系。图 5-4 的汇率为美元等值汇率，该汇率的上升等于欧元/美元汇率的下降，欧元供给数量增加。供给曲线表示汇率与供给数量之间的正向关系。

观察图 5-3，当欧元升值时，美国商品对于法国消费者而言变得相对便宜。因此，法国消费者希望购买更多美国商品。此时，他们必须购买更多美元。换言之，美元需求数量增加，图形表示为从点 A 到点 B 的运动。

图 5-4 显示了这种关系的另一种表示方式。当欧元升值时，欧元/美元汇率上升。当法国消费者购买更多美元时，他们将欧元兑换成美元，因此欧元供给数量增加。欧元/美元汇率与欧元供给之间存在正向关系，这可以由图 5-4 中倾斜的曲线表示。沿着供给曲线的移动表示欧元供给数量的变化。这种关系取决于供给弹性。

### (三)供给变化

如果在给定汇率下，法国消费者对美国商品的需求增加，那么其对美元的需求也会增加。当法国消费者购买美元以方便进行多次交易时，他们会将欧元兑换成美元，这会增加给定汇率下外汇市场的欧元供给数量。这是欧元供给的变化，在图 5-4 中表现为供给曲线的右移。导致货币供给变化的各种因素就是导致一国对外国商品、服务和资产的需求变化的因素。我们将在后面的小节中详细阐述这些因素。

法国消费者的美元需求增加导致欧元供给增加。欧元供给的增加表示为供给曲线的右移。

1. 均衡汇率

供求力量决定了货币的均衡汇率，即市场出清汇率。均衡汇率是令货币需求数量等于供给数量的汇率。在均衡汇率上，市场出清，意味着需求数量恰好等于供给数量。

（1）图解市场均衡。

图 5-5 将需求曲线和供给曲线合并在同一张图中，并画出了外汇市场的均衡点 $E$，在该点上均衡汇率为 $S_e$，均衡数量为 $Q_e$。在汇率 $S_b$ 上，市场上存在超额欧元供给。该汇率上的货币供给数量 $Q_2$ 高于货币需求数量 $Q_1$。由于存在超额货币供给，$S_b$ 为不均衡汇率。因此，欧元将贬值至无超额供给的点上，即点 $E$。

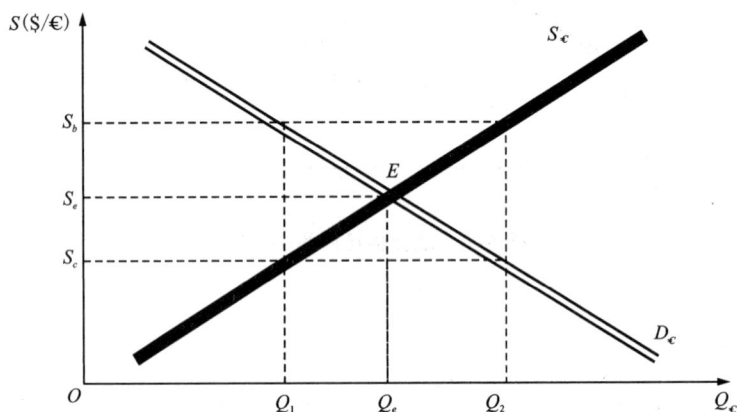

图 5-5　市场均衡

（2）相关说明。

在汇率 $S_b$ 上，欧元供给数量大于欧元需求数量，因此汇率有下降压力。在汇率 $S_c$ 上，欧元需求数量大于欧元供给数量，因此汇率有上升压力。在汇率 $S_e$ 上，欧元市场处于均衡，需求数量等于供给数量。

与此类似但情况相反的是，在 $S_c$ 上，存在超额欧元需求，因为该汇率上的欧元需求数量 $Q_2$ 高于欧元供给数量 $Q_1$。因此，欧元升值，直至没有超额需求，满足这一条件的也是点 $E$。该调整过程将持续到市场出清，即供给数量等于需求数量的均衡点。市场在这一点上出清，直至某种力量导致其中一条曲线或两条曲线发生移动。

图 5-6 显示了点 $E$ 上的市场均衡，均衡汇率用 $S_e$ 表示，均衡数量用 $Q_e$ 表示。现在我们来考虑：如果美国消费者对法国商品的需求增加，将发生什么情况？与前面的分析一致，美国消费者对欧元需求相应增加。这导致图 5-6 中的需求曲线右移。在初始均衡汇率 $Q_e$ 上，存在着超额欧元需求，因为在该汇率上的需求数量为 $Q'_d$，而供给数量仍为 $Q_e$。这对欧元的美元价格施加了上升压力。欧元相对于美元升值令美国商品对于法国消费者而言变得更便宜。因此，法国消费者购买更多美国商品，将欧元兑换为美元。这增加了欧元供给数量，导致欧元需求沿着供给曲线从点 $E$ 向上移动至点 $E'$。

最初，欧元市场在点 $E$ 上取得均衡。美国消费者对法国商品的需求增加导致欧元需求增加。欧元需求增加便是需求曲线右移。在初始均衡汇率 $S_e$ 上，新的需求数量超过供给数量，差额为 $Q_e$ 和 $Q'_d$ 的距离。欧元升值至 $S'$，此时市场出清。

美元相对于欧元贬值也让法国商品对于美国消费者而言变得相对更贵。美国消费者由于这种汇率变动而减少购买法国商品。结果，欧元需求数量下降，表示为沿着需求曲线从点 $F$

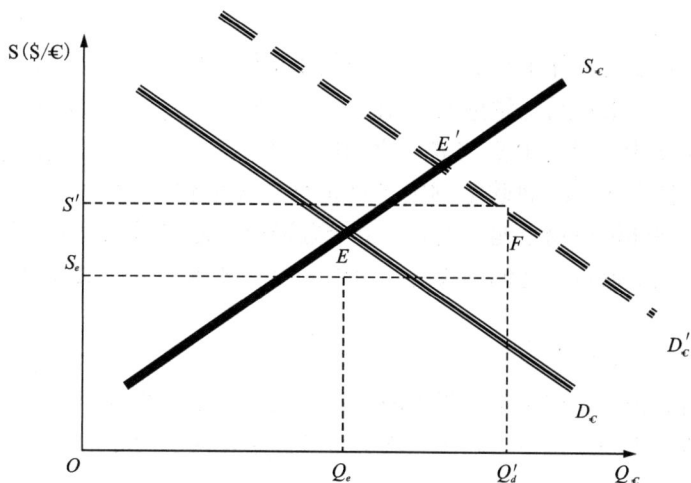

图 5-6　欧元需求变化

升至点 $E'$。该市场调整过程将持续，直至需求数量等于供给数量，市场出清。新均衡出现在 $E'$ 和即期汇率 $S'$ 上，表示欧元相对于美元升值。

2. 外汇市场干预

如上所述，我们讨论汇率的变动，均假设一国的货币价值仅由供求力量决定。也就是说，汇率被认为是有弹性的。但是，在一些国家，其政府更愿意将其货币价值盯住另一种货币，这种汇率制我们又称其为固定汇率制。我们可使用供求框架帮助理解这些国家如何固定其货币价值。

以图 5-7 中描绘的欧元升值为例。假设欧洲政策制定者希望欧元价值相对美元稳定保持在 $S_e$ 上而不是升至 $S'$。假设需求从 $D_e$ 升至 $D'_e$，在汇率 $S_e$ 上，欧元需求数量 $Q'_d$ 超过欧元供给数量 $Q_e$。需求数量与供给数量之差（在图中是点 $F$ 与点 $E$ 之间的距离）导致欧元相对于美元升值。

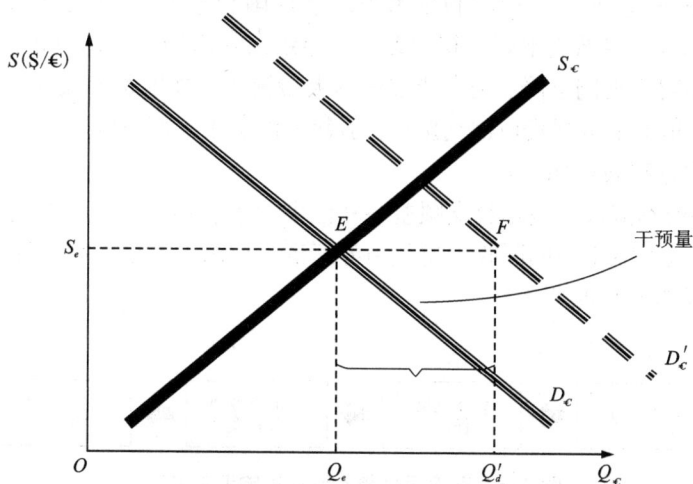

图 5-7　外汇市场干预

（1）相关说明。

欧元需求增加对欧元施加了相对于美元升值的压力。为了维持欧元汇率，欧洲政府买入美元计价金融工具，使用欧元支付价款，因而增加了外汇市场上的欧元供给数量。用欧元表示的干预量在图 5-7 中表示为 $F$ 点与 $E$ 点之间的距离。

为了将汇率维持在 $S_e$，欧洲政策制定者必须增加欧元供给数量，使之与需求数量相匹配。他们的做法是在外汇市场上购买美元计价金融资产。他们用欧元支付价款，因而增加了外汇市场上的欧元供给数量。他们购买的欧元数量也在图 5-7 中表示为点 $F$ 和点 $E$ 之间的距离。

（2）汇率的决定与预测。

货币供求之间的相互作用决定了货币的市场价值。如果汇率可以自由变动，那么货币价值将通过市场出清过程调整至市场均衡。均衡市场汇率是为了消除市场上任何超额货币需求或超额货币供给汇率。

## 三、利率差异

利率水平是影响汇率走势的短期因素。利率作为货币资本的一种"特殊价格"，是借贷资本的成本或利润。在开放经济和市场经济条件下，在国际资本流动规模巨大、大大超过国际贸易额的当今世界，利率变化与汇率变化息息相关。二战后，在世界资金市场上，大量的国际性游资专门在国际上追逐高收益率，导致在短期内资本大量地从一国流向另一国，从一种货币转移到另一种货币，从而影响汇率的变动。国际投资者在投资选择时考虑的重要因素是实际汇率。实际利率是名义利率减去预测的通货膨胀率的差额。

假定日本的利率和预计的通货膨胀率相同，实际利率为零，而美国实际利率为 25%。在这种情况下，国际投资者会通过借入利率较低的日元并买进美元来进行投资，这样一来，实际利率较高的美元的需求量增加，美元对日元的汇率会上升。假如预测通货膨胀率与预测的将来汇率变动率相等，那么可以说实际利率是名义利率高于因预期的汇率波动造成的损失而能够赚取的纯收益率[①]。如果一国的利率水平高于他国利率水平，则会刺激外国资本流入，使本国资金流出减少，本国资本账户得以改善，导致国际市场上本国货币升值；反之，如果一国的利率水平相对于他国下降，则会造成资本大量流出，外国资本流入减少，资本账户收支恶化，同时国际市场上本国货币遭到抛售，引起本国货币汇率下跌。

其具体的作用过程表现如下：

（1）利率高→资本流入→国际收支顺差→外汇供大于求→外汇汇率下跌、本币升值。

（2）利率低→资本流出→国际收支逆差→外汇供不应求→外汇汇率上涨、本币贬值。

这一作用过程如图 5-8 所示。

| 利率变动 | ➡ | 资本国际流动 | ➡ | 外汇市场供求关系变化 | ➡ | 引起汇率变动 |

图 5-8　利率通过资本流动影响汇率变动

---

① 主要表现在利率的差异会引起短期资本在国际上的移动，从而影响国际收支资本账户的变化及外汇供求关系的调整。

利率在一定条件下对汇率的影响主要体现在两个方面：

一方面，利率通过影响经常项目对汇率产生影响。当利率上升时，国家整体信用紧缩，贷款减少，投资和消费减少，物价下降，在一定程度上抑制进口，促进出口，减少外汇需求，增加外汇供给，促使外汇汇率下降；而当利率下降时，国家整体信用扩张，货币供应量增加，刺激投资和消费，促使物价上涨，不利于出口，有利于进口，这种情况会加大对外汇的需求，促使外汇汇率上升。

另一方面，利率通过影响国际资本流动间接地对汇率产生影响。当一国利率上升时，就会吸引国际资本流入，从而增加对本币的需求和对外汇的供给，使外汇汇率下降；而且，一国利率的提高，会促进国际资本流入增加、流出减少，使国际收支逆差减少，能支持本币汇率升高。相反，当利率下降时，可能导致国际资本流出，增加对外汇的需求，减少国际收支顺差，促使外汇汇率上升。截至 2014 年 7 月，我国一年期存款基准利率为 3.25%，而美国联邦基金利率一直维持在 0%~0.25% 的超低区间，与我国的利差为 3% 左右。相比世界上其他低利率甚至是零利率的国家，我国的高利率自然吸引了国际上的短期资本投资，导致外汇市场上外汇相对过剩，人民币相对稀缺，从而使人民币逐步升值。

其具体作用过程表现如下：

(1) 利率高→伴随国内货币供给减少和信用紧缩→物价下跌→有利于出口，不利于进口→国际收支顺差→本币升值。

(2) 利率低→伴随国内货币供给增加和信用扩张→物价上涨→不利于出口，有利于进口→国际收支逆差→本币贬值。

这一作用过程如图 5-9 所示。

**图 5-9 利率通过进出口影响汇率变动**

利率对汇率的另一个重要作用是会引起远期汇率的变化，外汇市场远期汇率升、贴水的主要原因就在于货币之间的利率差异。投资者为了获得较高的收益，会把资金从利率较低的国家转向利率较高的国家。如果没有政策性干预，那么预测的通货膨胀率与名义利率趋向相同，实际利率与国际上的实际利差也应该趋于零。这时，预测的两国通货膨胀率之差可以预测两国的将来的即期汇率的变动率，而且，远期汇率与即期汇率之间的差距与两国之间的名义利差趋向相等。这样，高利率货币会引起市场上对该货币的需求，因为人们想获得一定期限的高利息收入，但为了防止将来到期时该种货币汇率下跌带来的风险和损失，人们在购进这种货币现汇时往往会采取掉期外汇交易。同样的道理，低利率的货币则有远期升水。远期与即期汇率的差价等于两国利率之差。

已知两国的预测通货膨胀率之差 $(A)$、两国之间的名义利差 $(B)$、两国之间的即期汇率与远期汇率之差 $(C)$ 以及两国之间将来的即期汇率从现在开始的变动率 $(D)$，倘若 $A=B$（即实际利差为零）、$B=C$，那么结果是 $C=D$，也就是说即期汇率与远期汇率之间的幅度与将来的即期汇率变动率相等，这就是将来的即期汇率与市场的远期汇率相一致的原因。因此，假若对高利率国家[①]的货币对低利率国家[②]的货币的远期汇率看软的话，那么对将来的即期汇率的预测也会看软。当然，由于非经济性因素的影响，远期汇率与所预测的将来即期汇率存在着不一致，对现在的即期汇率表现出互反的方向。

## 四、利率平价

利率平价理论(interest rate parity)的基本思想可以追溯到 19 世纪下半叶，它由凯恩斯于 1923 年在其《论货币改革》一书中首先提出，后来又经一些西方经济学家逐步发展而成。与购买力平价相比，利率平价是一种短期的分析理论。从短期来看，货币供给通过改变利率来改变汇率；从长期来看，货币供给会导致价格的变化，并影响汇率。

利率平价理论分为两种：非抵补利率平价(uncovered interest rate parity，UIP)和抵补利率平价(covered interest rate parity，CIP)。

### (一)非抵补利率平价

与购买力平价关系的机制类似，利率平价关系的机制也是一价定律。因此，利率平价关系也是产生于寻求收益的套利活动。为了清楚地描述这一过程，我们分析一个案例。假设本国的利率水平为 $i$，外国的为 $i_f$，即期汇率为 $S$（直接标价法）。

若投资者手中持有一笔可自由支配的资金，打算进行为期一年的储蓄投资。假设资金在国际移动不存在任何限制与交易成本。如果投资于本国的金融市场，则 1 单位本国货币到期可增值为 $1+i$。

如果投资于外国资金市场，那么需分三步实施投资计划：第一步，将本币在即期汇率市场上换成外币，1 单位本币在即期外汇市场上可兑换为 $1/S$ 单位外币；第二步，将这 $1/S$ 单位的外币存入外国银行，存期一年，到期收益为 $1/S×(1+i_f)$；第三步，存款到期后，将外汇存款本金和利息在外汇市场上兑换成本币。假定此时的汇率为 $S_e$，则这笔外币可兑换成的本币为 $(1+i_f)×S_e/S$。由于一年后的即期汇率是不确定的，这两种投资方式的最终收益难以确定，而且要取决于投资者对期末汇率的预期。如果 $1+i>(1+i_f)×S_e/S$，则投资于本国金融市场；如果 $1+i<(1+i_f)×S_e/S$，则投资于外国金融市场。

众多投资者面临同样的选择，导致外汇市场上资金的流动。在前一种情况下，资金从外国流向本国，外国市场上因外国货币售卖增加而使 $S$ 下降，同时人们预期未来用高利率的本国货币换回低利率的外国货币的行为将增加，从而使 $S_e$ 上升，汇率的变动将最终导致两种投资的收益相同；在后一种情况下，资金从本国流向外国，外汇市场上 $S$ 上升，同时 $S_e$ 下降，直至使不等式变为等式。外汇市场均衡时，将满足：

$$1+i=(1+i_f)×S_e/S \qquad (1-1)$$

$$\frac{S_e}{S}1+\frac{S_e-S}{S}=1+\Delta S_e \qquad (1-2)$$

---

[①] 高通货膨胀国家。

[②] 低通货膨胀国家。

将式(1-1)带入式(1-2)可得到:

$$1+i=(1+i_f)(1+\Delta S_e) \tag{1-3}$$

由式(1-3)可以导出:

$$i=i_f+\Delta S_e+i_f\Delta S_e \approx i_f+\Delta S_e \tag{1-4}$$

或

$$i-i_f=\Delta S_e \tag{1-5}$$

这就是非抵补利率平价条件。式中,$i$、$i_f$分别表示本国与外国利率;$\Delta S_e$表示本币预期贬值率。它的经济含义是,预期的汇率变动率等于两国利率之差。当非抵补利率平价成立时,如果本国利率高于外国利率,则意味着市场预期本币在将来会贬值,即期将升值。

值得指出的是,投资者将面临投资期内预期汇率变动造成的风险敞口,因此随着远期外汇市场的发展,根据对汇率的预期进行非抵补套利活动已经越来越少,更多的是抵补套利。

### (二)抵补套利和抵补利率平价

#### 1. 抵补套利

抵补套利(covered interest arbitrage)指厌恶风险的投资者将套利与掉期结合起来的投资行为。掉期(swap)是将买入(卖出)即期外汇和卖出(买入)远期外汇同时进行的外汇交易,它可避免未来即期汇率的不确定性给投资者带来的外汇风险。远期合约所规定的远期汇率是确定的,投资者可据此事先明确其投资收益。投资者进行抵补套利的条件是能够获得抵补利息差额(covered interest differential),即投资收益将来值与其机会成本之差,表现如下:

$$CD=\frac{(1+i^*)F_e}{e}-(1+i)>0 \tag{1-6}$$

式(1-6)中,$CD$表示抵补利息差额;$F_e$为远期汇率;$1+i$为1元本币在国内投资的收益,也是其对外投资的机会成本。为理解该式,假设投资者打算用1元本币进行为期1年的抵补套利。在即期外汇市场上,1元本币可换取$1/e$的外币,该外币1年投资所获本金和利率为$(1+i)/e$。在远期外汇市场上,投资者按远期汇率将其出售,得到的1元本币对外投资的将来值为$(1+i^*)F_e/e$。鉴于抵补套利消除了外汇风险,只要$CD>0$,投资者便会对外投资。

将式(1-6)展开可以得到:

$$CD=\frac{F_e}{e}-1-i+\frac{i^*F_e}{e}+\left(\frac{ei^*}{e}-\frac{ei^*}{e}\right)=\frac{F_e-e}{e}-(1-i^*)+\frac{(F_e-e)i^*}{e}>0 \tag{1-7}$$

在式(1-7)中,右端最后一项数字很小,人们通常将其忽略。因此,投资者对外投资的条件可简化为:

$$(F_e-e)/e>i-i^* \tag{1-8}$$

式(1-8)左端表示外汇升水率。该式表明若升水率大于利率差,人们将对外投资。

同理,若$CD<0$,则会出现资本流入。

#### 2. 抵补利率平价

上述推理说明,只要存在抵补利息差额,就会出现跨国资本流动。但是,资本流动本身会导致抵补利率平价(CIP),如图5-10所示。

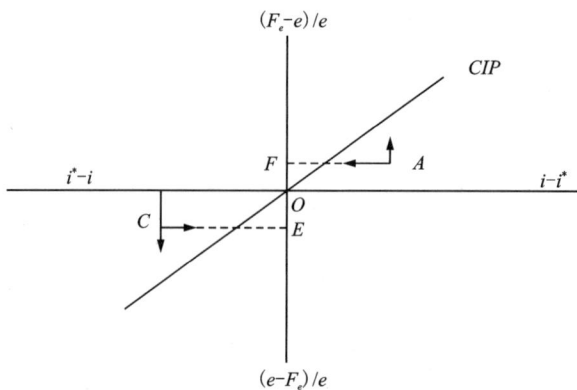

**图 5-10　资本流动与抵补利率平价**

在图 5-10 中，CIP 表示抵补利率平价线，它是一条向右上方倾斜的 45°直线，线上任何一点都能使抵补利率平价成立。

抵补利率平价可表示为：

$$(F_e-e)/e=i-i^* \tag{1-9}$$

该式表明升水率等于利率差。它说明在厌恶风险的前提下资本停止跨国流动的条件。因为抵补利率平价成立意味着抵补利息差额为 0，投资者完全丧失了跨国投资的动力。

为说明资本跨国流动会导致抵补利率平价成立，设经济处于 CIP 线右方任一点 A。此时，升水率 FO 小于利率差 FA，资本将会流入。投资者将资本转入本国，外国利率将会上升，本国利率将会下降，从而利率差将会变小，由 A 点向左箭头所示；同时，投资者要卖出即期外汇并买入远期外汇，引起即期汇率下降且远期汇率上升，从而升水率变大，由 A 点向上箭头所示。A 点的两个箭头表示资本流动将使它移到抵补利率平价线上，即资本流动会使抵补利率平价成立。

如果经济处于 CIP 线左方，如 C 点，贴水率 EO 小于利率差 DO（此时是外国利率高于本国利率）。在这种情况下，资本将会流出。这首先会使本国利率上升和外国利率下降，由 C 点向右箭头所示；同时，投资者购买即期外汇使即期汇率上升，卖出远期外汇使远期汇率下降，由 C 点向下箭头所示。资本流动同样使 C 点移向 CIP 线。

上述分析也表明，在资本流动的作用下，高利率国家货币的远期汇率低于即期汇率，低利率国家货币的远期汇率高于即期汇率。

## 五、汇率的决定与预测

货币供求之间的相互作用决定了货币的市场价值。如果汇率可以自由变动，那么货币价值将通过市场出清过程调整至市场均衡。均衡市场汇率是为了消除市场上任何超额货币需求或超额货币供给汇率。

各国政府根据本国经济发展情况采取的货币政策，直接关系到货币的强弱。货币政策在执行上也可以分为扩张和紧缩两种情况，紧缩的货币政策是指中央银行通过提高再贴现利率、提高商业银行在中央银行的存款准备金和在市场卖出政府债券等行为减少市场货币的总供给。反之，中央银行降低再贴现利率，商业银行和其他金融机构的利率也会随之降低。存款准备金率的高低，决定了商业银行可利用放贷的资金规模的大小，因而决定着一国信用规模和流通中的货币量，会影响社会总需求、国际收支乃至汇率。在公开市场买卖政府债券的作用与存款准备金政策相似，但效果会更加直接。中央银行买入债券，流通中的货币供应量增加，会引起社会总需求扩张、物价下跌和本国货币汇率的下跌；卖出债券的效果则与之相反。

总之，货币政策的主要形式是改变经济体系中的货币供给量。当货币供给量变化时，利率也随之变化。如果中央银行采取扩张性货币政策，会导致货币供给量增加，造成货币贬值；反之，如果中央银行采取紧缩性货币政策，使货币供给量减少，会导致汇率上升。

# 第二节　购买力平价和实际汇率

我们经常听到某种货币被"低估"或"高估"，这是什么意思呢？如果当前市场决定的货币汇率与正式或非正式经济模型隐含的货币汇率不一致，那么这种货币就被视为高估或低估。被高估的货币(overvalued currency)是当前市场价值高于理论或模型预测价值的货币，这种货币可能会经历市场调整而贬值；被低估的货币(undervalued currency)是当前货币市场价值低于理论或模型预测价值的货币，这种货币可能会经历市场调整而升值。

首先，购买力平价提供了一个预测未来汇率的基准，这一基准通常用于预测以不同币种计价的未来现金流量，特别是当这些国家的通货膨胀率(inflation rate)不同时。因此，在公司决策过程中购买力平价扮演了一个重要的角色。此外，在其他国际资本预算问题中也要运用国际购买力平价。其次，理解购买力平价理论也非常重要，因为背离购买力平价会严重影响公司的盈利。例如，在进行国际上商品的定价，为国际经营中持续产生的现金流进行套期保值，还有预测国外子公司的表现时，都需要从购买力平价方面进行偏差分析。最后，购买力平价在估计不同国家的生活成本方面很有用。

## 一、物价水平、物价指数和货币购买力[1]

首先，经济学家计算一个国家一篮子商品的货币价值或者名义价格(nominal price)，我们将它称作国家一篮子消费价格，它代表一个国家的物价水平(price level)。具体地说，物价水平是整个经济体中商品和服务名义价格的加权平均。商品和服务的权重通常代表在一篮子里商品和服务占的百分比。也就是说，如果鞋在一个典型消费者的预算中占有1%，鞋的价格就在构建所有价格的加权平均中获得1%的权重。当一个经济体的物价水平上升时，通货膨胀随之发生；相反地，当物价水平下降时，通货紧缩也随之发生。

其次，经济学家指出，一个国家货币的购买力就是在这个国家给定的物价水平下一单位货币实际能买到的东西。为了计算这个，可以取物价水平的倒数，物价水平的倒数意味着货币的购买力。购买力衡量的就是一个单位货币购买的商品或服务。应该说，一国的货币购买力既是该国货币价值的重要体现，也是该国社会经济发展稳定情况的重要反映。

---

[1]　经济学家通常用一篮子消费价格来评估一个国家货币的购买力。

## 二、利率与汇率

2011 年 1 月，巴西以实际利率标价的国库券的利率超过11%，与此同时，美国国库券利率低于其 20 个基点(basis point)。为什么尽管美国的投资者可以购买巴西的国库券，但仍愿意接受美国国内这么低的收益率呢？首先，美国的投资者购买巴西的证券会面临外汇交易风险。巴西雷亚尔[①]要是走弱的话，将会抵消利得。巴西国库券相对于美国国库券的相对收益率取决于以下四个因素：巴西利率、即期汇率、远期汇率和美国利率。规避风险后，美元投资巴西国库券的收益将可能变低很多。

利率平价描述的是即期汇率、远期汇率以及两种货币的名义利率之间的关系。这一关系被称为抵补利率平价(covered interest rate parity)。本小节中的利率平价是指外汇市场的远期升水或贴水会抵消利率之间的差异，因此，由借入低利率的货币、借出高利率的货币而产生的套利机会可能被消除，并且规避了外汇风险。

自由借入和贷出不同货币的机会，使得公司可以通过货币市场规避外汇风险。同时，利率平价可以推测长期远期汇率，帮助预测未来多年的汇率，帮助公司进行国外项目估值。

## 三、国际收支与汇率

### (一)进出口与外汇需求

国际收支与汇率决定的传统方法假定资本流动只是经常账户交易的融资方式。因此，外汇需求与外汇供给量只取决于商品与服务的国际贸易。我们都知道，国际收支平衡表是一个恒等式，在这个恒等式中，经常账户和资本账户的总和应当为 0。因此，经常账户赤字或盈余的价值分别等于资本账户赤字或者盈余的价值。实际汇率和其他变量共同调整，可确保国际收支平衡表达到平衡。因此，对于国际收支平衡表账户的经济冲击会影响实际汇率。

当一国居民进口商品与服务时，该国居民需要使用外币付款。因此，外汇市场上的货币数量需求来自一国的进口需求。在这种情况下，忽略国际资本流动，该国居民的货币需求量等于他国产品的进口需求价值。

### (二)弹性与外汇需求

需求价格弹性(price elasticity of demand)是需求量对价格变化反应程度的衡量指标。类似地，供给价格弹性(price elasticity of supply)是供给量对价格变化反应程度的衡量指标。弹性说明了价格变化一定比例时，需求量或供给量的变化比例。

## 四、外汇供给

在基于贸易的传统汇率决定理论中，一国的外汇供给来自商品与服务出口，本国居民向国外居民提供外币以购买商品与服务，因此本国的出口供给表示外汇供给。

---

① BRL，巴西法定货币的名称。

### (一)弹性与外汇供给

正如进口需求弹性决定了外汇需求弹性一样,出口供给弹性也决定了外汇供给弹性。因为出口供给决定了外汇供给,所以出口供给弹性决定了外汇供给弹性。例如,当汇率为1.56美元/欧元,一张音乐CD的世界价格为10欧元时,该张音乐CD的美元价格为15.60美元。如果音乐CD的美国生产商以该汇率出口2200万张音乐CD,美国向欧洲出口的音乐CD价值及欧洲居民供给的欧元数量将为2.2亿欧元。

总之,出口供给曲线的弹性决定了外汇供给曲线的弹性。如果出口供给弹性提高,那么外汇供给弹性也将提高。类似地,如果出口供给弹性减小,那么外汇供给弹性也将减小。

### (二)弹性法

弹性法(elasticities approach)的核心是将商品与服务的价格变化作为一国国际收支与货币汇率的决定因素。正如前面说明的,弹性是数量对价格变化的反应程度指标。

例如,当美元相对于欧元的价值下降时,在美国进口红酒的美元价格将上升,美国居民进口的红酒数量将减少。因此,汇率变化影响进出口商品与服务的国内价格。反过来,进口需求量与出口供给量将随着国内价格的变化而变化。因此,弹性指标可以帮助我们决定汇率变化时进口需求量与出口供给量的调整大小。基本上,在考虑如何减少国际收支赤字时,弹性法是一个有用的工具。

### (三)汇率与国际收支

为了理解货币贬值的影响和进口需求弹性与出口弹性的作用,下文举例说明。假设美国政府愿意让美元相对于欧元贬值,那么,当购买1欧元所需的美元增加时,外汇需求量减少,外汇供给增加。换言之,美国生产商的商品与服务出口量增加,美国居民的商品与服务进口量下降。美元需要贬值多少,才能完全消除经常账户赤字呢?这个问题的答案取决于所考虑的供求曲线是哪些,毕竟供求弹性是国际收支表赤字调整的基本决定因素。

### (四)短期弹性指标与长期弹性指标

决定出口供给弹性与进口需求弹性的因素有许多,而进行经常账户赤字的修正时,时间因素尤为重要。

短期与长期马歇尔-勒纳条件表明,出口供给弹性与进口需求弹性必须对贬值有足够弹性,才能减少一国的国际收支赤字。不同时期长度的弹性通常也不同,由于较长时期为家庭和企业留出了对价格变化做出调整所需的时间,因此供给和需求的长期价格弹性往往相对较高,短期价格弹性往往相对较低。例如,在短期内,家庭和企业可能需要按照合同购买进口商品。此外,短期内,家庭和企业可能没有机会找到进口商品与服务的国内供给商并改变计划的进口支出。

然而,在长期,如果进口商品与服务的价格上升,家庭和企业就可以调整计划支出。它们可以寻找进口商品与服务的替代品,并减少对进口的依赖。因此,在长期,家庭和企业对价格变化的反应更灵敏;在短期,它们对价格变化的反应比较不灵敏。

国际收支和汇率决定的货币法的重点是货币需求量和货币供给量。投资组合法承认家庭可能希望持有其他金融工具,例如国内证券和国外证券,因此其比货币法范围更广。投资组合法(portfolio approach)假定,一国的货币汇率是由本国货币量和本国对国外证券的需求量以及市场上不同金融工具的供给量决定的。

### (五)家庭的财富分配

为了简化对投资组合法的分析,这里只着重介绍三类金融工具:本国货币、本国债券和外国债券。投资组合法假设个人持有债券获得利息,但持有货币不获得利息。因此,家庭没有动机持有外币,如果它们希望进行外国交易,可以在即期市场上购买外币。

然而,正如第四章和第五章讨论的,本国债券和外国债券都存在货币所没有的风险。为了平衡这些工具的风险和收益,家庭希望将财富分配于上述三类工具。财富恒等式(wealth identity)将这一理念表示为 $W=M+B+SB*$ 。式中,$W$ 表示家庭财富,$M$ 表示家庭希望以货币形式持有的财富,$B$ 表示家庭希望以本国债券形式持有的财富,$S$ 表示本币的即期汇率,即每单位外币对应的本币单位,$B*$ 表示家庭希望以外国债券形式持有的财富。财富恒等式显示了构成家庭总财富的资产类型。

投资组合法假设一国的货币汇率是由每种金融工具的供给量和需求量决定的。因此,与货币法相反,投资组合法认为,本国的债券与外国债券的供求量差异和本币的供求量差异同等重要。

### (六)国内货币存量的变化

下面分析在投资组合模型中,公开市场操作对本币汇率的影响。假设中央银行希望增加本币的存量,并在公开市场上购买本国债券。正如之前说明的,公开市场购买导致本币供给上升,国内利率下降。

当国内利率下降时,家庭不再满意当前的财富分配。国内利率的下降导致家庭对本国债券的需求量下降。然而,家庭对三种金融工具分配的财富相同。由此,当本国债券需求量下降时,本币和外国债券的需求量上升。由此,我们可以得出结论,投资组合法假设国内利率下降导致本币贬值,而国内利率上升导致本币升值。

与汇率决定的货币法一致,投资组合法预测,在公开市场上购买证券导致本币贬值。然而,这两种方法存在巨大差异。货币法将货币贬值归因于货币需求量与供给量的变化;投资组合法将货币贬值归因于构成家庭财富的全部三种工具的需求量和供给量的变化。

## 五、冲销外汇干预和货币法

根据货币法,名义货币供给量和名义货币需求量决定了即期汇率。前面曾提到,货币存量公式为 $M=m(DC+FER)$。式中,$M$ 表示货币存量,$DC$ 表示国内信贷,$FER$ 表示外汇储备,$m$ 表示货币乘数。在货币法中,外汇干预将增加或减少国内基础货币,从而增加或减少国内的货币存量,影响本币的即期汇率并最终对整个国家的汇率变化造成影响。例如,增加外汇储备的外汇市场干预将导致货币存量成倍增加。

完全冲销干预需要在公开市场上卖出证券,使国内信贷的减少额等于外汇储备的增加额。公开市场交易的结果是,国内基础货币保持不变,国内货币存量也保持不变。因为冲销干预使国内货币存量不变,货币供给量与货币需求量无差异,所以对本币汇率无影响。根据货币法，完全冲销外汇干预是无效的，因为它使本币汇率不变。

## 六、冲销外汇干预和投资组合法

根据投资组合法，本币汇率的变化源自货币与债券的供求数量差异。简单的投资组合法模型假设，家庭将财富配置于三种金融工具——本币、本国债券和外国债券。现在，让我们考虑该投资组合模型中完全冲销外汇干预的影响。

外汇储备通常是外币工具，例如国库券和债券。当本国货币当局购买外汇储备时，外国债券需求量增加，而外国债券需求量增加会导致本币贬值。

购买外汇储备导致国内基础货币增加，国内货币存量也增加。中央银行冲销干预的方法是在公开市场上出售本国债券，减少国内信贷，让国内基础货币和货币存量不变；然而，公开市场交易增加了可以获得的本国债券数量。因此，冲销外汇干预实际上是用本国债券交易外国债券。根据投资组合法，用本国债券交易外国债券将导致本币贬值。因此，冲销干预可能是有效的。

如果冲销干预没有影响，就说明干预是多余的。毕竟，任何中央银行都可以通过单纯的国内政策行为（例如改变贷款利率或进行公开市场操作改变基础货币）改变投放到流通中的本国货币与其他国家货币的相对数量。因此，国际货币经济学家研究的一个重要问题就是外汇干预能否或者是否对市场汇率产生独立的短期和长期影响。

多数经济学家主张，冲销外汇干预最多可能——至少在理论上——对汇率有两类直接影响。他们称其中之一为投资组合平衡效应（portfolio balance effect），即如果汇率被视为债券等不完美替代资产的相对价格，政府或中央银行持有的用不同货币计值的债券和其他资产的变化就可以影响交易者愿意持有这些资产的均衡价格，从而影响汇率。例如，如果干预降低了个人和企业的国内资产供给与持有的国外资产之比，预期国内资产收益率必然会下降，从而导致个人和企业重新调整投资组合。反过来，国内资产的预期收益率下降要求本币升值。因此，财政部或中央银行购买本币行为可能通过投资组合平衡效应导致本币价值上升。

另一种可能影响是干预公告效应或信号效应，它是指外汇干预可能向交易者提供之前不了解的信息，从而改变其在外汇市场上需求或供给货币的意愿。因此，只有在政府或中央银行干预明确揭示了交易者在干预之前不知道的某种"内部信息"时，公告效应才存在。例如，一家计划通过减少货币存量在未来实行反通胀政策的中央银行，可能对最近的本国货币汇率下行趋势采取逆风操作，从而揭示这种意图。如果货币交易者相信中央银行干预提供的这一信息，则会预期本币在未来升值，并增持本币。货币交易者的这种一致行为将导致实际货币升值。因此，和投资组合平衡效应一样，干预的公告效应将导致本币升值。

20世纪80年代至90年代初，密歇根大学的凯瑟琳·多明格斯（Kathryn Dominguez）和加州大学伯克利分校的杰佛里·弗兰克尔（Jeffrey Frankel）进行一项外汇市场干预大型研究，发现了该时期内两种效应同时存在的证据，尤其是全球许多国家进行大规模干预的20世纪80年代后半叶。多明格斯和弗兰克尔发现，在这段时期内，中央银行合作进行了多项干预，干预的公告效应对汇率的影响实际上大于干预本身的实际规模。在他们看来，这提供了干预存在公告效应的有力证据。尤其是在合作干预中，交易者似乎将干预视为政府和中央银行承诺在未来改变政策的信号，他们的反应是改变愿意持有的国内资产与国外资产。其结果是市场汇率发生变化，至少是短期变化。

卢西奥·萨诺（Lucio Sarno）和马克·P.泰勒（Mark P. Taylor）研究了外汇干预的历史和大量《广场协议》后进行的实证研究。他们得出结论，合作外汇干预——甚至是货币政策制定者进行了冲销的干预——的确会影响汇率。根据他们的观点，关于外汇干预的实证既支持投资组合平衡效应解释，也支持公告效应或信号效应解释。然而，他们认为，当全球金融日益一体化，一国的金融资产可替代性增加时，投资组合效应可能会减弱，会使外汇干预的公告效应或信号效应的政策有效性更加重要。

## 第三节　经济数据分析

### 一、国际收支与外汇储备状况

国际收支状况是决定汇率趋势的主要因素。所谓国际收支是指一国在对外经济活动中的各种收支的总和。一般情况下，国际收支顺差，外汇收入增加，过多的外汇追逐相对固定数量的本币，会造成本币供不应求，本币会有升值压力；相反，国际收支逆差，本币会有贬值的趋势。2005年以来，我国国际收支每年都有数千亿美元顺差，人民币对美元汇率也由2005年7月的1：8.11升到2021年9月的1：6.46。同时，国际收支项目里的短期资本流动带有很大的投机性，短期资本所占比例越大，对汇率波动的影响也越大。

当汇率发生剧烈波动时，中央银行根据外汇储备情况进行公开市场操作，进而影响汇率震荡的幅度和趋势，使之符合国际收支基本平衡的政策目标。在国际金融发生风险时，外汇储备可以应对国际收支的暂时性不平衡，还可以防止因投资者信心动摇而导致的货币投机风。因此外汇储备的规模对保持汇率的稳定起到"定海神针"的作用。

这里，我们用"泰国金融危机"前的外汇储备情况加以说明。1997年7月，泰国发生金融危机，进而席卷整个东南亚。发生这次危机的原因虽然是多方面的，但有关国家的国际储备尤其是外汇储备相对不足，是其中的主要原因之一。以泰国为例，从1990年起，泰国的贸易逆差逐年递增，外汇储备每年只减不增。到1996年2月，泰国的外汇储备只有387亿美元，而且这些外汇储备还是泰国通过采取高利率政策吸引外资流入而形成的。而事实上，自1994年以来，东南亚国家的经常项目赤字状况一直在恶化，已无法再用流入这个地区的长期资本来弥补。由于外汇储备的普遍不足，当危机来临、本币受到外汇投机力量的打击时，政府当局就没有足够的能力捍卫本国的货币。再加上货币危机发生后，面对投机攻势，泰国中央银行不顾实力，不当地动用了外汇储备以干预外汇市场，结果外汇储备不足而导致干预无效。泰国政府不仅没有达到维持汇率稳定的目的，反而使储备资产遭受严重的损失。

### 二、通货膨胀率

通货膨胀是指货币供应量超过商品流通所需货币量而引起的货币购买力下降、物价上涨的现象。一个国家出现通货膨胀时，本币表示的商品价格会上涨，会使出口商品成本增加、国际竞争力减弱，而进口商品的利润会增加，进口量会增大。这反映到外汇市场上，就是外汇需求增加，本币需求下降，从而会引起外汇汇率上升，本国货币贬值。同时，通货膨胀严重时，国内生产利润下降，会导致国际资本外流，也会加大外汇需求，从而导致外汇汇率上升。

通货膨胀率的高低是影响汇率变化的基础性因素。在纸币流通条件下，两国货币之间的比率，从根本上来说是由各自所代表的价值量的对比关系决定的。物价是一国货币价值在商品市场的体现，通货膨胀就意味着该国货币代表的价值量下降。因此，国内外通货膨胀率的差异就成为决定汇率长期趋势的主要因素。在两国都发生了通货膨胀的情况下，汇率的变化与同一时期的物价指数成一定的比例，即两国货币的现期汇率等于基期汇率乘以这两种货币购买力变化程度之比的倒数，也就是基期汇率乘以物价指数的比率。例如，某一年 A 国物价指数为 320%，B 国物价指数为 240%，于是新汇率将等于旧汇率乘以两国物价指数的比率，即变成原来的 3/4(240/320)。因此，汇率随物价的涨落而变动。古典经济学家和现代西方经济学者都曾用购买力平价理论来解释两国间汇率的变化①。根据购买力平价理论，两国货币的购买力之比决定了两国货币的汇率。货币购买力的大小与一般物价水平呈反比，因此，某一时间点上两国货币间的汇率将由两国物价水平之比决定。

在纸币流通条件下，两国货币购买力时常发生变动，通货膨胀经常发生，因此一定时期内两国货币间的汇率要随两国通货膨胀率的变动而变动。它可以通过提高出口商品和劳务的价格，削弱其国际竞争力，从而影响贸易支出、劳务收支；还可以降低利率水平，阻碍资本输入。由于通货膨胀对汇率的影响是间接的，因此它的影响需要一个较长的时期才能体现出来。高通货膨胀率的国家的货币所代表的价值量减少，货币实际购买力下降，国内物价总水平趋于上升。这会提高外国商品在本国市场上的竞争能力，造成进口增加、贸易收支逆差、汇率下降。另外，一国货币对内价值的下降必定影响其对外价值，会削弱该国货币在国际市场上的信用地位，人们将因此进行货币替换，即把手中持有的该国货币转化为其他货币，造成该国货币在外汇市场上的价格下跌。20 世纪 70 年代德国马克汇率十分坚挺的一个重要原因，就在于德国的消费物价指数低于其他国家。相反，英国、法国、意大利的通货膨胀率一直偏高，使这些国家的货币汇率处于不断下跌的趋势。

通货膨胀影响汇率的渠道是多方面的，而且时滞较长，但是，它对汇率走势的影响是比较持久的。实践表明，一国通货膨胀率的提高将改变商品及劳务的外币价格水平，削弱其国际竞争能力，从而影响贸易收支、劳务收支乃至国际收支的平衡，进而影响汇率走势。温和的通货膨胀能使利率上升，增大利率平价，吸引短期投机资金。此外，它还通过人们对物价、利率、汇率的预期心理、投机心理，影响市场外汇供求关系，进而影响汇率走势。当然，通货膨胀因素往往是通过直接影响国际收支导致汇率波动的，而且通货膨胀所决定的是汇率的基本走势。其作用与影响必须经过一段较长的时间才能体现出来，并常被各种影响汇率短期波动的因素所掩盖。

需要注意的是，通货膨胀不一定会导致外汇升值。适度通货膨胀有利于提高企业利润、增加就业，有利于扩大再生产、降低规模成本，同时也能提高产品国际价格竞争力，促进出口，增加国民收入，加大国际资本的流入，使本币有升值动力，使外汇汇率下降。因此，通货膨胀对汇率的影响是双向的。通货膨胀严重时，外汇汇率会上升；但是适度的通货膨胀也有可能造成外汇汇率下降。

① 可以说，购买力平价理论作为一种超长期汇率决定理论，对于国际汇率的长期走势有着较好的解释能力。

### 三、经济增长率

经济增长率的差异是影响一国国际收支乃至货币汇率长期走势的另一重要因素。经济增长通过影响物价、利率、利润率、劳动生产率、边际进口倾向等经济变量影响贸易与资本流动。贸易与资本流动又决定了国际收支差额，进而决定了外汇供求关系，最终引起汇率波动。

经济实力的强弱是货币强弱的基础，而经济实力强弱是通过许多方面、许多指标表现出来的。其中，稳定的经济增长率不仅奠定本币币值稳定和坚挺的物质基础，还会使外汇市场上人们对该货币的信心增强。经济增长率通过增加产品的供给量以及消费需求随收入增加的递减趋势而产生对通货膨胀下降的压力。一国的经济增长率比其他国家高，意味着该国有较高收益的投资机会。在这种情况下，外国投资者必然竞相前往该国投资，导致该国货币汇率不断攀升。这是因为大量外商进入该国投资办厂，必须将外币换成该国货币，才能在该国购买各种生产要素，将其投到工业、商业及其他实业。这样，外币和该国货币的供求关系发生不平衡，该国货币的汇率就趋于上升。因此，一国经济增长率对该国货币汇率变动有直接的正相关的影响。

经济增长率和汇率的关系有两种：(1)当一国经济增长率高于别国，而且它的出口不变时，由于进口的商品和劳务随着国民收入的增加而增加，外汇需求增加，该国货币汇率下降，外汇汇率上升。当一国经济较为落后，经济增长速度处于较低水平时，由于利息率和利润率较高，往往会出现资本净内流的局面。当一国经济进入高速增长期之后，其利率与利润率会慢慢由高水平转为较低水平，出现下降的长期趋势，从而导致资本净外流。美国、日本、德国在经济高速增长后，资本外流都明显增加。劳动生产率和物价水平都与经济增长有很重要的、很密切的关系，经济增长快，则一般劳动生产率增长亦快，是正相关的，劳动生产率增长与经济增长率之间的差距则是就业人口的变动导致的。(2)当一国经济增长的同时出口也相应增长，或者经济增长是靠出口推动时，该国出口的增长量，可能超过国民收入增长引起的进口增加量，使该国货币的汇率上升，外汇汇率下降。如果考虑到资本流动等因素，情况就更为复杂。但无论怎样，经济增长率对汇率的影响都需要一个较长的时间才能体现出来，而且它对汇率的影响持续的时间较长。

一方面，一国经济增长率高，意味着收入上升，由此会造成进口支出的大幅度增长。另一方面，一国经济增长率高，往往也意味着生产率快速提高，由此生产成本降低，会改善本国产品的竞争地位而有利于增加出口，抑制进口。在经济高速发展的前期，贸易往往逆差，而由于这一时期利率与利润率高，吸引资本流入，而且资本的流入有助于经济进入高速增长期，此时汇率呈现出下降趋势缓和并趋于稳定的状态。在经济高速发展的中后期，贸易收支转为顺差，随着贸易顺差不断累积，国家经济实力明显提高，此阶段资本转为净流出，汇率处在明显的长期上升运动中。总之，当经济增长相对快速时，汇率呈上升与坚挺趋势，当经济增长缓慢，汇率呈下降趋势。在各时期，汇率运动一般较经济增长变动有滞后表现。

经济增长对长期汇率的变动具有决定性的作用。经济增长势头好，一国的利润率也往往较高，由此吸引国外资金流入本国，进行直接投资，从而改善资本账户的收支状况。总之，经济增长率对汇率变化的影响是多方面的，但从总体来看，高的经济增长率会对本币币值的稳定起到较长时间的支持作用①。把握了各国经济增长的趋势也就可以把握其货币汇率的长期趋势。

综上所述，影响汇率变动的经济因素间的关系错综复杂，有时这种因素起主要作用，另一种因素起次要作用，有时几个因素同时起作用，有时它们甚至起着相互抵消的作用。只有将其置于一个社会背景中，进行综合全面的宏观分析，才能找出影响外汇供求关系的最主要的因素，才能较正确地预测汇率未来走势。

### 四、反映基本经济情况变化的经济指数与经济指标

在实际市场操作中，对基本经济因素的分析，都是通过收集、整理和分析经济数据进行的。经济数据是指西方主要工业国家定期公布的反映一国经济发展的各个方面的经济指标，如国内生产总值、失业率等。在一些重要的经济数据公布之前，大多数交易员、经纪商会平仓离市以避免风险，市场交易量也会明显下降。由于经济数据对外汇市场的影响巨大，对经济数据的分析和预测成为市场基本因素分析的一项主要内容。

#### (一)国内生产总值

国内生产总值是指一定时期内(年、季)产出的最终产品和劳务的总和。它是全面反映一国经济实力和经济发展程度的综合指标体系，也是预测汇率的最重要的经济指标。在经济平衡发展、总供给等于总需求时，国内生产总值也可以被看作是一定时期内对最终产品和劳务的需求，即以货币计量的本期对最终产品净出口和劳务的购买力。国内生产总值有四个主要组成部分：消费、投资、政府支出和净出口。

以美国为例，在其国内生产总值核算中，消费支出在国内生产总值中占很大比重②，因此成为经济中最重要的部分。消费可以分为三类：耐用品③、非耐用品④、劳务⑤。其中，对耐用品的消费约占总消费的16%，而对非耐用品的消费约占34%，其余50%是对劳务的消费。

投资约占国内生产总值的14%。投资一般可分为两大类：居民投资和非居民投资。居民投资指投资于住宅，如独门独户的住宅或公寓；非居民投资指投资于工厂或设备，如自动化工厂、计算机和采油设备。此外，存货的变动可以看作投资的调整项目，也可以看作投资的第 E 个组成部分。这与计算国内生产总值时使用的方法有关，在用加总消费者、企业和政府当期的总购买量方法计算国内生产总值时，存货的变动应当作为投资的一个调整因素或组成部分，即本期存货比上期上升时，上升的部分应加在投资内，而本期存货下降时，下降的部分要从投资中减去。

政府支出包括联邦政府、州政府和地方政府的支出，约占国内生产总值的17%。其中，联邦政府支出所占比重最大，占全部政府支出的42%。而联邦预算的最大部分是社会保障支出，如社会安全、医疗、退伍津贴等，约占整个联邦政府支出的45%；其次是国防支出，如购

---

① 例如，近百年美元的上升与下降时期与美国经济增长的快慢结合在一起，日元在近二十多年的持续升值也是由于日本经济的高速发展。

② 占美国国内生产总值的50%~70%。

③ 指那些使用寿命在 3 年以上的产品，如汽车、家具等。

④ 指那些使用寿命在 3 年以下的产品，如食物、衣服等。

⑤ 如医疗保健、理发、诉讼费等。

买飞机、炸弹、坦克等，约占 25%；再次是"可自行处理"的支出，如宇航局、国税局、联邦调查局的支出等，占 16%；最后是利息支出，占 14%。

净出口是指商品的净出口及劳务贸易等无形贸易，如交通、通信、保险、旅游等的净出口。对于给定季度的国内生产总值，美国首先公布的是先行估算，它的公布时间是给定季度结束后的第 3 周。先行估算是以当季度 3 个月的消费支出数据和前 2 个月的其他数据为基础计算的，其优点在于可以迅速地反映出给定季度的经济状况，缺点是它所包含数据的不完整。正因为先行估算不是十分准确，美国商业部还会不断对其进行修正。先行估算公布后的 1 个月，商业部会公布国内生产总值的初步估算，再过 1 个月公布修正估算。同时，在以后的 3 年内，商业部会对所有国内生产总值数据进行一次全面的修正，并公布基准修正。

### (二) 就业率

作为一国经济发展状况的晴雨表，就业率既是经济状况好坏的标志，又是预测其他经济指标的重要依据。失业率降低，意味着经济发展情况较好；失业率上升，意味着经济发展受阻。失业率与经济周期有密切关系，若一国经济处于高涨阶段，失业率就会很低；经济发展处于低潮，出现衰退或萧条，失业率就会很高。对于大部分西方国家，失业率在 4% 以下属于正常情况，失业率若超过 9%，则说明经济发展处于衰退期。

### (三) 工业产量

工业产量是一国的工业生产部门在一定时期内生产的全部工业产品的总价值。从某种意义上讲，工业产量指标既是所有指标中最容易测算的一个，又是一个不受通货膨胀影响的数据，反映制造业的总产量，通常与国民经济发展趋势相一致。在工业生产高度发达的西方国家中，即使第三产业部门的产值大为增加，工业部门的产值仍占很大比重，工业部门雇用着大量工人，因此，国家工业生产的变动，必然会对整个国民经济产生重大影响。

工业产量是国内生产总值的重要组成部分，在国内生产总值中占将近一半的比重，而且，国内生产总值是指不含通货膨胀影响的实际产值，而工业产量是实际产量，比较符合国内生产总值的概念。例如在美国，全部工业生产按部门分类，可以划分为制造业、采矿业和公共事业三大类。其中制造业最为重要，其产值占全部工业产值的绝大部分，可以说，制造业的动态，基本上代表了全部工业生产的动态。

工业生产指标可以用来代替国内生产总值指标并用以分析国民经济的现状。一个国家的工业生产发展快，经济看涨，便会吸引大量外国投资，从而使该国货币的汇率上升，反之亦然。工业产量公布时，是以某特定年份的平均指标为基数，用百分比的形式公布的，同时公布的数据还包括当月该指标与上月相比的增长（下降）率。此外，工业产量指标公布时既有汇总的数据，也有不同行业分类的数据。从这个指标中，我们可以比较容易地看出制造业[①]、采购业和公共事业对汇总指标的影响。通常比市场预期高的工业产量增长率意味着更高的经济增长率，从而会导致更高的利率、美元汇率提高。

---

① 汽车类产品除外。

### (四)生产者价格指数

生产者价格指数是商品的批发价格指数,是根据 3450 种商品的价格及不同商品在国内生产总值中所占的比重计算出的综合生产价格指数。它反映上个月的商品成本,即生产原材料的价格变动情况。这个指标对未来[1]消费价格上升或下降有较大影响,可用于衡量各种商品在不同生产阶段的价格变化程度,也能够用于预测今后消费价格的变化趋势。当然,由于生产价格指数未能包括一些商品折扣,有时它会夸大物价上涨幅度。

分析生产者价格指数时,比较相邻两个月的生产者价格指数得到的是生产者价格指数的月变化率,而月变化率的细小偏差都可能导致据此换算的年变化率超过正常水平。因此,不必太拘泥于其月变化率指标。一般认为,3%~4%的通货膨胀率可以接受。生产者价格指数提供了处于三个阶段的商品的价格信息:原材料[2]、中间产品[3]及最终产品[4]。其中,由于能源、食品的价格十分不稳定,许多经济学家认为,将生产者价格指数中能源与食品价格因素的影响去除后,才能更好地体现通货膨胀的变化。

生产价格指数对通货膨胀的反应比消费价格超前,因而它对预测通货膨胀率变化有实用价值。生产者价格指数与汇率的关系十分微妙,并且反复无常。假设当月的生产者价格指数指标显示通货膨胀率较高,如果美联储采取紧缩的政策,提高利率,则美元汇率可能会上升,但如果美联储出于某种原因不能紧缩银根,则美元汇率可能会下跌。相比之下,消费品价格的变化更能反映物价水平的变化情况。

### (五)消费者价格指数

消费者价格指数被广泛认为是最重要的通货膨胀度量工具。消费者价格指数是指一篮子商品与劳务的价格指数,主要反映城市消费者支付商品与劳务的价格变化情况。消费者价格指数有城镇居民价格指数(CPIU)、职员和工人价格指数(CPIW)两种。由于城镇居民价格指数统计的范围是职员和工人价格指数的两倍,它对消费价格的反映参考性更高,因而深受市场人士的重视。通常人们说的消费者价格指数,就是指城镇居民价格指数。

消费者价格指数的变化关系到广大人民生活水平的变化,有的国家也将其叫作生活费用指数。理论上说,消费者价格指数对分析汇率的变化很有参考价值。消费者价格指数大幅度上升时,就表明通货膨胀恶化,该国货币的汇率就有下跌的可能;当消费者价格指数下降时,表明通货紧缩,该国货币汇率有上升的可能。高的通货膨胀率会使投资者以美元计算的投资收益减小,从而导致美元汇率下跌。然而如果投资者有理由坚信美联储会实行紧缩政策,提高利率,使美元的收益率高于其他国家货币的收益率,美元汇率反而会上升。在美国,劳动部会定期对消费者进行一次全面调查,然后决定可以进入消费者价格指数篮子的商品与劳务的种类及其权重。

---

① 一般指 3 个月以后。
② 主要指初次进入市场的产品,如食品、能源产品等。
③ 主要指已经进行了部分加工但尚未最后完工的产品,如电力、钢铁、化纤材料等。
④ 主要指无须再进行任何加工的产品。

## (六)个人收入

个人收入指个人通过合法劳动从工资及社会福利中取得的所有收入,这个数字直接反映着个人的实际购买力水平,预示将来消费者对商品和服务的需求,从而反映经济活动的普遍水平。个人收入的变化会影响到国际收支的经常项目和汇率。个人收入的提高会引起一个国家对外国产品需求的增加,导致进口增加和外汇汇率上升;反之,个人收入水平的下降会引起一个国家对进口产品需求的减少甚至外汇汇率的下跌。

# 第四节  地缘政治风险

## 一、政治风险

政治风险即影响外汇汇率价格变动的政治事件。一国的政局是否稳定对外汇市场有着直接的影响。一般而言,政局稳定则外汇运行平稳;相反,政局不稳则常常引起证券市场价格下跌。从国际政治与经济的角度来看,全球资金总是向安全的国家和地区流动。政府政策动荡,也会引起外汇市场的波动。

政治风险也是外汇风险的一种形式,属于非汇率风险。它是指由于东道国或投资所在国国内政治环境或东道国与其他国家之间政治关系发生改变而给外国企业或投资者带来经济损失的可能性。

政治风险常常分为两大类:宏观政治风险和微观政治风险。

首先,宏观政治风险对一国之内的所有企业都有潜在影响,如"恐怖活动""内战"或"军事政变"等。

其次,微观政治风险仅对特定企业、产业或投资类型产生影响,如设立新的监管机构或对本国内的特殊企业征税。另外,当地业务合作伙伴如果被政府发现有不当行为,也会对相应企业产生不利的影响。

从政治风险的结果看,可以把政治风险分为影响财产所有权的风险和仅仅影响企业正常业务收益的风险两类。前者是指导致外国企业或投资者失去资产所有权或投资控制权的政治方面的变化,如国有化或强制性没收财产等;后者则是指导致减少外国企业或投资者经营收入或投资回报的政治方面的改变。

大量研究表明,绝大多数的政治风险问题都属于微观层次的问题,而且更多地涉及企业或投资者经营收入和投资回报,而不是财产所有权。政治风险的直接原因是东道国或投资所在国国内政治环境的变化及其对外政治关系的变化,而且是对外国企业和外国投资者不利的变化。

## 二、对政治风险的辨证理解

(1)政治风险是外汇风险的一种类型,因此,发生政治风险的前提条件与发生外汇风险的前提条件是一致的,即企业或投资者必须持有外汇头寸(foreign exchange position)或在国外进行直接投资(foreign direct investment),否则,就不会出现政治风险。

(2)政治风险是指因政治原因而造成的经济损失,政治风险的根源是东道国或投资所在国国内政治环境或对外政治关系的变化。这种变化给外国企业和外国投资者所造成的后果则是双向的：它可能带来积极的效应，即有利于外国企业和投资者，从而给他们带来经济利益；也可能带来消极效应，从而不利于外国企业和投资者，给他们带来经济损失。而政治风险是指后者，即一个国家在政治方面发生的能给外国企业或投资者带来经济损失的某些改变。

（3）政治风险并不是指外国企业或投资者所遭受到的实质性的经济损失，而是指发生这种政治变化的可能性及由此导致经济损失的可能性大小。一个国家的政治风险大，并不意味着外国企业在该国进行投资或持有该国的资产就必然会遭受经济损失，而是意味着该国的政治环境朝着不利于外国企业或外国投资者的方向发生变化的可能性较大，从而由此引起经济损失的可能性也较大。但事情往往是相对的，高风险往往伴随高收益，一旦政治风险事件没有实际发生或企业避险成功，那么，企业或投资者得到的回报也是比较高的。

## 【本章小结】

中央银行与负债、国内信贷之和（政府证券与向私人银行发放的贷款）和外币证券与存款构成了主要中央银行的大部分资产，银行券与私人银行的准备金存款构成了主要中央银行大部分负债。

中央银行的外汇干预改变了外汇储备，因而改变了一国的基础货币。基础货币的变化最终导致货币存量的变化。通过公开市场交易冲销外汇干预可能部分或全部抵消外汇干预对基础货币及货币存量的影响。

国际收支与汇率决定的货币法规定，假定一国国际收支或货币汇率的变化是一种货币现象，那么这些变化是由货币供给量与货币需求量之差造成的。在固定汇率制下，货币供给量与货币需求量之差决定了一国的国际收支；在弹性汇率制下，货币供给量与货币需求量之差决定了一国货币的即期汇率。

经济学家经常用两国货币法决定汇率。根据两国货币法，即期汇率是由相对货币供给量和相对货币需求量决定的。一国货币存量的上升会导致该国货币贬值，而一国货币需求量的上升会导致该国货币升值。

投资组合法假设，家庭希望同时持有本币、本国债券和外国债券，家庭将财富在这些工具中分配，以平衡风险和收益。因此，一国货币的汇率是由货币量和本国债券与外国债券的供求决定的。根据投资组合法，国内利率上升将导致本币升值，外国利率上升将导致本币贬值。

根据汇率决定的货币法，冲销外汇干预是无效的，这意味着它没有改变本国的货币供给。然而，根据投资组合法，冲销外汇干预可能是有效的，因为它改变了家庭持有的国内债券和国外债券，所以改变了对外币的相对需求。实证表明，冲销外汇干预可能对即期汇率有一定影响，这表明可能存在投资组合效应。

【思考与练习】

1. 货币价值的决定因素是什么？
2. 什么是购买力平价？它是否可以作为汇率变化指标？
3. 什么是利率平价？如何规避货币市场的交易风险？

【案例分析】

2016年6月25日，英国脱欧派大获全胜，除了美元、日元和黄金等避险资产逆市上扬，英镑、欧元汇率直线下挫超10%，全球主要股市纷纷暴跌，人民币汇率也大受牵连。业内人士普遍认为，英国决定脱欧将令原本笼罩在不确定阴霾中的金融市场雪上加霜，市场还会继续动荡。英镑兑美元创31年内最大跌幅。直到公投前夜，市场对"留欧"一直信心满满，英镑和英国股市连涨四五天。随着英国各地区公投结果陆续揭晓，脱欧阵营竟然多数时间处于领先优势，市场上的祥和气氛瞬间逆转。

英镑/美元自前一日的1.5000关口直线暴跌逾10%，在2016年6月24日北京时间13点左右最低触及1.3226，创出自1985年以来的最大跌幅，随后有所反弹，截至2016年6月24日《北京青年报》记者发稿时，报1.3693，跌幅为8.72%。有英国媒体称，英镑创有史以来最大单日跌幅，足以与1992年"黑色星期三"和2008年美国雷曼兄弟公司倒闭时的表现相提并论。除了美元，英镑兑其他货币也是跌幅惨重。截至《北京青年报》记者发稿时，英镑兑日元跌幅高达12.4%；兑澳大利亚元、加拿大元、瑞士法郎、新西兰元的跌幅都在5.8%以上。英镑兑人民币报价为9.0691，跌幅为8%，盘中最低达到8.7479，跌进8字头。

在英国脱欧影响下，欧元也难逃大跌。截至北京时间2016年6月24日19点30分，欧元兑美元下跌3.08%至1.1070(2016年6月24日中午最低曾达到1.0911，跌破1.10关口)；欧元兑瑞士法郎则跌1.73%至1.0809；欧元兑人民币跌幅为2.3886%，报7.3265。

富拓外汇(FXTM)业务拓展部副总裁兼首席市场分析师 Jameel Ahmad 在2016年6月24日预计，在未来一段时间内英镑将持续下挫，而退欧公投将对全球外汇市场带来长期持续性的避险情绪。

问题：

1. 如何规避外汇交易的策略性风险？
2. 如何规避外汇交易的系统性风险？

# 第六章 外汇交易技术分析

## 第一节 外汇交易技术分析概述

### 一、外汇交易技术分析的定义和基本假设

外汇交易技术分析，是指通过观察两种货币之间的历史汇率，归纳出其相对固定的波动模式和走势，并据此预测汇率的未来变化，判断外汇交易时点和价位的方法。外汇交易技术分析并不注重探究汇率走势背后的具体影响因素和形成逻辑，而是将重心放在摸索外汇市场的共同行为方式上，因此存在一定的局限性。投资者在使用技术分析方法分析外汇市场时，应尽量与其他分析方法配合使用，以提高预测的准确率。

作为市场分析工具，外汇交易技术分析必须在其假设条件下运行。这些基本假设如下：

(1)市场行为涵盖一切信息。该假设认为，导致汇率变动的所有因素都已经反映在市场行为之中，并体现在汇率价格之上，投资者不需要对这些具体的因素给予过多的关注。

(2)汇率的变动具有趋势。该假设认为，汇率的变动受投资者群体持续性的"悲观"或"乐观"情绪的影响，会形成持续一段时间的下跌或上涨趋势。

(3)历史会重演。该假设认为，投资者群体会受到某些心理因素的制约，从而重复某些相似的交易方式，同时促成较为类似的汇率波动模式。

### 二、外汇交易技术分析的四大要素

在进行外汇交易技术分析时，投资者应该重点分析汇率波动的四个方面，也称为"量价时空"四大要素。

(1)"量"是指外汇的成交量，即某时期内交易双方在各价位上成交的数量之和。成交量体现了多空双方对目前汇率水平合理性的分歧程度，分歧越大，成交量越大，市场的交易越活跃，价格波动越剧烈，该时期释放出的信息量就越大。

(2)"价"是指外汇的价格，即汇率。汇率体现了外汇市场上某时期内多空双方力量的差异。多方力量占优则汇率上升，空方力量占优则汇率下降，双方力量均衡则可能造成汇率围绕某一水平上下波动，双方力量优劣切换则会造成汇率波动加剧。

(3)"时"是指汇率变动的广度，即波动周期的长度。汇率的变动总是呈现出上升和下跌交替的周期性，对周期长度的把握，有利于投资者抓住外汇交易的时点。

(4)"空"是指汇率变动的深度，即波动幅度的大小。汇率的变动受某些因素的制约，呈现出较为明显的支撑价位和压力价位，支撑位和压力位即为汇率在一定时期内的波动空间。

### 三、外汇交易技术分析的方法

按照目前外汇市场上流行的分类方式，可以将外汇交易技术分析方法分为 K 线分析法、形态分析法、技术指标法、支撑压力法、波浪理论法和循环周期法。由于波浪理论法和循环周期法较难掌握，而且其使用存在较大的争议性，本章只对前四类方法进行介绍。

# 第二节　外汇交易 K 线分析

## 一、单根 K 线的含义

外汇交易中的 K 线，记录了某一时期内汇率波动的四个重要价位——开盘价、收盘价、最高价和最低价。通过 K 线的形态和组合，能解读出极其丰富的市场讯息。K 线技术分析是外汇交易分析中应用最广泛的方法。进行 K 线分析时，投资者应牢牢把握单根 K 线分析的几个要点，具体如下。

### (一)注意每根 K 线的时期

进行分析时，投资者应明确 K 线代表的时期长度。K 线可以按不同的时间长度划分为年线、季线、月线、周线、日线、60 分钟线、30 分钟线、15 分钟线和 1 分钟线。K 线的时间长度不同，其蕴含的信息量也不同，时间长度越长的 K 线对交易的指导作用越大，信号的准确程度也越高。因此，投资者应结合自己的投资周期循序渐进，先分析时长较长的 K 线，再分析时长较短的 K 线。

### (二)把握 K 线的属性

K 线可划分为阴线和阳线。阴线是指该时期内汇率开盘价高于收盘价，代表空方力量占优；而阳线则指该时期内汇率开盘价低于收盘价，代表多方力量占优。

### (三)明白 K 线三个构成部分的含义

单根 K 线由三个部分构成，分别是实体线、上影线和下影线(图 6-1)。实体线代表了汇率开盘价和收盘价之间的差距，或者说该段时期多空双方的力量差异。实体线越长，多空双方力量差距越大，该根 K 线释放出来的信号就越强，对交易的指导作用越大。相反，实体线很短的 K 线，则鲜有分析价值，因为市场多空双方力量处于均衡的状态，汇率走势不甚明朗。

上影线则指汇率最高价与收盘价(阳线)或开盘价(阴线)之间的差距。上影线是由该段时期内汇率价格冲高后回落形成的，造成价格冲高回落的原因可能有两个：一是上方价位存在较大的卖压，代表了阶段性的顶部，上影线越长则上方卖压越大；二是多方做出的尝试性进攻，代表了一定的上涨可能性。与上影线相反，下影线指汇率最低价与开盘价(阳线)或收盘价(阴线)之间的差距，是由价格下跌后反弹形成的。造成价格下跌后反弹的原因有两个：一是下方价位存在一定的支撑，代表了阶段性的底部，下影线越长则下方支撑越足；二是空方做出的尝试性进攻，代表了一定的下跌可能性。对于上下影线的含义，投资者应结合具体情况及其他分析方法进行辨别。

图 6-1　K 线的构成部分

### (四)注意观察的时机

对 K 线的观察应该在对应时期结束或接近尾声时进行,比如对 60 分钟线的观察,通常会放在整点之后的第 55~58 分钟处,此时 K 线的形状已经基本确定,而投资者则仍有一定的时间可以进行判断和操作。

## 二、两根 K 线组合的含义

运用两根 K 线构成的组合来进行外汇交易点的判断,较使用单根 K 线更加精准。两根 K 线的基本组合有四种,分别是缺口、鲸吞、穿刺和孕育。

### (一)缺口形态

缺口形态可以按照价格的涨跌,分为上升缺口及下降缺口(图 6-2),也可以按照持久性分为突破性缺口、持续性缺口和衰竭性缺口(图 6-3)。缺口是因两个时期之间的价格产生跳空高开或跳空低开而形成的,表现为第二个时期的最低价高于第一个时期的最高价[1],或第二个时期的最高价低于第一个时期的最低价[2]。上升缺口通常代表市场上较强的做多意愿,是强烈的上涨信号,并且形成缺口处会为后期汇率的走势提供支撑。相反,下降缺口通常代表市场上较强的做空意愿,是强烈的下跌信号,并且形成缺口处会对后期汇率的走势形成压力。另外,通常突破性缺口产生于汇率波动趋势的初始阶段,持续性缺口出现于趋势的中间阶段,而衰竭性缺口则出现于趋势的末尾阶段。衰竭性缺口的重要特征是在短时间内会被回补,即价格会容易跌穿上升缺口或突破下降缺口,一般预示着趋势的结束,投资者可以据此进行分辨。

---

[1]　上升缺口。
[2]　下降缺口。

图 6-2　上升缺口和下降缺口

图 6-3　突破性缺口、持续性缺口和衰竭性缺口

**(二)鲸吞形态**

鲸吞形态的特征是第二根 K 线的实体线可以完全盖过第一根 K 线的实体线,而且两根 K 线的属性通常是相反的。鲸吞形态 K 线组合的信号强度取决于第二根 K 线的实体线长短,第二根 K 线越长,说明市场多空力量扭转的幅度越大,后期走势就越明朗。比较常见的鲸吞形态包括阴包阳和阳包阴两种,前者第二根 K 线是阴线,代表市场由做多转向做空,并且空方力量较强,是比较强烈的下跌信号,后者则恰好相反,是比较强烈的上涨信号(图 6-4)。

图 6-4　阴包阳和阳包阴

**(三) 穿刺形态**

穿刺形态与鲸吞形态非常类似, 区别是第二根 K 线仅盖住第一根 K 线的上部或下部。穿刺形态的信号强度同样取决于第二根 K 线的实体线长短。穿刺形态根据前后 K 线属性及覆盖位置的不同, 可以形象地分为"曙光初现""乌云盖顶""旭日东升"和"倾盆大雨"四种形态(图 6-5)。前两者是较强的上涨信号, 后两者是较强的下跌信号。

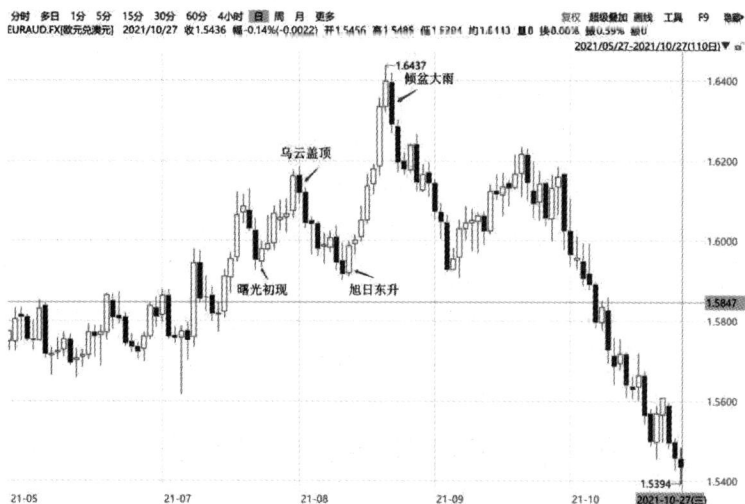

图 6-5　穿刺的四种经典形态

### (四)孕育形态

孕育形态与鲸吞形态恰好相反,其第一根 K 线的实体线较长,可以盖住后面一根或多根 K 线的实体线(图6-6)。孕育形态预示着汇率从较为剧烈的上涨或下跌转为较为温和的波动,市场从分歧较大的状态逐渐进入均衡的状态,因此对后期价格走势的指示作用不是非常明显,通常被解读为控制仓位或持仓等待的信号。对于孕育形态,投资者可以利用第一根 K 线的属性和实体线长短判断目前市场是偏空还是偏多,如果第一根 K 线是阳线,则目前市场依旧是偏多的状态,反之亦然。

图 6-6   孕育形态

## 三、其他多根 K 线组合的含义

除了上面四种基本组合,还有一些比较常见的多根 K 线组合。其中,看涨组合有早晨之星、三白兵、上升三法等,看跌组合有黄昏之星、三乌鸦、下降三法、强弩之末等。对于多根 K 线构成的组合,投资者可以将其拆分为单根 K 线或两根 K 线的基本组合进行分析。比如早晨之星,实际上是由两个缺口(一个衰竭性下降缺口和一个突破性上升缺口)构成,因此可以解读为比较强烈的上涨信号。又比如上升三法或下降三法,可以将其拆解为一个孕育形态加上一个鲸吞形态,其释放的信号与鲸吞形态较为相似。

## 第三节   外汇交易价格形态分析

### 一、价格形态的形成原理

在外汇市场上,汇率的上下波动是由多空双方力量大小切换造成的。当多方处于优势时,汇价上涨,而当空方处于优势时,汇价则会下跌。在多空力量进行切换时,汇价相应出现阶段性的顶部、中间调整和底部。这些顶部、中间调整和底部，往往呈现出较为类似的波动模式。根据技术分析的第三个假设，这些波动模式是具有重复性的，可以被归纳出来，并用以辨析外汇交易的买卖点，这便是价格形态的由来。

## 二、顶部和底部形态分析

外汇价格的顶部形态，通常也被称为顶部反转形态，该形态出现后，市场进入看空阶段，后续汇率将会下跌。投资者应该注意，顶部反转形态需要经过确认，才能据其进行交易。顶部反转形态的确认有两个要件，首先是形态必须已经大体成型，其次是某条重要支撑线①被跌穿。另外，投资者还可以结合成交量及形态形成时间来辅助确认。

常见的顶部反转形态有头肩形态、双重顶形态、多重顶形态、倒 V 顶形态和圆弧顶形态（图 6-7、图 6-8）。除倒 V 顶和圆弧顶外，其他顶部形态通常将其颈线作为重要支撑线和确认信号，如果颈线被跌穿，则投资者应该在汇率反弹至颈线附近时选择减仓或离场。头肩形态的颈线为"两肩"与"头部"之间两个低点的连线，双重顶形态的颈线为经过形态中部低点的水平线，而多重顶形态的颈线则是各顶部之间低点的连线。

外汇价格的底部形态，通常也称为底部突破形态，该形态出现后，市场进入看多阶段，后续汇率将会上涨。与顶部反转形态类似，底部突破形态也需要经过确认，才能据其进行交易。常见的底部突破形态有倒头肩形态、双重底形态、多重底形态、V 形底形态和圆弧底形态（图 6-7、图 6-8）。

除 V 形底和圆弧底外，其他底部形态也将其颈线作为重要压力线和确认信号，如果颈线被突破，则投资者可以在汇率回调至颈线附近时选择建仓或加仓。倒头肩形态的颈线为"两肩"与"头部"之间两个高点的连线，双重底形态的颈线为经过形态中部高点的水平线，而多重底形态的颈线则是各底部之间高点的连线。

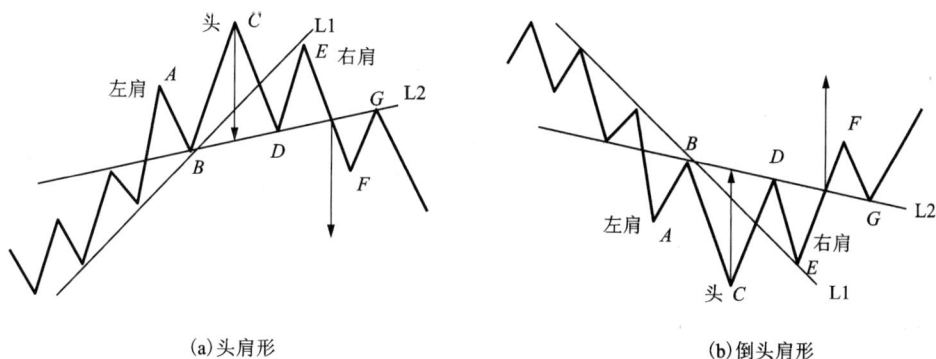

(a)头肩形　　　　　　　　　　(b)倒头肩形

图 6-7　头肩形和倒头肩形

---

① 通常指形态的颈线。

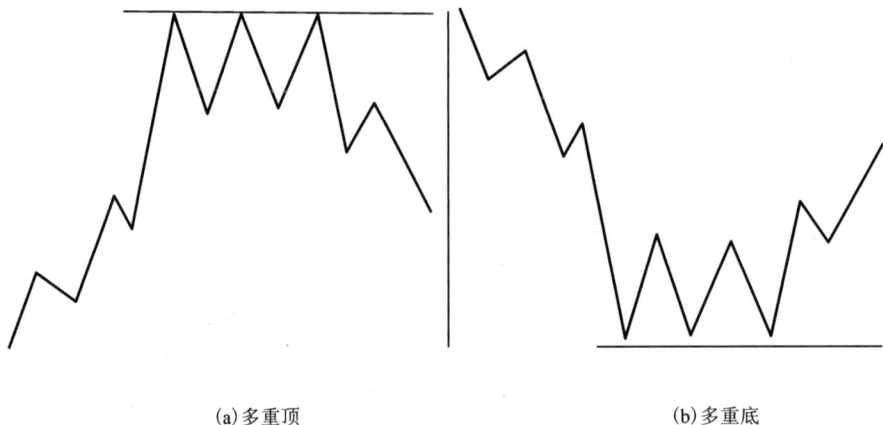

(a)多重顶       (b)多重底

**图 6-8 多重顶和多重底**

### 三、调整形态分析

汇率波动的调整形态通常出现在某个趋势的中间阶段，代表着市场在经过一段时间的上涨或下跌之后短暂地进入休息阶段，多空双方力量进入均衡状态，并各自消化多余的信息，为接下来的走势蓄力。常见的调整形态有三角形调整、箱形调整、旗形调整、楔形调整、喇叭形调整、菱形调整等(图 6-9、图 6-10、图 6-11)。

调整形态由于处于趋势中部，对汇率走势的指示作用较弱，但投资者应该注意判断调整形态是否会转化为顶部反转形态或底部突破形态。一种较简单的判断方法是做出连接调整形态各高点和各低点的趋势线，如果价格突破高点趋势线则上涨趋势延续或调整形态转化为底部突破形态，如果价格跌穿低点趋势线则下跌趋势延续或调整形态转化为顶部反转形态。

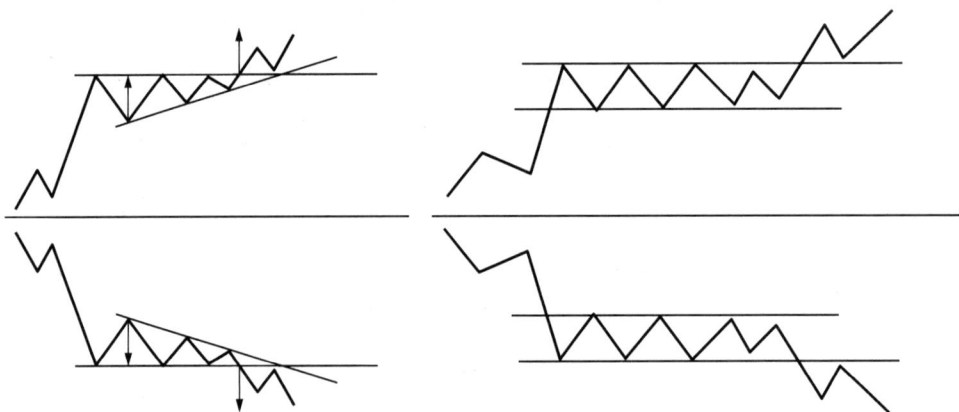

**图 6-9 三角形调整和箱形调整**

图 6-10 旗形调整和楔形调整

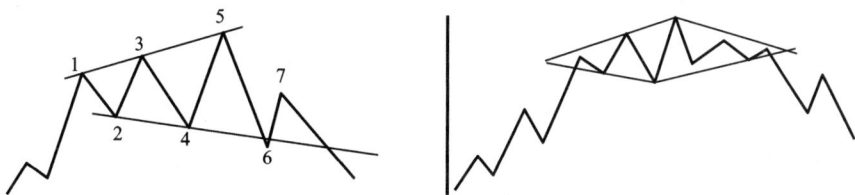

图 6-11 喇叭形调整和菱形调整

# 第四节 外汇交易技术指标分析

## 一、技术指标概述

外汇交易技术指标，是指通过一定的数学计算方式，对历史汇率或交易量等基础数据进行运算所形成的，能体现市场中某种实质关系并具有交易指示作用的数据集合。目前市场上流行的技术指标种类繁多，但投资者只要抓住技术指标的两个基本要素，就可以举一反三，快速掌握技术指标体系。这两个基本要素便是形成技术指标的基础数据，以及计算技术指标的运算方式。

可以用以计算技术指标的基础数据主要指历史汇率价格。投资者可以使用汇率的开盘价、收盘价、最高价、最低价或中间价作为基础数据，也可以使用模型估算的价格、期货市场形成的价格、其他投资者的期望价格或机构提供的参考价格作为基础数据。利用历史汇率价格计算外汇交易技术指标是目前最广泛使用的方法。另外，投资者还可以使用成交量、买卖方家数或委托单数、其他指标值等作为基础数据。

外汇交易技术指标的计算方法较多，并且投资者为了增加指标的准确性及指示性经常叠加使用它们，这使技术指标的编制显得较为复杂。最基本的计算方式包括以下几种：

(1)求和、求差、求积、求商，即对基础数据进行简单的加减乘除以获得指标值，常见于累积指标、摆动指标以及比率指标。

(2)计算平均值，包括计算基础数据某一段时期的简单算术平均值、加权算术平均值、简单几何平均值和加权几何平均值等。

(3)计算移动平均值，即依次选取一段固定长度时期的基础数据，并计算其算术平均值，从而得到一组连续的指标数据。技术指标中的均线指标就属于这一类。

(4)计算平滑值。平滑值本质上是一种加权移动平均值，某一期的平滑值等于当期基础数据观测值与近期平滑值的加权平均值，权数被称为平滑因子，可以根据需要进行调整。平滑指标通常被用以减小基础数据的波动性，突出数据波动趋势，如 EMA 指标和 MACD 指标。

## 二、技术指标观察方法

不同的技术指标，有不同的观察方法，得到的结果和指示也不尽相同，投资者应该充分结合自身经验和市场状况，选择合适的技术指标及观察方式。总的来说，技术指标的观察方法有以下几种：

### (一)观察指标线的交叉

对于均线指标和平滑指标，可以按照纳入计算的时间长短或采用的平滑因子大小，区分为快速线和慢速线。快速线纳入计算的时间较短，或是采用的平滑因子较大，指标数值受当期基础数据值影响较多，波动频率较高，幅度较大；而慢速线纳入计算的时间较长，或是采用的平滑因子较小，指标数值受过去周期基础数据值或指标值影响较多，因而波动频率较低，幅度较小。随着汇率的波动，快速线会上下穿越慢速线，从而形成交叉，这些交叉对后期的汇率走势有一定的指示作用。快速线从上向下穿越慢速线形成的交叉称为死叉，预示着汇率将下跌。如果形成的死叉位于趋势的高位，则称为高位死叉；如果形成的死叉位于慢速线的最高点右侧，则称为右侧死叉，高位死叉和右侧死叉释放出来的信号更加强烈。相反，如果快速线从下向上穿越慢速线，其形成的交叉称为金叉，预示着汇率将上涨。如果形成的金叉位于趋势的低位，则称为低位金叉；如果形成的金叉位于慢速线的最低点右侧，则称为右侧金叉。低位金叉和右侧金叉释放出来的信号更加强烈(图6-12)。

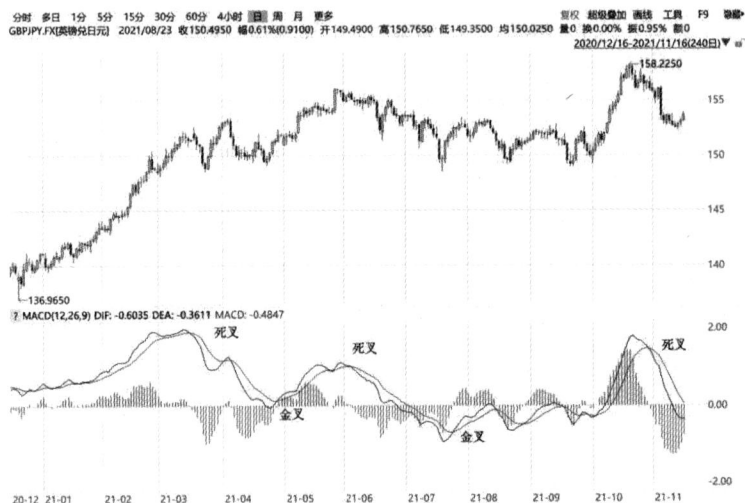

图6-12　MACD指标的金叉和死叉

**(二)观察指标线所处的区域**

部分外汇交易技术指标具有波动的范围,比如 RSI、W&R、KDJ 等,对于这些指标,投资者通常可以观察指标线是进入超买区还是超卖区并判断汇率接下来的走势。超买、超卖区域体现的是"物极必反"的思维,当指标线进入超买区,说明汇率已经经过一段时间的上涨,投资者可能会觉得价位已经过高而停止做多,从而导致汇率上攻"力竭"、掉头往下的概率增加。相反,当指标线进入超卖区,则说明汇率经过一段时间的下跌,已经接近前期建仓做多者的成本线,从而止住跌势、掉头往上的概率增加。另外,除了累积指标,其他大部分指标为没有限定波动范围的指标,如均线指标、MACD、BIAS 等,投资者可以通过指标的历史高低位数值来大概划分超买、超卖区域,并且推断合适的买卖点(图 6-13)。

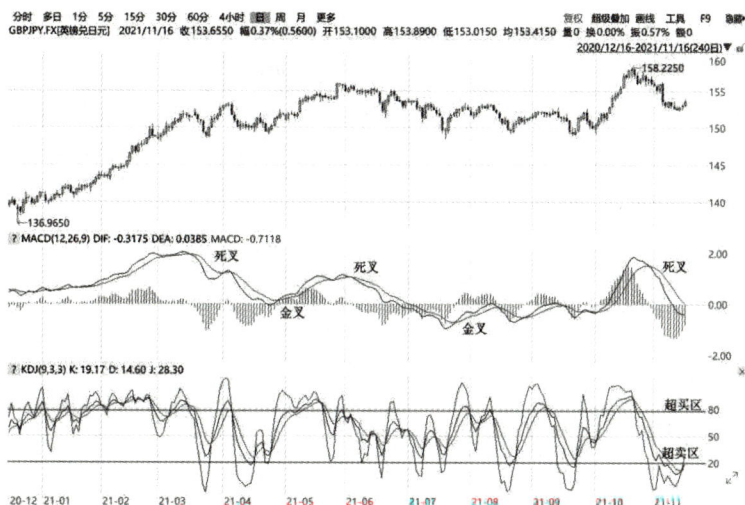

图 6-13 KDJ 指标的超买区和超卖区

**(三)观察指标的趋势、转向、背离、聚拢或进行形态分析**

价格指标往往会与价格呈现正相关或负相关的波动,并且形成一定的趋势,因此投资者可以通过观察其趋势或者转向来推测合适的交易价位。另外,快速指标线与慢速指标线之间或指标线与价格走势之间,可能出现背离或聚拢的状态;背离持续扩大往往表示目前的趋势还没有结束,而背离逐渐缩小,指标线逐渐聚拢,则说明目前的趋势已经接近尾声。当指标线互相交织,没有明显的背离出现时,则说明目前市场处于调整状态,买卖双方力量均衡,汇率会围绕某一价位上下波动,缺乏关于未来走势的信号。对于某些价格指标除观察趋势和背离外,还可以对其进行形态分析,比如 CCI 和 RSI 等,投资者可以通过观察其波动形态寻找相应的价格底部和顶部,进而确定交易价位。

此外,投资者在观察技术指标时,还应该注意以下几点:

(1)应该充分理解技术指标的计算方式和参数调整,根据具体的情况对指标设置不同的敏感度。比如当指标波动剧烈,交叉过于频繁,或者在观察价格较长期的走势时,投资者可以增加指标参数来降低其敏感性，使指标"噪声"减少，走势更加平滑明朗，交叉信号更加强烈。而当指标过于迟钝，信号延迟过久，投资者则可以选择增加指标敏感性，让信号的出现更加及时。

（2）应该选择合理的观察周期，采用与自身的交易频率相契合的指标进行观察。比如交易频率低的投资者，可以选用如 DMI 一类的趋势指标作为主指标，而交易频率高的投资者则可以选用 CCI 等较为敏感的价格指标。

（3）应该观察多个技术指标，并与其他技术分析方法结合来判断交易价位，以提高分析准确度。当多个技术指标及多种技术分析都显示出同向交易信号时，即我们称之为技术"共振"时，其准确性较强；而当技术指标间或不同的技术分析方法显示出反向交易信号时，市场价格走势可能还不甚明朗，投资者应该谨慎操作，控制仓位，尽量避免亏损。

## 三、均线指标分析

均线指标也称移动平均线，是连续若干个交易周期收盘价的算术平均值连成的指标线。均线指标与其他技术指标一样，可以选择周期和设置参数。均线的周期与 K 线周期一致，从 5 分钟到年，而均线的参数则设定了纳入计算的周期数，并决定了均线指标的敏感性。

$MA$ 的计算比较简单，下面以表 6-1 的情况为例进行说明：

表 6-1　$MA$ 指标计算示例

| EURUSD | | | | | | |
|---|---|---|---|---|---|---|
| 周期 | 1 | 2 | 3 | 4 | 5 | 6 |
| 汇率 | 1.1095 | 1.1103 | 1.1104 | 1.1096 | 1.1002 | 1.1008 |

其中，第四个周期的 $MA_{(2)}$ = (1.1104+1.1096)/2 = 1.1100；第六个周期的 $MA_{(3)}$ = (1.1096+1.1002+1.1008)/3 = 1.1035，以此类推。

均线指标的分析主要以格兰维尔法则为基础，着重分析汇率的趋势、支撑价位和压力价位。具体的观察和分析方法有以下几种：

（1）观察价格是在均线上方运行还是在下方运行，以及是否有突破或跌穿均线的迹象。均线本身对价格具有支撑和压力作用，越慢速的均线该作用越强。当价格在均线上方运行的时候，能获得一定的支撑，而当价格在均线下方运行的时候，则受到一定的压制。当均线被跌穿或突破的时候，其支撑和压力作用发生转化，投资者也应该相应地改变投资策略。

（2）观察价格和均线之间的偏离程度。均线指标由若干周期的收盘价平均所得，因此其走势必定与价格走势保持大体一致。但由于均线变动较为平和，价格有时会发生偏离，围绕均线上下波动。从较短期的角度看，当价格向上偏离均线较多时，会受到来自均线向下的"拉力"，从而有可能在未来下跌。相反，当价格向下偏离均线较多时，会受到来自均线向上的"拉力"，从而有可能在未来上涨[①]。

（3）观察各均线指标线的排列。快速均线和慢速均线在价格趋势形成之后，会呈现一定

---

① 该关系同样适合于快速均线和慢速均线，主要用于外汇短期交易的分析。

的排列方式。如果相对快速的均线位于相对慢速的均线上方，表示短期价格上涨速度快于较长期上涨速度，市场比较强势，是一个比较积极的上涨信号，称为"多头排列"。相反，如果相对快速的均线位于相对慢速的均线下方，表示短期价格上涨速度慢于较长期上涨速度，市场处于弱势，是一个下跌信号，称为"空头排列"。

（4）观察各均线的背离程度、转向和交叉。当各均线背离程度加大，呈现发散状，表示趋势持续加剧；而当各均线背离程度减弱，呈现收拢状，则表示趋势减缓。当各均线指标出现互相交织，则代表目前趋势不明，市场处于均衡状态，变盘点尚未出现。同样，投资者可以观察均线指标是掉头向下还是转而向上，是否出现金叉或死叉，金叉死叉是高位还是低位，是左侧金叉还是右侧金叉等，来综合判断汇率接下来的走势。

## 四、MACD 指标分析

MACD 也称平滑异同移动平均指标，即依次对汇率价格进行平滑处理、求差处理和移动平均处理之后得到的一组数据。MACD 指标是从加权移动平均指标 EMA 推导得出的，由正负差 DIF、异同平均数 DEA 和两者之差倍数值（也称柱状线）BAR 三部分构成。具体的计算公式为：

$$EMA_{n+1} = (1-\alpha) \times EMA_n + \alpha \times P_{n+1}$$

$$DIF = 快速\ EMA - 慢速\ EMA$$

$$DEA = 若干周期\ DIF\ 的移动平均值$$

$$BAR = 某倍数 \times (DIF - DEA)$$

其中 $\alpha$ 是 EMA 进行平滑处理的平滑因子。

MACD 的观察和分析方法包括以下两个方面：

（1）观察 DIF 线与 DEA 线之间的背离和交叉。DIF 和 DEA 之间的差额由 BAR 直观地体现在指标图上。当两者背离程度提高，表示价格趋势持续加强，BAR 线逐渐变长；而当两者背离程度降低，表示价格趋势持续减弱，BAR 线逐渐缩短。当趋势出现切换，DIF 和 DEA 线则出现交叉，BAR 线颜色也相应转换。与其他指标类似，投资者可以通过观察两条指标线是否出现金叉或死叉，以及出现交叉的价位和位置来推断交易时机。

（2）观察指标所处的区间。MACD 指标图由零线划分为上下两部分，当 DIF 和 DEA 位于零线上方时，市场较为强势，上涨趋势可能尚未结束；而当 DIF 和 DEA 位于零线下方时，市场相对弱势，下跌概率较大。投资者应该特别注意指标线突破或跌穿零线的时刻，此时市场的形势发生改变，可能是较为重要的变盘点，应该谨慎操作。另外，MACD 指标线也有超买超卖区域，但没有具体的参考数值，投资者可以通过其历史峰值和谷值来推断超买超卖区域，并做相应操作。

## 五、WMS 和 KDJ 指标分析

WMS 和 KDJ 指标最早源自期货市场，与 MA 和 MACD 一并属于技术分析中非常常用的指标。WMS 是由拉里·威廉斯于 1973 年创立的，因此也被称为威廉指标，用以测量市场当前价格在过去一段时间的价格波动空间里所处的相对高度。WMS 有正向和反向之分，正向 WMS 走势与价格一致，反向 WMS 走势则与价格相反。为了更好地区分两者，正向 WMS 有时被称为未成熟随机值 RSV，而反向 WMS 则被称为 W&R 指标。WMS 的计算公式如下：

正向 $WMS_n = (C-L_n) \times 100 / (H_n - L_n)$

反向 $WMS_n = (H_n - C) \times 100 / (H_n - L_n)$

其中 $H_n$ 指选取时期的最高价，$L_n$ 指选取时期的最低价，$C$ 指当前市场的收盘价。

KDJ 指标，即随机指标，是由乔治·莱恩在 WMS 指标的基础上改良而来的，其使用的基础数值是正向 WMS，即 RSV 指标。KDJ 指标的 K 值由 RSV 指标进行平滑处理得出，D 值则由 K 值进行平滑处理得出，而 J 值代表的是 K 值和 D 值之间的差额。由于 J 值过于敏感，容易出现失灵，现实中较少采用 J 值来判断买卖点，而是以 K 值和 D 值为准。三者的计算可以使用以下公式：

$K_{n+1} = (1-\alpha) \times K_n + \alpha \times RSV_{n+1}$

$D_{n+1} = (1-\beta) \times D_n + \beta \times K_{n+1}$

$J = 3D - 2K$ 或 $3K - 2D$

其中 $\alpha$ 和 $\beta$ 分别是 K 值和 D 值进行平滑处理的平滑因子。

正向的 WMS，即 RSV 指标和 KDJ 指标的观察方式比较相似，最常用是观察指标所处的区间。通过指标的计算公式可知，RSV 指标以及 KDJ 指标中的 K 值和 D 值波动范围都是 0~100，因此可以利用数值对超买超卖区域进行划分。正常情况下，指标值 80 以上是超买区，20 以下是超卖区，超买区适合做空，而超卖区则适合做多。在市场较强势的情况下投资者可以适当调升两者的上限，而在市场弱势的情况下投资者则可以降低两者的下限。

另外，KDJ 指标还可以观察 K 线和 D 线的背离、交叉、转向，也可以使用形态分析，具体分析与其他指标类似。

## 六、其他常用指标介绍

外汇交易技术分析中，还运用到了很多其他的技术指标，这些指标经过改良重编，又衍生出其他指标，因此无法一一列举，只能进行大体的分类。技术指标可以分为趋势指标、超买超卖指标、均线指标、能量指标和其他类指标。趋势指标用以跟进价格的趋势，判断趋势的始末；超买超卖指标主要用以跟进价格波动，用超买超卖区域来判断汇率价位是否合理；均线指标是价格均值的体现，用以判断支撑价位和压力价位，也可以用以判断趋势；能量指标则是从市场多空双方力量强弱入手，判断汇率价格未来的走向。表 6-2 陈列了几类指标的一些例子以供参考。

表 6-2　其他技术指标分类

| 趋势指标 | DMA；DMI；MACD；EMV；DPO；TRIX；WVAD；VPT |
|---|---|
| 超买超卖指标 | CCI；DRF；KDJ；MFI；MOM；OSC；RSV；W&R |
| 均线指标 | BBI；EMA；MA；VMA；HMA；LMA |
| 能量指标 | BRAR；CR；MAR；VCI；VR；MAD；Psychological Line |

# 第五节 外汇交易支撑压力分析

## 一、支撑位和压力位的形成和判断

从历史数据上观察，投资者会发现在汇率波动过程中，总是有一些价格区间会"托住"价格，形成底部形态，而有一些价格区间则会"阻挠"价格的上涨，形成顶部形态，这些价格区间就称为支撑位和压力位。排除外部消息冲击的情况，支撑位的形成有两个原因：第一个原因是汇率已经下跌至多方持仓成本附近，多方没有盈利而停止平仓；第二个原因是目前汇率已经相对较低，做空空间不大，空方力量减弱而导致汇率停止下跌。同理，压力位的形成也有两个原因：第一个原因是汇率已经上涨较多，多方盈利而选择平仓离场，从而导致汇率上涨乏力；第二个原因是目前汇率已经相对较高，做空具备空间，空方开始进场建仓，促成汇率下行。

从技术分析的角度看，支撑位和压力位可以通过以下途径判断：

（1）前期汇率的高位会形成压力位，前期汇率的低位会形成支撑位。

（2）前期K线确认下跌信号的地方，特别是出现如跳空低开缺口等较为强烈的信号处会形成压力位，相反，前期K线确认上涨信号的地方则会形成支撑位。

（3）均线本身能充当支撑位和压力位，当价格在其上方运行时均线形成支撑，当价格在其下方运行时均线形成压力。

（4）前期技术指标出现转向、交叉或进入超买超卖区时，对应的汇率价位会形成支撑位或压力位。

（5）前期价格形态出现顶部的地方会形成压力位，出现底部的地方会形成支撑位。

（6）趋势线和轨道线与均线类似，也能充当支撑位和压力位。

（7）前期汇率价格波动过程中，已经确认的支撑位被跌穿的地方，会转化成为压力位。同理，已经确认的压力位被突破的地方，会转化成为支撑位。

（8）用其他方式确认支撑位或压力位，比如黄金分割线、百分比线、甘氏线、移动筹码分布、成交量异常处等，投资者也可以灵活采用。

## 二、趋势线和轨道线

外汇交易技术分析的三大假设中包含了一条——汇率的波动具有趋势，即汇率的上涨和下跌会在起始后持续一段时间。为了让趋势更容易辨认，在技术分析中往往会采用趋势线或者轨道线来表现价格趋势。趋势线的画法较为简单，一般是先标出一段时间的价格高位或低位，并做出一条直线，使直线尽可能多地连接这些高点或低点。连接高点的直线如果向右下方倾斜，则代表下跌趋势，被称为下跌趋势线或压力线，其本身也会对后续的汇率走势形成压制作用。相反，连接低点的直线如果向右上方倾斜，则代表上升趋势，被称为上升趋势线或支撑线，其本身会对后续的汇率走势形成支撑作用。轨道线则是两条分别连接高点和低点的平行直线，其作用与趋势线类似，下方的直线代表支撑位，上方的直线代表压力位。唯一的不同是，趋势线通常假定价格在未来一段时期的波动幅度相当，在体现出趋势的同时，还体现出接下来价格可能的波动范围（图6-14）。

图 6-14　上升趋势线和下降趋势线画法

### 三、黄金分割线和百分比线

黄金分割线和百分比线，也是通常被用以确认支撑位和压力位的方法。这两者有一定的共同性，都认为汇率走势的"反弹"或"回调"最有可能出现在前期从某个显著低点开始的涨幅或从某个显著高点开始的跌幅的某个比例处。黄金分割线采用的比例是黄金分割数，这些黄金分割数包括 0.236、0.382、0.500、0.618、0.809、1.000、1.236、1.382、1.618……百分比线则采用三分位数和八分位数作为推测支撑位和压力位的比例，包括 1/8、2/8、3/8、4/8、5/8、6/8、7/8、1/3、2/3(图 6-15、图 6-16)。

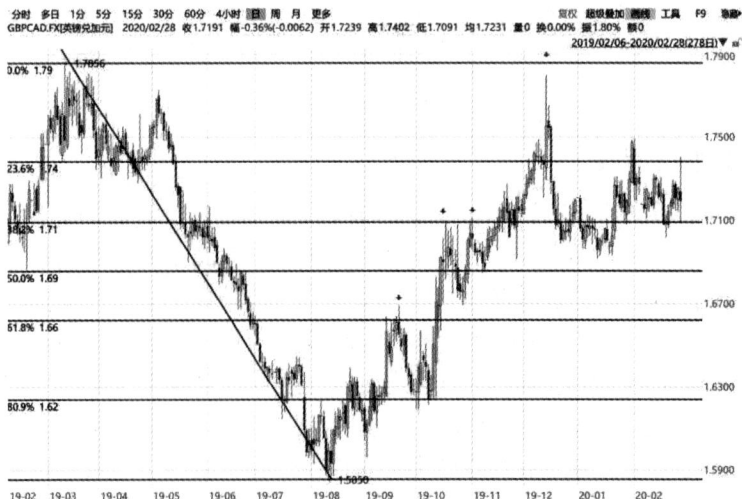

图 6-15　黄金分割线的画法

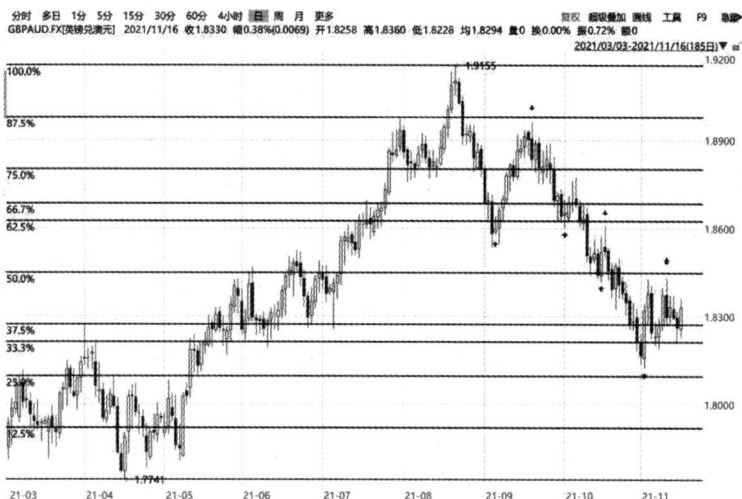

图 6-16　百分比线的画法

举个例子，假设在一段时期内，EURUSD 汇率从 1.1000(显著低点)上涨到 1.1300，总共上涨了 300 个基点，此时投资者想推测回撤的价位。如果他采用黄金分割线，则回撤的支撑位可能出现在 1.1300−(0.0300×0.236) = 1.1229 处，如果汇率进一步下跌，则会到达 1.1300−(0.0300×0.382) = 1.1185 处，依次类推。如果他采用百分比线，则回撤的支撑位可能出现在 1.1300−(0.0300×1/8) = 1.1263 处，如果汇率进一步下跌，则会到达 1.1300−(0.0300×2/8) = 1.1225 处，依次类推。

## 四、其他支撑压力的判断方法

除了以上介绍的各类方法，投资者还可以用其他的方式来确定支撑压力位，比如使用扇形线、速阻线、甘氏线等从角度方面来判断支撑压力。投资者也可以从时间上来判断，如使用时间周期论、波浪理论等，或是使用其他结合消息面和基本面的非传统指标如移动筹码或多空持仓成本等来推断。总的来说，支撑压力位的判断见仁见智，投资者应该多加练习，在实践中检验各类方法的合理性和准确性，尽量避免因错误判断造成亏损。

## 【本章小结】

本章介绍了外汇交易技术分析中较为常用的一些技术分析方法，包括 K 线分析、价格形态分析、技术指标分析和支撑压力分析，旨在引领初学者入门，使其懂得如何更准确地判断外汇交易的买卖点。

## 【思考与练习】

1.为什么要进行外汇交易的技术分析？
2.外汇交易技术分析中的 K 线分析与价格形态分析有何异同？

3.外汇交易技术分析中的技术指标分析和支撑压力分析有何异同？

【案例分析】

在某日的文章中，我们发布了一组引用的统计数据，显示做短线的交易者从长期看盈利概率较低，该文在交易者中引起了很大关注，因为在实际情况中多数交易者更偏爱短线频繁交易。那么短线交易真的就没有出路了吗？未必！短线交易大有前途！

在此，我们把短线交易通俗地定义为日内交易和频繁交易，即一天交易次数从 5 次到 200 次不等的情况。在外汇交易中，很多交易者都会有这样的心态：一天太长，4 小时等不及，15 分钟还嫌慢，5 分钟刚刚好，1 分钟不嫌少，10 秒足够买进卖出一次！

对于心急的交易者，正所谓赚钱要争分夺秒！做得顺手的时候，多品种左右开弓！赚的单子立马平仓，亏的先等着，过一会在阻力位加仓，或者固定点数间隔加仓，等回调到单一品种回本的时候平仓。

我们不会鼓励交易者去玩超短交易，因为超短交易的要求其实是非常高的。我们对外汇交易的态度，早已经明确为"琅琊榜"交易八字诀：轻仓顺势，细水长流。

10000 美元，动用 0.06 手的底仓，持仓 4 单，就已经很难取得长期稳定性盈利。

小编根据对交易团队几万笔短线交易的观察，得出了重要的短线仓位与回撤之间的一般性关系。

以 10000 美元为例。操盘交易员具有资深外汇交易经验，同时具有很强的技术分析和资金管理能力。我们要求日内最大回撤控制在 3% 以内。我们期望的交易目标为每日收益 0.5% 到 1%，收益组成为净值加返佣之和。

围绕这个目标，交易团队进行了长时间的短线稳定性交易试验。最好的一次阶段性业绩，是连续 40 个交易日盈利，中间没有出现一天亏损。40 个交易日的收益达到 16%。

本次交易实验的规则：底仓 10000 美元一单固定开 0.06 手，只做 4 个直盘品种：欧元，英镑，澳元，美元。允许同时开 4 个品种，允许最大开 8 单，单个品种上最大允许同时单方向开 4 单。

交易策略分为两种。

一种是无方向交易，即利用仓位小的优势，在震荡趋势中不判断方向，在可能性较大的方向上快速开仓。

如果盈利，根据情况要么快速出，要么赚几个点、十几个点或者二十个点出。不对浮盈加仓，只下一单。

如果亏损，则采用小马丁法加仓。第一次间隔 13 点加仓，第二次间隔 21 点加仓，第三次间隔 34 点加仓。当加到第三次的时候，把其他品种上的浮亏单对冲点，以便集中火力处理四次小马丁加仓品种，并防控风险。四次加仓后，在单一品种上的总仓位是 0.24 手，并且行情已经单边走过 60 点。相对于 10000 美元而言，依然是一个很小的风险敞口。此时，静静持仓等待回撤解套。

在 40 个交易日中，日内盘中碰到的最大一次回撤是 5%，行情走过 200 点。因为前面有净盈利作为支撑，突破了交易团队设定的 3% 回撤目标，但并没有设置强行止损，而是找准机会，在上影线位置加到 1 手仓位，抓住一波几十点回撤的机会，一举解套。

我们并不认为这是一个好的交易策略，但是它足够简单。这样的小马丁交易策略经常被外汇交易者使用。

另外一种是波段中顺势交易。一次可以拿二三十点止盈平仓，主要用于明显的趋势性行情中。这个策略我们不做阐述。

根据我们后来的经验，上面的策略使用 0.06 手的底仓并不足够安全，收益也过高。比如说 40 天的收益高达 16%，但是盘中回撤会达到 5%，不排除更极端行情下会有 10% 的回撤。

所以，我们认为上面的策略问题不大，适合多数交易者使用。但是在底仓的控制上，不能是 0.06 手，而应该缩小为 0.03 手或者 0.02 手。这样，大波段被套的小马丁策略回撤幅度，可以控制在 1% 或极端情况 2% 以下。我们觉得这是个完全可以接受的风险敞口。

同理，如果 40 天能够用 0.06 的底仓做到 16% 的收益，用 0.02 手则完全可以做到 5% 的收益。一年 220 个交易日，可以稳当做出 20% 的收益。这回归到我们所说的大资金交易策略逻辑，并符合大资金长期实现要求的风控：回撤控制在 8% 以内，年化收益 20%。实际上，我们看到，这个策略下我们实现的回撤风控要求是 1% 到 2%。

# 第七章　外汇交易系统分析

学习知识很重要，但更重要的是亲身实践，将理论与实践结合起来。同样的道理也适用于外汇交易，要在掌握理论技巧的同时，将之用于实操，在挫折与成功中体悟市场真谛。"做我们这个行当的，说一千道一万都没有用，实战业绩是唯一可以拿来说事的东西。公司对我们的要求就是四个字：稳定盈利。别小看这四个字，却是许多职业外汇交易员穷其一生都求之不得的高段位境界。"这是一位顶尖交易员对其30年投资经历的总结。对于职业操盘手来说，稳定盈利就是几十次账户爆仓后的渐悟过程，而对大多数投资者来说，在经历了三五年的努力和拼搏之后，往往选择的是退出而不是坚持，盈利的难度可想而知。本章的要点不是培训外汇交易高手，而是让大家理解外汇交易盈利的着力点。

首先，从交易中重新认识市场。外汇市场不是一个人为按照某种理论，例如套利理论规划路线而运行的机制，它对消息的反应会让你百思不得其解。只有经历了市场的惊涛骇浪，才能有渔民般的胜似闲庭信步。其次，人的理性是有限的，不要逾越理性可达的范围，理性只在特定的领域内有所作为。更高层次的理性是为自己定规矩，然后要求自己严格地服从和执行。交易系统的建立和执行就是理性的表现形式。最后，"实践，是个伟大的揭发者，它暴露一切欺人和自欺"。市场让人性的弱点展现无遗，贪婪与恐惧在价格的剧烈波动中此起彼落，人最难的是战胜自我。只有达到王阳明的"此心不动，随机而动"的境界，才能让理性的光芒照亮稳定盈利的道路。

## 第一节　投资心态的调整

外汇交易者生存的世界无疑是一个弱肉强食、适者生存的世界，在这个世界里，生存是第一位的，人性的贪婪、任性和恐惧都将使绝大多数外汇交易者被淘汰。因此，外汇交易者要"认识自己"，不断加强对自身的修炼，提高自己驾驭风险的能力。否则，被淘汰出局是必然的。

### 一、聆听市场

要想听懂市场语言，其重要前提就是充分了解自己，知道自己是个什么样的人，再坚定地培养有利于成功交易的品质。同时，必须学会感知大多数人视而不见的机会，掌握对成功交易必不可少的知识。其实，赢利不仅仅是交易者最终的目的地，也是其中的一段行程。世界上没有只赢不输的投资者，应尝试着把一些注意力放在对交易技巧的精湛追求和体味交易操作的个中乐趣上，不要一味地追求赢利的结果。

## 二、克服"投资饥渴症"

许多投资者在尚未充分了解市场的层次与趋势之前便盲目冲杀，介入时间太早而且反反复复买入卖出，在仓促中错失良机或是被赢利的欲望所淹没而没有果断地进行止损止盈。每一个成功的投资者都应该懂得"以静制动"，要做一个深谋远虑的人。在进入市场之前要做好充分的准备，因为机会永远都是存在的，不同阶段的市场蕴藏着不同的热点，而我们所要做的就是抓住属于自己的机会，打一场有准备的仗。

## 三、坚持自己的观点，偶尔也可采取逆向思维

市场价格波动受到诸多复杂因素的影响，在失去自我判断的时候，投资者往往会选择跟风，甚至产生"羊群效应"而走上毁灭之路。真正明智的投资者决不会行情一热全仓跟进，一旦风吹草动便抽身而逃。在关键时候，投资者要保持冷静和客观，享受"众人皆醉我独醒"的乐趣。

## 四、耐心往往比决心重要

在交易过程中投资者常感叹下决心困难。其实，无论是否持有仓位，保持耐心才是难上加难的。因为周围环境的感染或一时冲动而频繁进出的大有人在，他们以为这是提高了资金的利用率，而实质上却是一种浮躁的表现。最要不得的就是在该止损时不严格止损，被贪婪冲昏头脑而自掘坟墓。但值得注意的是，过分的耐心等于贪心，在赢利途中应高位减磅、适可而止，否则将坠入无止境的欲望深渊，真可谓成也"耐心"，败也"耐心"。

## 五、永远不要对市场失去信心

一定不要逆势而为，不要仅仅因为价格低了就做多，价格高了就抛空，在做每一单时都要给自己合适的理由。同时，正确看待和把握市场风险，因为它决定着我们的做单偏好。无论输赢都不要沾沾自喜或垂头丧气，保持平和的心态非常重要，也绝对不要以市场为敌，因为市场永远是市场，是现实存在，不论对错。

# 第二节　影响外汇交易的主要因素

## 一、政治因素

布热津斯基指出："地缘政治是指那些决定一个国家或地区情况的地理因素的相互结合，强调地理对政治的影响。"这里，他强调的是影响政治的地理因素。影响国际政治的地缘政治要素主要可以分为三个方面：第一个方面是国家地缘政治要素，包括国家的地理位置、国土面积、地形特征和自然资源。地理位置表明国家在地球上的方位：位于地球的南方还是北方，东半球还是西半球；地处世界热点范围还是远离是非地区；幅员形状是狭长形还是类似圆形，是紧凑型还是松散型。地形特征是指地形、气候、水文、生物等。如世界上的文明古国——中国、古印度、古巴比伦和古埃及，均处中纬度气候湿润温暖的平原江河地带等自然环境良好地区。第二个方面是区域地缘政治因素，主要包括邻国状况、与邻国之间的地缘

关系等。邻国状况是指邻国是大是小、是强是弱等。一国与邻国之间的地缘关系，既指国家相互之间包括距离、防卫在内的地理关系，又指从国家之间的政治、经济、军事、文化等方面的根本利益来思考，所形成的双方相互影响、相互作用的战略关系。第三个方面是全球地缘政治因素。全球地缘政治因素主要通过全球地缘政治格局表现出来。全球地缘政治格局是指在国际关系中对国际事务具有重大影响作用的国家或国家集团等主要战略力量，在一定历史时期内相互之间形成的具有全局性的稳定的力量对比及其基本状态。

地缘政治斗争的内容主要有：

（1）通过对地理空间的控制，谋求霸权或国际关系主导权。包括统治或领导世界的能力，在全球或地区格局中的主导或优势地位，以及通过空间实现的政治影响力和军事控制能力等。

（2）通过对资源、贸易、市场、运输线、领土、海洋等关键地理要素的占有或控制，既加强国际政治权力，又获得现实利益，增强国力。

（3）通过建立地域安全体系，如建立势力范围、缓冲地带等，或做出均势格局安排，谋求有利于自身安全的地缘环境。

地缘政治斗争是国际政治的一个重要内容，会对国家间政治关系产生深刻而具体的影响。

从历史上看，全球经济治理体系主导权是大国竞争的重要内容。谁拥有主导权，谁就可能在国际货币金融体系、国际贸易规则等领域拥有较多的话语权。20世纪30年代的大萧条暴露了全球经济治理体系中各国货币竞争性贬值、货币资本跨境流动管制、贸易保护主义等国际缺乏协调的内在问题，形成了美国、德国、英国等大国竞争全球经济治理体系主导权的局面。

二战的爆发暴露了德国企图主导全球治理体系的野心，德国的战败促使其退出了参与全球继续竞争主导权的机会。然而，二战后在和平的条件下，英美大国之间通过国际协调建立了以《布雷顿森林协定》为基础的全球经济治理体系。这为当代社会传递了重要的信息，即全球经济治理体系是大国竞争的重要领域，大国有可能通过国际协调而不是诉诸战争等极端手段在全球经济治理体系建设中进行合作。

当前全球经济治理体系对于中美两国都极为重要，中美两国经济总量占世界三分之一、贸易总量占世界五分之一，不合理的全球经济治理体系必然对中美经济产生巨大影响。当前全球经济治理体系由美国等发达大国主导，但中国是最大的发展中国家，经济总量已经跃居全球第二，金融危机以来对全球经济增量拉动贡献已经超过美国。中国等新兴大国的发展推动了世界格局的调整，客观上要求提升中国等新兴国家在全球经济治理体系中的话语权。过去几十年来，美国虽然时有犹豫，但总体上奉行了引导中国进入美国所主导的国际体系这一基本方略。奥巴马政府的"再平衡"政策，虽然被广泛解读为是为了制衡中国，但美国政府从未如此宣称，与此相关的决策意图也并未披露。但在奥巴马任期的后期，无论是美国各大智库的研究报告还是奥巴马政府重要官员的发言，都显示在美国政治和学术界，正在形成一个对中国"强硬"的共识。美国外交关系委员会的一份报告声称，美国在过去数十载实行的对华接触引导战略已经失败，中国既不太可能演变成一个美国所期待的国家，也不可能心甘情愿地在现有国际体系内部安然接受美国的领导。为此，美国应该改变对华的大战略，在不全然放弃接触的情况下强化防范与制衡。

该报告提出的主要措施有：①强力发展美国的创新性经济，制造对中国的不对称优势；②构建包含美国及其盟友和朋友的优惠贸易协定，并将中国排除在外；③强化对华出口控制以防止中国取得先进技术；④提升美国对亚洲的武力投送能力。这些提议在中国看来具有浓厚的冷战色彩，但在很多美国研究者和决策者看来却是为了维护美国的体系霸主地位和防范来自中国挑战的题中应有之义。不幸的是，种种迹象显示，虽然事情不会走到极端程度，但某些提议已经转化为实际的政策。

更加值得忧虑的是，这些迹象也许表明，美国的对华大战略正在经历一个大的转向，未来对华制衡和防范的色彩将日渐浓厚。毋庸置疑，这将为两国关系植入极大的不确定因素，使得对抗性冲突会更加频繁。中期来看，全球化使得美国制造业主寻求更廉价的劳动力，制造业的工厂逐渐迁出美国本土，向东亚转移，美国制造业占 GDP 比重二战以来持续降低，美国制造就业人数连续 50 年下降。让更多制造业企业回流美国以带动就业，是特朗普让美国重振的希望所在。《2018 美国国防战略报告》将中国定位为美国的战略竞争对手，说明其对华将展开全方位的强势遏制。美国对华态度的重大转变，一种更为深刻的认识是"修昔底德陷阱"①的必然体现，即中美摩擦背后的实质是"崛起大国与守成大国的传统冲突"，无论谁出任美国总统，紧张关系都将延续。

中美陷入"修昔底德陷阱"的迹象已经越来越明显。台海关系、朝鲜半岛、南海争端等地缘政治的敏感点在今后极可能演化为热点，贸易战仅仅是货币战、政治战、军事战的前奏，其对外汇市场所带来的冲击是前所未有的，是一只正在飞起的黑天鹅，也是我们分析未来外汇市场变动的基本观察点。

## 二、经济因素

GDP 是按市场价格计算的国内生产总值，是指一个国家（或地区）所有常住单位在一定时期内生产活动的最终成果。也就是说，日本公司在美国投资的工厂所创造的价值，也将计入美国的 GDP。它涉及的是实实在在的经济活动。

从经济学来讲，国内生产总值有三种形态，即价值形态、收入形态和产品形态。从价值形态看，它是所有常驻单位在一定时期内生产的全部货物和服务价值与同期投入的全部非固定资产货物和服务价值的差额，即所有常驻单位的增加值之和；从收入形态看，它是所有常驻单位在一定时期内直接创造的收入之和；从产品形态看，它是货物和服务最终使用减去货物和服务进口。

当然，作为普通的投资者，我们没有必要去过多地探究 GDP 的经济学意义，我们所要关注的是 GDP 对外汇市场的影响。一国 GDP 增长速度越快，表明该国经济发展越快；增速越慢，表明该国经济发展越慢；若 GDP 陷入负增长，则表明该国陷入经济衰退。一般来讲，若 GDP 维持较快的增速，将对该国货币带来支撑，反之则对该国货币起利空作用。这里的增长速度是一个相对的概念，假设 A、B 两国 GDP 的增速分别为 1.5% 和 0.5%，尽管增速都不够快，但若这种速度维持一段时间，A 国货币的走势将会好于 B 国货币。这里仅考虑的是 GDP 因素，实际的外汇走势还要综合其他因素来看，但 GDP 是最重要的经济数据之一，对外汇市

---

① "修昔底德陷阱"是指一个新崛起的大国必然要挑战现存大国，而现存大国也必然会回应这种威胁，这一说法最初源自古希腊历史学家修昔底德。

场有着较大的影响。西方国家 GDP 的公布通常分为每月公布和每季公布，其中又以每季公布的 GDP 数据最为重要，投资者应考察该季度 GDP 与前一季度及去年同期数据相比的结果，增速提高或高于预期，均可视为利好。

经济的周期性是理解经济增长的一把钥匙。最近热炒的明斯基时刻就是很好的典范①。在周期的繁荣阶段，投资者在大量借债的基础上购买金融资产。资产价格的上升反过来又进一步刺激了投资者对资产的需求，使债务和资产价格盘旋上升，并最终达到某个时刻。在这个时刻，投资者所持资产提供的现金流不足以偿还债务本息；货币市场出现恐慌，贷款人不再续借，投资者无法"借新还旧"，不得不抛售手中的好资产②，从而导致资产价格普遍下跌；而资产价格的下跌又进一步加深货币市场的恐慌，使货币市场上流动性枯竭，利息率飙升。一旦资产价格暴跌、银行挤兑、资本外逃就可以说明斯基时刻到来了。此后，大批系统性重要金融机构相继破产，并最终导致金融危机和经济危机。

货币政策是中央银行为实现特定的经济目标而采取的各种控制、调节货币供应量或信用总量的方针、政策、措施的总称。不同经济条件的国家，必然会实施不同的货币政策。同一国家，在不同的经济发展时期或同一时期不同的经济发展阶段也会采取不同的货币政策。货币政策因此与经济增长，特别是金融危机、经济危机有着极强的互动关系。2008 年次级贷危机爆发后，美联储不得不采用超常规的量化宽松政策，向市场无限量地输入流动性，导致美元长期走软，美元指数大幅下挫。这就让市场的长期趋势明朗化了。

## 三、数据因素

数据的重要性取决于市场的焦点。过往市场对一些经济数据尤其敏感，特别是重头戏的贸易数据、净资本流入、国内生产总值等，甚至是领先指标、每周首次申领失业救济金人数等，都可以借此数据大炒特炒一番。但现时部分数据的影响力已经大减，投资者对屡创新高的贸易赤字开始感到麻木，对同创新高的净资本流入亦毫无惊喜。现时市场所关注的，已经从贸赤的老问题转移至通货膨胀的问题上了，所以对有关通货膨胀的数据如消费者物价指数、生产者物价指数的重视程度越加提高。

由此可见，数据的影响力会随着市场焦点而转移。唯有一个数据的影响力却历久不衰，那就是美国就业报告中的非农就业新增职位。美国非农数据是美国非农业人口的就业数据，由美国劳工部每月公布一次，反映美国经济的趋势，数据好说明经济好转，数据差说明经济转坏。非农数据会影响美联储对美元的货币政策，经济差，美联储会倾向减息，美元贬值；经济好，美联储会倾向加息，美元升值。就业报告通常被誉为能够令外汇市场做出反应的所有经济指标中的"XO"，是市场最为敏感的月度经济指标。

美国劳工部公布的报告提供了包括与就业相关的信息，分别由两个独立的调查结果而得来，包括企业调查和家庭调查。企业调查是由劳工统计局与州政府的就业安全机构合作汇编，根据的样本包括约 38 万个非农业机构，有关非农业部门的就业情况，平均每小时工作和总小时指数，又称薪资调查（payroll survey）。家庭调查资料是由美国普查局（census bureau）先做当期人口调查（current population survey），主要以抽样所得的 6 万户家庭作为调查对象，

---

① 所谓明斯基时刻是指信贷周期进入资产价格大规模暴跌阶段。
② 毕竟，坏资产没人买。

然后由劳工统计局(BLS)统计出失业率。而非农就业人数则衡量在所有非农业工业中有收入人员的数字,例如制造业和服务业等。因此非农就业人数能反映出制造业和服务业的发展及其增长,该数字减少便代表企业减少生产,经济步入萧条及衰退。当社会经济繁荣时,消费自然随之而增加,消费性及服务性行业的职位也就增多。当非农就业人数大幅增加时,则反映出经济发展相当健康,理论上对汇率应该有利。因此,该数据是观察美国社会经济和金融发展状况的一项重要指标。如果该数据长期向好,美元通常会受到支撑而走强。

能够称得上"XO",当然是因为它有翻天覆地的能力。由于数字本身的好坏预示着美国经济前景的好坏,在数据公布前的一两天,只要市场上有任何关于该数值的猜测,市场便会风起云涌。

分析人士普遍认为,非农就业数据将对美联储是否决定在未来几个月降息产生影响。

这个数据之所以能对外汇市场有如此大的影响力,主要有以下几个原因。

第一,这个数据公布及时。这个数据是每月第一个公布的重要经济数据,而且这个数据在调查所得后,一个星期即由劳工部公布,所以能让市场及时得知美国最新的就业情况。

第二,这个数据详细地指出美国的就业情况,而公布的资料对预测美国经济状况非常有用。所以,当市场得到这些资料后,就可以对国内生产总值有大概的预测了。

第三,这个数据所关乎的,正是美国一般家庭的收入情况。显而易见,当国民的就业情况改善,收入增加,就会带动各个消费环节,而美国的经济大约有七成的增长可以说是以内部消费为主,所以得知就业数据,就可以预测到美国整体的消费情况了。

至于为什么市场那么关注这个就业数据,是因为市场上的分析师、经济学家对这个数据的预测准确度不够高,常常出现实际数字与市场预期大有出入的情况,所以整个市场都会关注实际的数字,以便调整自己对经济情况的预测。

# 第三节　外汇交易中的趋势与区间

## 一、趋势与区间的比较

外汇市场一个耳熟能详的谚语是"顺势交易",不过,如果当前市场没有明显的趋势时,交易的依据是什么呢?这是一个很务实的问题,因为外汇市场虽深受经济趋势主宰,例如货币政策周期,而呈现长期性的趋势性走势,但是这种方向性的趋势仍仅占市场价格行为的三分之一,意味着有大约三分之二的时间,市场价格变化其实是没有方向性可言的。

更糟糕的是,许多交易者通常仅仰赖一两种技术指标来辨识市场的方向以及作为交易时机的依据,这种"万用型"的取向使得他们经常受困于趋势与区间的市场,因为适用于辨识市场方向趋势的技术指标在市场呈现区间走势时,可能严重地误导交易者。其结果是,交易者可能太早了结获利、错失了一个更大的方向性波段,或是误以为趋势仍在而持有一个短线交易太久。

为避免陷入这种到底有没有趋势存在的迷思,建议交易者同时使用数个技术指标,以辨识市场是否存在着方向性的趋势,以及使用不同的指标来决定进场、出场点。不过,与其列出一串交易规则,不如提出一种弹性的技术分析方式,以协助交易者解决市场趋势是否存在的疑虑。

## 二、适合趋势交易的工具

首先，我们必须定义何为趋势。从技术分析的观点来看，趋势的含义是价格行为在所谓阻力位与支持位的变化是可预期的。例如，在一个上升趋势中，价格在接近支持位的时候将会反弹，最后会再创新高点；反之，在一个下跌趋势中，价格的回升将受阻于阻力位，最后还是会出现新低点。这个定义其实已经说明，趋势线分析是我们用来辨识趋势是否存在的第一个工具，这种分析可用来建议所谓的支持位与阻力位。

有些市场人士认为趋势线的分析太过主观，但是他们忽略了一点，这种分析其实有助于我们看清楚市场隐含的价格形态。有鉴于此，趋势线分析应该是用来决定趋势是否存在的第一项工具，如果该分析无法显示出一个可以辨认的趋势，则很可能的是，市场目前根本没有趋势可言。此外，趋势线分析也可用来辨识价格形态，这些形态本身也具有预测性的价值。

使用趋势线分析最好的出发点是采用较长时间的价格图表，例如日线图或周线图，然后再一步一步缩小至 4 小时以及 1 小时图，如此也可发掘较短线的支持位与阻力位。这种做法可以依序彰显出各种支持位与阻力位的重要性，避免交易者因为遵循了一个较短线的趋势线突破而忽略了一个可能就在不远处的主要趋势线。

另一个较客观的趋势判定工具是方向指标（directional movement index，DMI），此指标可以有效排除关于趋势是否存在的疑虑，并进一步确认从趋势线分析所得到的结论。DMI 系统由平均趋向指标（average directional movement index，ADX）与 DI+ 及 DI- 两条线组成，ADX 是用来判断目前市场是否处于趋势性的走势的，如果指数高于 25 便意味着趋势性的走势存在，如果低于 20 则意味着目前并无趋势可言。ADX 同时也可用来衡量趋势的强度，指数愈高便意味着趋势性愈强。使用 ADX 指标不仅可判断市场是否处于趋势性的走势，更重要的是，交易者可据此决定是否使用趋势追随的交易系统。

DMI 系统的两条线可产生交易信号，当 DI+ 由下向上穿越 DI- 时，是一个买入信号，当 DI- 由下向上穿越 DI+ 时，则是一个卖出讯号。不过如果要确认此一信号的有效性，信号当期的最高或最低价必须在下一个期间被超越。

因此，ADX 可用来作为趋势是否即将停顿的领先指标，当 ADX 开始从高位下降时，原有趋势如果不是停顿便是已经结束，此时交易者可了结既有的部位，然后等待下一个 DI+/DI- 的交叉交易信号。

## 三、区间走势的工具

诸如 RSI、KDJ 这些判定价格势头的震荡指标，是许多交易者最常应用在没有具体趋势或横向走势的市场的工具。这些震荡指标的最主要功能，是显示商品是否具有超买或超卖的迹象，并提前显示可能的价格反转信号。

然而，一旦市场处于强劲的趋势中，这种势头指标将可长时间地维持在超买或超卖的区间，并促使价格持续走高或走低，使得纯粹仰赖势头指标的交易者不是太早了结获利的头寸，就是反向交易，但是原有的趋势并不因为震荡指标已达极端位置而改变。

势头指标第二种用法是观察价格与势头的背离现象。这一理论的基础是，唯有隐含的势头存在，市场价格的变化才能被视为有效。例如，当价格持续出现新高时，只有其背后的势头也跟着出现新高，这种新高的价格才能稳住，否则所谓的背离现象便出现。背离现象在外汇市场频繁出现，价格通常也会跟随势头的逆转而逆转。

不过，在现实中，背离现象即使经常在趋势市场出现，价格却未明显逆转，使得原有的趋势仍然有效，而且价格最后还是加速地随着趋势方向变化，连势头也再度反转顺着趋势，使得根据背离信号逆向操作的交易无利可图。这也就是说，背离现象可以产生许多假信号，导致没有注意到趋势指标的交易者做出许多错误的交易。

## 第四节　外汇交易控制

如果交易员想长期稳定地获利，那么整体的交易应该是一个过程，而绝不是简简单单的一次预测或者一次全仓买入。其间至少包括：如何处理判断失误？最大亏损能够被控制在什么范围内？什么时间追买？什么时间获利了结？若市场出现非人力因素，如何处理？预期的目标是多少？是否满意？当市场价格变化以后，如何修正交易计划？

大多数交易者心中都有一个强烈的愿望，就是希望他们的每一次交易都是正确的，但是理性思考一下，华尔街的顶尖交易员在十年中的平均正确率仅仅是35%，你能做到多少？你是否现在就比他们优秀？另外，大多数投机者相信有一个通向市场的魔术：一个指标，一个形态，或者一个机械的交易系统，并且可以从此而获利。这是不可能的。

成功的交易员就是找到了一套适合自己的交易系统。这个交易系统是非机械的，适合交易员自己个性的，有完善的交易思想、细致的市场分析和整体操作方案的。系统的交易方法，才是长期稳定获利的正确方法。

### 一、自我控制

成功的投机者能够认识到：市场的成功来自对自我的控制。自我控制并不是很难达到的，但是对大多数人来说，意识到这一点却非常困难。

我们看看成功的投机者所共有的特点：

(1)他们的风险意识很强。他们在交易中经常出现亏损，但是任何一次都没有使他们承担过分的亏损。这与大多数亏损的交易者刚好相反，或者说，与我们的天性相反。风险控制首先是自我的控制。

(2)在国际市场中成功的投机者，成功率可以达到35%，甚至50%。他们之所以成功，并非因为他们正确地预测了市场价格，而是因为他们的获利头寸要远远地高于亏损头寸。这也需要极大的自我控制，当然，还需要整体的交易方案。

(3)成功的投机者的交易思路与众不同。他们有很大的耐心去做别人都害怕做的事情，会非常耐心地等待一个看起来非常渺茫的机会。我们知道，投机，正是因为机会而获利。如果没有对自我的严格控制，很难做到这一点。

很多投资者可以轻易地达到正确分析市场的程度，但是，要达到长期稳定的获利状态，却需要漫长的训练，训练的主要内容就是自我控制。自我控制要建立在正确的交易思想的基础上。在绝大多数情况下，自我控制并不是一件痛苦的事情。

### 二、亏损控制

我们可以从两个方面去寻求长期稳定的获利。

（1）成功率。每次交易的盈亏相当，但是获利次数比较多。比方说每次盈亏都为3%，但是10次交易正确7次，错误3次，那么总和获利为12%。

（2）获利率。单次获利较大而亏损较小，不计较成功率。比如交易10次，亏损7次，每次3%，获利3次，每次10%，那么总和获利为9%。

当然，既有成功率，又有获利率是最好的。很显然，没有任何人能够在一个相对长的时期内，准确判断每一次市场波动。那么，在交易中出现亏损，就是非常正常的事情，我们没有必要回避。

交易系统的一个重要的组成部分就是如何对待亏损。我们通常认为，所谓的亏损可以根据交易情况分成两个不同的部分，它们的性质截然不同。

（1）在正常交易中的亏损，就是说，在市场分析中因允许存在的误差而产生的亏损。一般地说，每一次交易，我们不可能找到精确的位置，而是允许有一定的误差。这主要是因为价格本身的运动趋势是以区域的方式体现的。这种亏损没有任何办法回避，也无须回避。只要能够将它控制，就永远不会对交易资本产生重大的影响。

（2）市场出现人力的或者非人力的因素，导致市场价格疯狂的变化，方向对投资者不利。从理论上说，这样的风险很难回避。但是，在日常的交易当中，我们可以养成良好的交易习惯来避免这样的风险。

从历史的情况看，市场不会在一个较长的时期内走单边行情，因此，我们在交易中，无论在大趋势有利还是不利的情况下，都能够找到比较从容的进出场的机会，尽量不要匆忙行动。

如果在交易中出现比较重大的失误，首先要做到的是不要惊恐。最好的方法是清理所有的头寸，远离市场一段时间，记住：交易所不是明天就关闭。

任何交易者，在其所有的交易记录中，都会包括获利交易和亏损交易两个部分，这是事实。既没有必要为获利的交易沾沾自喜，也没有必要为亏损的交易垂头丧气，长期稳定地获利，才是"投机者"的最终目的。

## 第五节　最简单的交易行为选择

一个最简单的交易系统，至少包括四个部分：买进，卖出，止损，头寸控制。作为交易者，我们是在利用市场的价格波动来获得利益。只有当市场出现能够把握的波动的情况时，才有可能获利——看起来很简单，但是这一点非常非常重要——就是说，一些波动能够把握，另一些波动不能把握或者根本不需要把握，比如向下的波动（股票市场）或者幅度非常小的波动。因此，交易是参与能够参与的波动，而不是所有的。

### 一、买进

一个交易是一个过程，而不是一次简单的预测。简单地说，交易者要判断在什么情况买入、买多少，如果市场并非向你想象的方向发展，应该如何处理头寸，如果市场向想象的方向发展，又应该如何处理。

在交易系统(杠杆操作法)中，关于买入有四个原则：一是在简单上升趋势中买入；二是在复杂上升趋势的回调中，出现向下分形的时候买入；三是在向上突破前期高点的时候买入；四是在横盘趋势停顿的下沿买入。

## 二、卖出

如果交易者有一些交易经验，很多时候对市场变化会有一些"感觉"，这些"感觉"应该建立在交易系统之上。我们相信，交易在更多的时候是要依靠感觉的。

当市场按照交易系统发展的时候，不需要做什么，耐心看着就可以。交易者必须明白，就交易的行为而言，它是一瞬间的事情，一年200多个交易日，真正交易的时候，可能只有几个小时，其他都是漫长而寂寞的等待。

在市场有利的时候，必须学会习惯于获利，这是区别交易者是否成熟的一个重要标志。假设成本是8元，市场价格现在是80元，但是趋势依然向上，你是否会坚定地持有？很多的交易者在获利的时候惴惴不安，而亏损的时候却心安理得，这样如何能够长期稳定地获利？下面介绍几种平仓的方法。

### (一)目标法

就是在入市之前先设定一个赢利目标。此法风险较大，如果市场方向长期达不到目标位，或者是在相反方向运作，则损失就会很大。

### (二)金字塔加码法

即投资者在入市获利的形势继续利好的情况下，在另外一个价格区域加大筹码的做法。

### (三)逐渐移动"止损"的做法

当我们做对方向的时候，不要马上以现价平仓，而是不断上提止损价。如果市场价格一路上涨，而没有达到我们所设的止损价，就可以继续守候更大的利润。一旦价格再加大涨幅，又可以把之前的止损价位改成更高的价位，直到市场回调价格到达我们的止损价位才平仓出局。这就是逐渐移动"止损"的方法。

### (四)获利逐级平仓法

就是投资者在入市有获利后，先行平掉部分头寸实现盈利，余下获利仓继续持有，以赢取更大利润的做法。此种方法主要是对之前仓位的减少，投资者有获利后而难以判断后市时，担心已有利润会消失，所以就先行收取部分盈利，余下的仓位则继续持有。此方法比较适合怕承担风险的人士使用。

## 三、止损

无论什么样的交易系统，也不论什么样的交易原则，都可能发生错误。如何处理失误，是交易者是否成熟的另一个重要标志。交易者都有一种本能，或者说内心的贪婪：希望自己所有的交易都是正确的，一旦失误，便去寻找各种各样的理由为自己开脱。

### (一)止损的重要性

作为投资者,我们面对的是不为我们意志所转移的庞大的资金市场,外汇市场上的风起云涌不仅潜藏巨大的盈利空间,也存在让人血本无归的风险。需要明确的是,这个市场永远存在机会,但一旦血本无归,就会丧失再次寻找机会的能力,因此,为了规避风险,设定止损不但十分重要,而且十分必要。

投资者通常决定入市操作的原因在于对市场某个方向的判断,特别是到了某些关键价位,是否突破将成为市场争议的焦点,市场对是否能够突破以及走势发展充满争议,更何况随时会出现意外的突破事件,可能改变整个市场的发展格局,这也正是市场的不明朗性所在。在这种情况下,投资者做出的选择无法确定正确,为了预防万一,就有必要设定止损,力求把损失降到最低。因为,重要水平的突破和重要突发事件的发生,往往会迸发巨大的冲击力量,带动市场资金快速向一个方向流动,汇率可能大涨,也可能暴跌,如果方向错误,而又不加止损的话,损失将会十分惨重。

### (二)止损的方法

1. 定额止损法

这是最简单的止损方法,它是指将亏损额设置为一个固定的比例,一旦亏损大于该比例就及时平仓。

它一般适用于两类投资者:刚入市的投资者;风险较大市场[①]中的投资者。

定额止损的强制作用比较明显,投资者无须过分依赖对行情的判断。止损比例的设定是定额止损的关键。

定额止损的比例由两个数据构成:投资者能够承受的最大亏损[②]以及投资者的盈利预期。

2. 技术止损法

即将止损设置与技术分析相结合,剔除市场的随机波动之后,在关键的技术位设定止损单,从而避免亏损的进一步扩大。一般而言,运用技术止损法,无非就是以小亏赌大盈。通过对汇价运行形态的分析,一旦发现汇价出现破位时,则坚决止损。实战中,投资者在止损之后还要注意"空中飞刀"不可伸手去接,在汇价下降趋势确立后要抱紧钱袋,在下降趋势中出头来抢反弹,如同刀口舔血,火中取铜钱,特别是无量小幅阴阳交错的下跌,往往使投资者产生止损的错觉,从而错失提早止损出局的时机。

(1)趋势切线止损法。包括汇价有效跌破趋势线的切线、汇价有效击破江恩角度线 1×1 或 2×1 线、汇价有效跌破上升通道的下轨等。

(2)形态止损法。包括汇价击破头肩顶、M 头、圆弧顶等头部形态的颈线位,汇价出现向下跳空突破缺口等。

(3)K 线止损法。包括出现两阴夹一阳、阴后两阳阴的"空头炮",或出现一阴断三线的"断头铡刀",以及出现"黄昏之星""穿头破脚""射击之星""双飞乌鸦""三只乌鸦挂树梢"等典型见顶的 K 线组合等。

---

① 如外汇市场等。
② 这一比例会因投资者心态、经济承受能力的不同而不同。

（4）筹码止损法。筹码成交密集区对汇价会产生直接的支撑和阻力作用，一个坚实的底部被击穿后，往往会由原来的支撑区转化为阻力区。交易者可以根据筹码成交密集区设置止损位，一旦破位立即止损出局。

**（三）止损价位设定的注意事项**

（1）要从大势着眼，在技术图形上寻找以往重大关口或创下的新高（新低），或市场已不止一次"证实"难以突破的价位。

（2）技术分析上的主要分析价位。技术指标价位通常为专业交易员和专业操盘手使用，这些价位也需要重点关注。

（3）政府或央行官员曾经强调的价位。

（4）从日常的操作中不断地总结和积累，找到适合自己情况的止损方式才是关键。

## 【本章小结】

本章既从心理、政治、经济等方面探讨了外汇交易应注意的关键问题，也从相关交易方法选择方面分析了影响外汇交易有效进行的主要因素，进而为深层次了解外汇交易的方法奠定了基础。

## 【思考与练习】

1. 为何外汇交易市场格外重视非农数据？
2. 简述经济周期性与货币政策的关系。
3. 趋势分析可用的技术方法有哪些？举出至少三种。技术指标可靠吗？
4. 货币体系的特质有哪些？
5. 交易系统的要件有哪些？怎样建立有效的外汇交易系统？
6. 实操题：模拟进行一周的外汇交易，并写出试验报告。

## 【案例分析】

### 顶尖交易员的核心观点

一、马蒂·舒华兹

冠军交易员，起初交易的十年，经常亏损，长期处于濒临破产的边缘，1979年之后成为一个顶尖的交易员。他一共参加过10次全美投资大赛的四个月期交易竞赛项目，获得9次冠军，平均投资回报率为210%，赚到的钱几乎是其他参赛者的总和。

他认为最重要的交易原则就是资金管理。

观点1：

假如我错了，我得赶紧脱身，有道是留得青山在，不怕没柴烧。我必须保持实力，卷土重来。

观点 2：

无论你何时遭受挫折，心中都会很难受。大部分交易员在遭受重大亏损时，总希望立即扳回来，因此越做越大，想一举挽回劣势。可是，一旦你这么做，就等于注定要失败。我遭受那次打击之后，就立即减量经营。我当时所做的事，并不是在于赚多少钱来弥补亏损，而是在于重拾自己对交易的信心。

观点 3：

任何人在从事交易时，都会经历一段持续获利的大好光景，例如我能连续获利 12 天，可是最后我一定会感到很疲累，因此我会在连续盈利或者重大获利之后立即减量经营。遭逢亏损的原因通常都是获利了结之后却不收手。

二、麦可·马可斯

天才交易员，1969 年至 1973 年期间，常常把自己的钱亏得精光，处于借钱—赔光—借钱—赔光的状态中。1973 年之后，开始走上成功的交易道路。1974 年 8 月进入商品公司担任交易员，公司给予 30000 美元作为交易基金，大约 10 年后，这笔基金收益率约为 2500 倍，扩大为 8000 万美元。

他认为，交易最为重要的一项就是有耐性。

观点 1：

我之所以会不断亏钱并亏个精光，最主要的原因就是耐性不够，以致忽略交易原则，无法等到大势明朗，就贸然进场。

观点 2：

今天符合获利原则的交易机会已经越来越少，因此你必须耐心等待。每当市场走势与我的预测完全相反时，我会说：原本希望趁这波行情大赚一笔，既然市场走势不如预期，我干脆退出。

观点 3：

你必须坚持手中的好牌，减少手中的坏牌，假如你不能坚持手中的好牌，又如何弥补坏牌所造成的损失？有许多相当不错的交易员，最后是把赚到的钱全数吐了出来，就是因为他们在赔钱时都不愿意停止交易。我在赔钱时会对自己说：你不能再继续交易了，等待更明朗的行情吧。而当你拿到好牌的时候，则要有耐心地拿着，否则你一定无法弥补拿到坏牌所输掉的钱。

三、汤姆·包得文

他也认为交易中最为重要的就是耐性。

观点 1：

很多交易员最常犯的错误就是交易次数太频繁。他们不会慎选适当的交易时机。当他们看到市场波动时，就想进场交易，这无疑是强迫自己从事交易，而不是居于主动的地位耐心地等待交易良机。

观点 2：

我们之所以能够获利，是因为我们在进场之前已经耐心地做了很多工作。很多人一旦获利之后，就会对交易掉以轻心，操作就开始频繁起来，接下来的几笔亏损会让他们无法应付以致导致庞大的亏损，甚至把老本都亏回去。

四、布鲁斯·柯凡纳

纵横全球的外汇交易员。1978 年至 1988 年，平均年回报率为 87%，也就是说若当初你投资 2000 美元到他的基金，10 年时间你的投资就可以成长到 200 万美元。

他认为，交易最重要的就是风险控制。

观点 1：

每当我进场时，总会预先设定停损点，这是唯一可以让我安心睡觉的办法。我总是避免把停损点设在市场行情可能轻易到达的价位，因为如果你分析正确，市场行情就绝不可能回档到停损价位；如果行情到达停损点，那么就表示这笔交易犯了错误。

观点 2：

我最糟糕的一笔交易就是源于冲动。根据我的交易经验，从事交易最具有破坏力的错误，就是过分冲动。任何人制定交易都应该根据既定的交易信号进行，千万不要因为一时冲动而仓促改变交易策略。因此，不要冲动是风险控制的第一码事。

观点 3：

我要强调，从事交易必须学会控制风险，你得做最坏的打算。因此，你必须小量经营，把每笔交易的亏损控制在资金的 1% 至 2% 之间。

五、理查·丹尼斯

海龟交易法的创始人。商品交易的传奇人物。于 20 世纪 60 年代末期进入商品交易行业，刚开始几年，经常把钱亏光。1970 年之后，开始走上成功的道路，20 年中，把 400 美元变成一笔约为 2 亿美元的财富。

他认为交易最重要的就是平静。

观点 1：

我从事交易已经有 20 多年了，若非早学会了保持平静，那我早就会被交易生涯中的大起大落给逼疯了。交易员就像拳手，市场随时都会给你施以一番痛击，必须保持平静。当你亏损时，说明情况对你不利，别急，慢慢来，你必须把亏损降到最低，尽可能保护自己的资本。当你遭受重大损失时，你的情绪必定大受影响，你必须减量经营，隔一段时间再考虑下一笔交易。

观点 2：

无论我是大亏还是大赚，都会保持心里平静，每天坚持分析每一笔交易，看看有没有违规的情况发生。对于好的交易，好好思考为什么会成功；对于不好的交易要自我检讨，找出症结所在。因此，你要想一直都做得很好，必须在平常就非常在意自己的每一笔交易。

观点 3：

几乎人人都可以列出我们所传授的 80% 的交易规则，可是他们无法叫人在市场不稳定的时候坚持这些规则。因此，平静地执行交易规则，应该可以让你把握到历史以外的大部分行情。

六、马可·威斯坦

曾经做过房地产中介，后来才做交易员，刚刚开始 4 年多的时间，亏钱简直就像丢钱，一次次地亏光，一次次重新存钱。经过 4 年多时间的失败后，开始走上成功的道路，一直保持极高比例的获利率。一个知情人士透露，曾经观看了他的 100 笔交易记录，其中只有几笔是亏损的。

他认为交易最重要的就是时刻保持谨慎。

观点1：

我为什么能够达到如此高比例的获利率？那是因为我害怕市场的诡谲多变，我发现成功的交易员通常都是畏惧市场的人，市场交易的恐惧心理，让我必须慎选进场时机。大部分人都不会等到市况明朗后才进场，他们总是在黑夜中进入森林，而我总是等到天亮才进去。我不会在行情发动之前去预测其变动的方向，我总是让市场变动来告诉我行情变动的方向。我总是选择与等待万无一失的机会才发动进攻，否则就宁愿放弃，这是我最重要的交易原则。

观点2：

不要被获利的喜悦冲昏了头脑。要知道，天下最难的就是如何持续获利。一旦赚到钱，你就会希望继续赚到更多的钱。这样一来，你就会忘记风险，你就不会怀疑自己既定交易原则的正确性，这就是导致自我毁灭的原因。因此，你必须时刻保持谨慎，亏钱了要十分谨慎，赚钱了要更加谨慎。

观点3：

交易策略要具有弹性，以反映市场的变化，才能显示出你高度谨慎的作战方式。大部分交易员最常犯的错误，就是交易策略总是一成不变，他们常常会说："怎么市场与我所想的完全不同？"为什么要相同呢？生活不总是充满未知数吗？当你的重要停损点被行情破掉的时候，极大可能是遇到震荡行情了或者转变趋势了，这时候你又怎么能继续这个趋势的操作呢？因此，这时你必须非常谨慎地等待事情变得更加明朗，而不是贸然地继续操作。

七、保罗·都德·琼斯

他具有攻击性的操作艺术。1984年9月，琼斯以150万美元创立了都德期货基金，到了1988年10月，该基金已经成长到3.3亿美元。他具有双重的个性，在社交场合，相当随和，是一位平易近人、谦谦有礼的绅士；在操盘时，下达命令仿佛是一位凶悍残暴的长官。

他认为，交易最为重要的就是自我约束和资金管理。

观点1：

在一次性地亏了自己70%的资金时，我就决定要学会自我约束和资金管理。在操作的时候，我会尽量放松心情，假如持有部位对我不利，我就出场，对我有利，我就持长。我现在的心理是如何减少亏损，而不是如何多赚钱。因此，当你操盘情况不佳时，减量经营或者停止经营，当操盘进入佳境时，增量经营，千万不要在你无法控制的情况下，贸然进场交易。

观点2：

每当我做一笔交易时，我总会提心吊胆，因为我知道干这一行，成功来得快，去得也快。每次遭受打击，总是在我洋洋自得的时候。任何事物毁坏的时间远快于当初建造其所花的时间，有些事物要花十年时间才能建造起来，然而一天就可以将其完全毁灭。因此，无论什么时候，我都会严格地自我约束。

观点3：

我最大的缺点就是过于悲观。因此我现在操作时从没有想过每笔交易能为我赚多少钱，而是无时无刻想着可能遭受的亏损，时刻注意保护自己已经拥有的东西。

八、艾迪·塞柯塔

天才交易员。塞柯塔利用电脑交易系统为客户和自己操作，在1972年至1988年间，所获得的投资回报率几乎让人难以置信，例如他的一位客户投资了5000美元，到1988年，该资金增长为1250万美元。

他认为交易最重要的就是敢于改变自己，否则永远无法成功。

观点1：

我认为交易与心理其实是一体的两面。金融市场是一个试探个人心理障碍的好地方。发生在自己身上的事，必定是自己心态的反映。失败的交易员很难改头换面为一名成功的交易员，因为他们根本不会想去改变自己。每位输家的内心深处其实都蕴藏着求输的潜意识。因此，即使获得成功，也会不自觉地破坏胜利的果实。每个人都能在市场上如愿以偿。

观点2：

交易的时候要根据人性的缺陷主动去做好自己，例如在操作手气不顺的时候，面对亏损，我会不断减量经营，甚至停止操作，而不是情绪化地增加交易，希望挽回颓势，因为这样一定会损失惨重，简直是自作孽，不可活。

观点3：

绝大多数人交易的时候都有一种好赌的心理，喜欢重仓位杀进杀出。因此，你一定要在这方面改变自己，古往今来，重仓操作的家伙没有一个是不完蛋的。你必须把自己的每一笔亏损控制在5%以内。当然，2%以内是最好的。根据图表交易犹如冲浪，你不必知道波浪起落的原因，你只要能感觉到波浪涌起的节奏以及掌握冲浪的时机，就可以成为一个冲浪高手。

九、赖瑞·海特

海特成立了明德投资管理公司，根据统计，该公司的年投资回报率总是介于13%至60%之间。1981年4月份时，该公司的资金只有200万美元，而到2005年，其已经成长到8亿美元。该公司最大的特色就是不通过获取最大的投资回报率，而是通过严格的风险控制，维持投资回报率的持续稳定增长。

海特认为，交易最重要的就是遵循交易系统和风险控制。

观点1：

有些人在赔钱的时候会更改交易系统，而有的人根本不相信交易系统，怀疑交易系统发出的指令，以致经常凭借自己的喜好在市场出入，而我总是遵循交易系统。我从事交易不是为了刺激，而是为了求得胜利，这样的交易也许相当无聊，但却相当有效。当我和其他交易员聚会的时候，他们谈论自己惊心动魄的交易经验时，我总是沉默不语，因为对我而言，每笔交易都一样。

观点2：

明德公司的第一条交易原则就是绝对跟着趋势走，而且要完全地信任交易系统，任何人都不得擅自违反交易系统发出的指令。正因为如此，公司从来就没有失败的交易。其实交易分为四种：成功的交易，失败的交易，赚钱的交易，赔钱的交易。赔钱的交易并不一定是失败的交易，而违背或者不遵从系统交易指令的交易就一定是失败的交易。

观点3：

明德公司的第二条交易原则就是把风险控制到最低，每一笔交易的亏损一定要控制在1%左右。这是一件非常重要的事。你必须了解，你每笔交易的风险越高，就越难控制交易的成绩。只要你能够控制风险，追随市场大势，就一定会赚钱。通常交易系统获利率在40%至50%就是不错的，但是在市场不好的时候，即使是连续失败，导致的损失最多不会超过10%，这就是控制风险的好处。

# 第八章　外汇交易管理要求

在前面的章节，我们学习了外汇交易的种类和外汇交易基本面、技术面的分析方法，掌握了外汇交易的基本概念和一般流程。外汇交易是一项系统性的工作，要想做好这项工作，需要进行有效的全面管理，其中就包括经纪商管理、风格管理、资金管理及风险管理。同时，外汇交易也是在不断发展的，众多的参与主体和复杂的国际国内经济金融环境的变化，也对外汇交易提出了新的要求。近年来，国际清算银行为了解决外汇交易中的公平、透明等问题，发布实施了《全球外汇市场准则》。中国除积极参与编写《全球外汇市场准则》以外，还根据本国的实际情况，编写发布了《中国外汇市场准则》。这两个准则对中国外汇交易参与者具有规范的作用。

## 第一节　《全球外汇市场准则》

在 2017 年 5 月 24 日召开的全球外汇委员会(GFXC)成立大会上，16 家创始成员一致通过了《全球外汇市场准则》，随后国际清算银行正式予以发布。近年来外汇市场爆出了一系列丑闻，一些严重不当行为导致监管部门的罚款及司法部门的刑事调查，从而使外汇市场遭遇了信任危机。《全球外汇市场准则》是国际清算银行为了应对外汇市场中的一系列丑闻而力推制定的，其发布和实施标志着全球性规范的诞生。它对所有的市场参与主体具有规范的作用，旨在促进建立稳健、公平、开放、适度透明和流动性充足的全球外汇市场，推动市场诚信高效运行，重建公众信心。外汇市场是金融系统最重要的组成部分之一，是央行货币政策的重要传导渠道，一个运行良好的外汇市场符合所有市场参与者的利益，因此《全球外汇市场准则》的诞生受到了货币政策当局及市场参与者的广泛支持和欢迎。

### 一、《全球外汇市场准则》诞生的背景

2012 年 6 月，英国巴克莱银行被曝出涉嫌操纵伦敦同业拆借利率(LIBOR)和欧元同业拆借利率(EURIBOR)的丑闻，此后，如同导火索般，其在金融体系迅速引爆了一系列更严重的操纵事件，在全球引发剧烈反响。这些违规事件不仅反映了报价形成机制的先天缺陷，还暴露了监管的巨大漏洞。

2012 年 6 月 29 日，英国巴克莱银行与美国商品期货交易委员会、美国司法部和英国金融服务管理局就其涉嫌操纵 LIBOR 和 EURIBOR 丑闻达成和解。据上述三家监管机构调查，2005 年至 2009 年期间，巴克莱银行高管和交易员共向 LIBOR 和 EURIBOR 报价员请求人为更改利率 257 次，试图抬高或降低利率估值，以增加衍生品交易的利润或降低损失。在和解书中，巴克莱银行同意支付总额为 2.9 亿英镑(相当于 4.5 亿美元)的罚金。

自该事件曝光以来，操纵 LIBOR 丑闻在全球持续发酵，美国、欧盟、日本、加拿大等监管机构先后介入调查，涉及数十家欧美金融机构，除巴克莱银行外，瑞银集团、德意志银行、苏格兰皇家银行、汇丰银行、花旗集团、美国银行、法国兴业银行等机构也因涉嫌操纵利率而受到监管机构调查。监管部门的文件显示，这些机构的交易员不仅相互串通人为改变美元 LIBOR 报价，也涉嫌操纵欧洲银行间同业拆借利率(EURIBOR)、日元 LIBOR 报价和东京银行间同业拆借利率(TIBOR)。这些丑闻暴露了全球金融体系存在普遍的系统性欺诈和明显的监管漏洞，严重挫伤了公众对金融业的信心，并推动了全球监管机构将基准利率等形成机制改革提上日程。

2015 年 7 月，国际清算银行(BIS)在其市场委员会(Market Committee，MC)下设立外汇市场工作组(FX Working Group，FXWG)，由全球 16 个国家(地区)的中央银行代表组成。FXWG 下设市场参与者工作组(Market Participants Group，MPG)，由来自上述区域的市场参与者组成，包括卖方机构、买方机构以及基础设施提供者等。

FXWG 下设两个工作条线：一是通过整合已有主要市场的准则，并补充针对未尽事项的条款，起草统一的全球外汇市场准则；二是建立全球准则的遵守框架，推动、鼓励全球市场参与者遵守准则。2017 年 5 月 25 日，《全球外汇市场准则》正式发布，同时还发布了《全球准则遵守框架》。

### 二、《全球外汇市场准则》的特征

首先，《全球外汇市场准则》是全球统一的外汇市场行为准则。

其次，《全球外汇市场准则》涵盖整个外汇批发市场①。

最后，《全球外汇市场准则》具有广泛的适用性，希望应用于所有的市场参与者。不同市场参与者可根据其外汇市场活动的规模、复杂性及其参与外汇市场的性质采取相应的措施来落实准则。此外，《全球外汇市场准则》是市场参与者自愿遵守的外汇市场最佳实践，但是如果准则实施未能实现改善市场结构和行为的预期目标，则会考虑采取相应的监管举措。

### 三、《全球外汇市场准则》的主要内容

《全球外汇市场准则》分为道德操守、公司治理、交易执行、信息共享、风险管理与合规、交易确认与结算六个部分，包含五十五项原则，并附有案例说明及术语解释。

(1)道德操守，即市场参与者行为应符合道德和专业的要求，以促使形成公平公正的外汇市场。

(2)公司治理，即市场参与者应建立清晰有效的制度、程序和组织架构，以负责任的态度参与外汇市场。

(3)交易执行，即市场参与者在询价和执行交易过程中要认真谨慎，以推动建立稳健、公正、开放、流动性充足且适度透明的外汇市场。

(4)信息共享，即市场参与者之间应清晰、准确沟通，保护好涉密信息，以支持建立稳健、公平、公开、适度透明以及富有流动性的外汇市场。

(5)风险管理与合规，即市场参与者应营造并保护稳健的内控与合规环境，以有效识别、

---

① 卖方、买方以及交易平台等。

管理和报告与外汇市场有关的风险。

(6)交易确认与结算,即市场参与者应建立稳健、高效、透明的交易后处理程序,以缓释风险,保证交易结算的及时顺畅进行。

此外,为了阐释准则中的原则及原则适用于何种情形,准则后还附了相关的正反面案例,帮助市场参与者更好地了解和落实准则。

## 四、《全球准则遵守框架》的基本原则

(1)《全球外汇市场准则》应当清晰、明确,能够反映外汇市场的良好实践,并且应具有以下特征:普适性,即准则能够适用于全球范围内所有的外汇市场参与者;适当性,即不同市场参与者可根据其外汇市场活动的规模、复杂性及其参与外汇市场的性质自主采取相应的措施来落实准则;透明性,即市场参与者可通过公布其遵守准则的承诺声明向其(潜在)交易对手方、客户等相关方展示。

(2)市场参与者应采取适当措施,使其日常业务开展和制度文化符合《全球外汇市场准则》的要求。一方面,市场参与者应当在机构内部及市场中建立强有力的文化,使得《全球外汇市场准则》的要求融入其日常操作中。目前,全球范围内的120家行业协会及主要的市场基础设施提供者支持该项动议,并打算将准则的要求融入其内部规章与员工培训手册中。另一方面,市场参与者应建立适当的机制,监测自身行为是否符合准则要求,包括自身监督和相互监督。此外,市场参与者应展示其遵守了《全球外汇市场准则》,让潜在交易对手方了解,以促进准则的认知和推广。

在此着重提一下遵守全球外汇市场准则承诺声明。该承诺声明包含支持《全球外汇市场准则》,承诺遵守、依据准则完善内控并切实执行以及自我评估等三项主要内容,同时还包含解释性语句。

(3)中央银行应当率先遵守《全球外汇市场准则》,并推动辖内市场参与者遵守《全球外汇市场准则》:①推动其在不阻碍履行法定义务或者政策功能的前提下遵守《全球外汇市场准则》设定的原则;②推动其外汇交易对手方遵守《全球外汇市场准则》的原则;③在符合当地法律的前提下,各国(地区)外汇市场委员会应当将其成员资格与是否遵守《全球外汇市场准则》相关联。

(4)市场参与者与中央银行应当积极参与《全球外汇市场准则》的维护工作,搭建合适的框架,定期回顾,确保准则的相关性。

## 五、《全球外汇市场准则》的落实

《全球外汇市场准则》是基于原则的,是具有普适性的,各国可以根据本国情况细化、落实。《全球外汇市场准则》是顺应市场需求而推出的,也是有利于各个市场参与者及整个市场健康发展的,为保证推动实施的效果,避免"劣币驱逐良币"的现象,应当推动尽可能多的市场参与者遵守这个准则。

遵守《全球外汇市场准则》将会成为大的趋势,一方面,各国央行在积极推动;另一方面,在市场力量的推动下会出现"承诺遵守《全球外汇市场准则》是建立和维持业务关系的必要条件"的局面。再者,市场参与者也会主动遵循准则以降低纠纷、诉讼风险。

《全球外汇市场准则》的落实工作有这样几个核心环节:

（1）理解准则要求，对照准则要求对机构内部制度流程查漏补缺，以尽快达到准则的要求。

（2）机构应通过开展培训，让所有人员学习准则，努力使从业人员行为规范达到准则要求。

（3）重视准则执行的有效性和持续性，加强对执行情况的监控和评估，对不达要求的行为有明确的处理原则，加强对相关员工的持续培训。

# 第二节 《中国外汇市场准则》

基于我国外汇市场的实践机制，在充分借鉴《全球外汇市场准则》及主要国家和地区外汇市场自律机制相关准则的基础之上，2017 年 5 月 8 日，中国外汇市场自律机制制定发布了《中国外汇市场准则》，旨在向中国外汇市场参与者和从业人员提供通用性的指导原则和行业最佳实践的操作规范，促进外汇市场专业、公平、高效、稳健运行。

全球主要的外汇交易市场，如伦敦、纽约、新加坡、中国香港、东京等都成立了自己的外汇自律组织。中国的外汇改革也在不断深入进行，2016 年 6 月 24 日，中国的外汇自律机制成立。中国建立"全国性外汇自律机制"是与国际接轨、适应国际形势和国际潮流的需要，有助于更好地参与相关国际规范的制定，使我国在国际外汇市场上获取更多的话语权。外汇市场自律机制的成立标志着中国外汇市场正在由过去的以他律为主转向他律和自律并重，对中国外汇市场改革和发展具有重大意义。外汇市场自律机制是由银行间外汇市场成员组成的市场自律和协调机制，其在符合国家有关汇率政策和外汇管理规定的前提下，对人民币汇率中间价报价行为，以及银行间市场和银行柜台市场交易进行自律管理，维护市场正当竞争秩序，促进外汇市场有序运作和健康发展。全国外汇市场自律机制分为核心成员、基础成员和观察成员三层，不同的成员享有不同的权利和义务。其中，核心成员共 14 家，是指在外汇方面系统重要性程度高、市场影响力大、业务流程规范、内控机制完善、综合实力比较显著的金融机构。核心成员享有自律规则制定权，优先获取外汇市场新产品、新交易方式等市场创新先行先试的权利以及更大的跨境融资空间；同时，履行核心成员的义务，积极参与外汇自律机制的建设，协助推动外汇市场的发展，包括产品创新、手段丰富等。自律机制成立初期，下设三个工作小组，分别为汇率工作小组、银行间市场交易规范工作小组、外汇和跨境人民币展业工作小组。未来根据履职需要，可增设其他专门工作小组。

《中国外汇市场准则》并不对市场参与者构成法律和法规上的约束，也不能代替监管规范。《中国外汇市场准则》是对国家相关法律、法规和政策规则的补充，所有市场参与者可参考该准则完善内部管理制度并以更高标准的职业操守和专业操作开展相关业务。

《中国外汇市场准则》适用于经我国监管部门批准从事外汇交易业务的机构和个人，包括具有从事银行间外汇市场业务、结售汇业务、外币买卖业务等业务资格的经营机构及其内部从业人员。

## 一、《中国外汇市场准则》的制定背景和过程

首先，我们从国际视角来看推出《中国外汇市场准则》的背景。2015 年，国际清算银行下属的市场委员会提出要建立全球外汇市场准则，这是 2008 年金融危机后全球金融监管加强

国际协调和对外汇市场管理的一个重要举措。中国外汇交易中心作为中国外汇市场的代表，参加了全球外汇市场准则编写工作组。在此之前，尽管全球主要国家和地区的外汇市场均建立了自律机制和行为准则，但是在相关文本的一致性方面存在着一定的地域性差异，而且各国监管机构对于准则的推行落实程度也存在差异。作为全球金融市场交易量最大的要素市场，不同国家和地区的外汇市场急需相对统一的从业标准规范，各国央行和监管机构也希望借全球准则形成的机会，切实规范外汇市场的职业操守和操作行为，以加强对外汇市场的有效监管。如何在兼顾全球准则的要求与我国现阶段市场发展特征的基础上，推出一部兼具全球通用原则性和本国可操作性的准则成为一项具有挑战性的工作。

其次，从我国外汇市场发展的内在需要来看推出《中国外汇市场准则》的必要性。自2005年汇改以来，人民币汇率形成机制不断完善，初步形成了参考国际外汇市场发展经验、兼顾我国市场发展现阶段特征的运行机制。随着我国金融市场的整体发展，国内外汇市场在进一步市场化和国际化发展上具有更大的需求和空间，如何处理好规范和发展的关系，则成为进一步完善外汇市场供求关系的重点所在。回顾我国金融市场改革深化的进程，健全有效的规范体系是确保市场在价格发现机制中发挥重要的基础性配置作用的前提保障，在规范机制层面协调好监管规范与行业自律、行业最佳实践的关系对于落实上述规范体系至关重要。从国际经验来看，全球主要的外汇市场均建立了由中央银行支持的外汇市场自律机制，并制定了相应的职业操守、市场惯例文本，而这些经验和标准进一步完善成为外汇市场的最佳操作实践，即外汇市场准则。可以说，外汇市场准则及其推广落实的相关工作成为金融市场公平、高效、可持续发展的重要保障。此外，随着我国人民币国际化的纵深发展与境内金融市场的持续开放，国际投资者在逐步参与我国外汇市场，他们也希望更多地了解我国外汇市场的运作机制和相关规范，从这个意义上来看，我国外汇市场的规范也存在与国际惯例逐步接轨的客观要求。因此，《中国外汇市场准则》的推出是我国监管部门与市场参与者之间的发展共识，其必要性是非常充分的。

在中国人民银行、国家外汇管理局、中国外汇交易中心的直接领导下，《中国外汇市场准则》具体由全国外汇市场自律机制下银行间市场规范工作组进行编写。作为一项具有探索性的工作，国内外汇市场各方专业人士基于市场发展的责任感和秉持专业精神通力协作，充分吸收市场各方意见和建议，最终形成了近5万字的准则规范。此外，为了切实落实准则的推行，我国在编写《中国外汇市场准则》的同时，还制定了相关的培训、监测、纠纷协调等相关机制。

## 二、《中国外汇市场准则》的主要内容

《中国外汇市场准则》共有六章两百一十六条。第一章为"常规惯例"，主要对交易时间、交易规范、交易资格进行了规定。第二章为"通用原则"，主要对职业培训、公平诚信、内幕交易、洗钱及犯罪、礼品与招待、敏感信息、信息管理、信息交流等问题进行了规定。第三章为"交易执行"，主要针对交易授权、交易安全、交易价格、汇率披露、非市场价格、操控市场、交易用语、交易指令、交易确认、止损指令、交易记录、与客户交易、工作时间外交易等问题进行了说明。第四章为"风险控制"，主要包括风险管控体系、风险管理构架、风险计量、交易限额、风控措施、危机应对等方面内容。第五章为"交易确认与清算"，主要包括及时性原则、流程、争议解决等内容。第六章为"经纪公司"，主要包括经纪公司的选择与管

理、交易执行、经纪佣金等内容。

## 第三节　外汇经纪商管理

交易者从事外汇交易，离不开外汇经纪商的协助。外汇经纪商在外汇交易中扮演着非常重要的角色，他们提供及时的外汇市场信息和分析，提供完善的交易平台和系统，帮助客户进行资金管理和风险管理。交易者应该认真分析经纪商的财务状况、市场地位、提供的综合服务水平等信息，选择与合适的经纪商进行合作。

### 一、外汇经纪商的概念及主要职能

外汇经纪商（foreign exchange broker）是专门在外汇交易中介绍成交，充当外汇供求双方中介并从中收取佣金的中间商。像股票市场的经纪商角色一样，外汇经纪商在外汇市场扮演着中介人的角色，以赚取佣金为目的，其主要任务是提供正确及时的交易情报，以促进外汇交易的顺利进行。

外汇经纪商及经纪人本身不承担外汇交易的盈亏风险，而是从事中介工作以获得佣金收入（broker fee or commission）。外汇经纪商一般都熟悉市场外汇供需情况，精于对市场和相关图表的分析，可借助强大的分析团队的力量预测汇率变化，并掌握买卖程序，故投资人乐于利用外汇经纪商的专业能力来实现外汇交易的各项目标。

### 二、外汇经纪商与市场结构

外汇市场上有众多的参与机构，根据其规模及对市场的影响力可以划分为不同的层级。大部分从事外汇交易的机构，由于交易量较小，在交易的过程中必须借助其他机构的帮助才能较好地完成交易。这些机构就是外汇经纪商，他们提供的帮助包括提供市场的信息和分析、撮合交易、提供资金管理和风险管理等。经纪商在外汇市场中不可或缺，其广泛存在于市场结构的第二级或第三级，具体处于哪一级，取决于经纪商的规模、资本、结构和业务量。

市场结构包括三个层级。第一层级是中央银行和最大的投资银行。在这一层级上，所有的交易完全是公开透明的，每个参与者都可以通过电子经纪服务现货交易系统（Electronic Broking Services Spot Dealing System，EBS）看到相互间提供的所有汇率。这个交易系统主要交易涉及欧元、美元、日元和瑞士法郎的货币对。其他所有货币对的交易都要通过路透的交易3000现货撮合系统（Reuters Dealing 3000 Spot Matching）。这个层级是由世界各大中央银行组成的，这些中央银行可以在任何它们达成一致的汇率报价上自由交易所有货币。

第二层级是小型银行、跨国银行分支机构和金融机构、大型基金和财力雄厚的个人投资者。这个层级提供的汇率报价通常与银行同业市场的汇率不一致，并且报价程序也与银行同业市场的报价程序显著不同。大型资本基金和财力雄厚的个人可以为他们的交易找到很多流动性提供者（对手盘），因此他们也被认为属于这一层级。少数零售经纪商，特别是电子通信网络（ECNs）也会被划分到第二层级。

第三层级是市场做市商和小型投资者。大部分外汇零售经纪商都被归为这一层级，他们中大部分都只跟来自第二层级的一个流动性提供者打交道。只有电子通信网络和少数高级别的经纪商，虽然也被划分为"零售"，但因为可以为客户提供与各个流动性提供者直接交易的机会，也就是可以把客户的交易订单直接传递到银行同业市场而被划分到第二层级。

### 三、外汇经纪商的类型

根据外汇经纪商的职责及其承担的风险，可以将外汇经纪商分为两类。

第一类是中介经纪商，即代表客户进行外汇买卖，只收取佣金，不承担任何风险的纪商。这类经纪商的职责就是拿到客户的订单，逐笔转交给更高一级的市场机构去交易，交易的价格按照客户的订单来决定，交易的风险由交易的市场机构来承担，经纪商根据其推介的交易量来获取佣金。比如，某个客户向经纪商下达交易指令，以 1 美元兑 100 日元的价格购买 100 万美元，卖出相应的日元。经纪商将该指令转交给市场某交易机构去完成交易，该机构以客户指令的价格与客户达成交易，卖出 100 万美元给客户，并且从客户处收取相应金额的日元。交易达成后，如果美元兑日元的价格发生变化，如从 100 变化到 105，日元贬值的风险由交易机构承担。

第二类是自营经纪商，即以自有资金参与外汇交易，自负盈亏的经纪商。这类外汇经纪商通常运用多种方式来处理客户的交易，他们既可以在内部将方向相反的客户订单进行对冲，获取其中的差价；也可以自己充当做市商，以客户为交易对手；还可以通过更高一级的市场机构或者流动性提供者来对冲头寸。

比如，某个客户向经纪商下达交易指令，以 1 美元兑 100 日元的价格购买 100 万美元，卖出相应的日元。另外一个客户向经纪商也下达交易指令，以 1 美元兑 99 日元的价格出售 100 万美元，买入相应的日元。如果是中介经纪商，则需要把这两笔交易都转交给交易机构，由交易机构分别与两个客户达成交易。但是如果是自营经纪商，就可以在内部进行对冲，以获取其中的差价。如上例中，经纪商可以卖给第一个客户 100 万美元，收取 1 亿日元，同时从第二个客户收取 100 万美元，卖给其 9900 万日元，其中 100 万日元的差价就是经纪商的收益。

再比如，某个客户向经纪商下达交易指令，以 1 美元兑 100 日元的价格购买 100 万美元，卖出相应的日元。如果没有其他反向交易可以对冲，自营经纪商会先以客户为交易对手，与客户达成交易，然后再在市场上寻找其他交易机构，将达成的交易反向平盘(对冲)出去，以赚取交易的差价或者承担交易价格的损失。当然，如果自营经纪商对市场的走势判断比较自信，也可以将与客户达成的交易持有一段时间，或者找到其他的反向交易对冲，或者寻找合适的时机与其他交易机构反向平盘(对冲)，以赚取差价。

### 四、外汇经纪商的盈利来源

#### (一)佣金或点差

中介经纪商将外汇交易转交给更高一级的流动性提供者(机构)，机构根据中介经纪商的交易量予以佣金，这是中介经纪商的主要盈利来源。如果是自营经纪商，则可以通过内部撮合交易赚取差价，或者寻找更高一级的流动性提供者平盘，赚取其中的差价(点差)。

## (二)杠杆

很多外汇交易是采用保证金的方式来进行交易的,这就涉及对杠杆的运用。杠杆对收益及损失都有放大的作用,因此要选择合适的杠杆大小。高倍杠杆是经纪商扩大收益的一个主要方式,因为点差被自动放大,所以经纪商的收益也被放大。

## (三)展期费用

展期费用是流动性提供者要求收取的,但最后都是由客户来承担。经纪商居于其中,可以赚取中间的差价,这也是经纪商另外一个盈利来源。

## 五、如何选择外汇经纪商

外汇经纪商在外汇交易中发挥着重要的作用,很多中小客户参与外汇市场交易都离不开外汇经纪商。那么,客户在选择合作的外汇经纪商的时候,究竟应该考虑哪些标准呢?

### (一)财务状况

经纪商的财务状况关系到它能为客户提供服务的水准及安全性。一个财务状况健康的经纪商,能够找到更多的更高一级的流动性提供者与之合作,可以得到更好的差价或者更高比例的佣金,也能够为客户提供更加专业及精细化的服务。

### (二)专业服务能力

经纪商毕竟提供的是专业外汇经纪服务,因此,其专业服务能力至关重要,关系到能否给客户提供持续性的专业服务以实现客户的各种目标。经纪商的专业服务能力体现在其商业模式、市场地位、客户数量、产品种类、交易平台、风控措施等方面。只有那些有着良好市场地位的经纪商,才会获得客户的广泛信任,才能保证交易平台的稳定同步和安全可靠,才能为客户提供最有效的外汇交易工具。经纪商只有建立稳定和高速的交易平台,才能保证外汇交易的指令被即时准确地执行。要优先选择那些提供稳定买卖差价的经纪商,以及拥有较多客户基础及较好客户口碑的经纪商。另外,经纪商的风控措施也是影响客户选择的一个重要因素,因为这个关系到客户交易的盈利及止损。

## 六、《中国外汇市场准则》对经纪商的要求

《中国外汇市场准则》也对经纪商(经纪公司)的选择与管理做出了规定。如第 193 条规定,机构应使用书面方式制定关于核准使用经纪公司的规范,并包括其信用评估标准。第196 条规定,经纪公司的管理层应告知员工尊重所有客户的合法权益,并在每一项交易之中遵照客户的合法、合规、合理的指令进行交易。第 197 条规定,交易机构与经纪公司的高层主管,应积极监督交易员与经纪公司的关系,以及电子经纪平台的使用情况,以确保其所属人员都能够遵守机构的制度与规范。第 198 条规定,高层主管应定期检查与经纪公司或电子经纪平台的往来情况,核查业务是否有异常集中现象。第 199 条规定,发生交易纠纷时,交易各方应遵循公平诚信原则,依据相关法律法规和本准则,充分协商解决,经纪公司应协助提供相关交易证明材料。第 200 条规定,经纪公司应与接受经纪服务的交易机构签署相关的

经纪服务协议，明确双方权利义务关系。

# 第四节　交易风格管理

要想在外汇交易中获利，就要选择并运用合适的交易风格和交易策略。因为外汇交易的目标和交易者的个性不同，所以有不同的交易风格和交易策略。例如，想要抓住快速波动的交易员可以运用超短线交易的策略，使用日内交易去寻求 15 到 30 个基点的利润；而长线交易员的盈利目标是 100 个基点甚至更多，往往会采取如套利交易的策略。外汇市场具有高度灵活性，投资者一般都能通过交易训练找到适合自己的交易风格。

没有任何一种交易风格或策略是适用于各种情况的，成功的交易员需要运用自己的经验，并结合基本技术面的分析，综合使用多种交易策略，并在条件发生变化的时候，随时进行调整。投资者在选择交易风格和制订交易策略的时候，需要考虑的因素包括管理的资金的规模、承受的压力、交易目标等。下面对主要的交易风格和策略进行介绍，以帮助投资者学会根据自己的资金情况和心理状况选择合适的交易风格和策略。

## 一、日内交易

日内交易是指一天之内反复操作、不隔夜持仓的交易方式。日内交易的期望平均目标盈利空间高于 15 个基点，要求在 30 分钟或者 4 小时等长一点的时间周期上交易。交易员会寻找 60 个点乃至更宽的区间，然后在支撑阻力位附近下单。不管最后的盈利损失情况如何，日内交易的敞口必须在当天平仓，日内交易特点见表 8-1。

**表 8-1　日内交易特点**

| 项目 | 主要特点 |
|---|---|
| 投资者特点 | 有一定空余时间，承受压力能力强，市场感觉敏锐，短期趋势分析能力强 |
| 选用的技术图 | 30 分钟 K 线图 |
| 平均杠杆比例 | 20 到 40 倍 |
| 止盈点位 | 20 到 50 个点 |
| 止损点位 | 止盈点位的一半 |
| 优点 | 能够短线获利，比超短线交易承受的压力和风险更小 |
| 缺点 | 对建仓点位及止损点位的设定的要求更高 |

## 二、超短线交易

超短线交易是指持仓时间极短[①]，以赚取少量点差[②]为目的的交易。对于超短线交易会频繁进行交易，从每笔交易中拿到少量的利润。交易员会在 1~10 分钟这些较短的时间周期

---

① 几秒钟到几分钟。

② 一般情况下 5 到 20 个基点。

里交易,着眼近期的价格走向,抓住小幅波动,快速地交易,获得少量的利润。超短线交易在一般情况下会采用比较高的杠杆比例,超短线交易特点见表8-2。

表 8-2　超短线交易特点

| 项目 | 主要特点 |
|---|---|
| 投资者特点 | 资金充足,承受压力能力强,市场反应快 |
| 选用的技术图 | 5 分钟 K 线图 |
| 平均杠杆比例 | 30 到 50 倍 |
| 止盈点位 | 5 到 20 个点 |
| 止损点位 | 止盈点位的一半 |
| 优点 | 在上升/下降趋势时,能将利润最大化 |
| 缺点 | 当支撑/阻力位被突破时,有较大风险 |

## 三、中长线交易

中长线交易是指持仓时间超过一天的交易。中长线交易是一种趋势交易,在确认了趋势的延续时,交易员进场开仓,从上升或下降趋势中赚取利润,相关特点见表8-3。

表 8-3　中长线交易特点

| 项目 | 主要特点 |
|---|---|
| 投资者特点 | 空余时间少,采用价值投资方式,熟知宏观经济形势,较少依赖技术分析 |
| 选用的技术图 | 4 小时或日 K 线图,结合 30 分钟 K 线图分析买入点 |
| 平均杠杆比例 | 10 到 30 倍 |
| 止盈点位 | 60 到 200 个点 |
| 止损点位 | 止盈点位的一半 |
| 优点 | 从上升/下降趋势中获取利润,无须投入精力分析短期汇率波动情况 |
| 缺点 | 需要较多资金来维持仓位 |

## 四、反弹交易

反弹交易是指在价格存在上升趋势或者下降趋势的情况下,沿途可能会盘整,在等待价格进入盘整的时候,交易员看准交易方向,于等待价格未能突破阻力位或者跌破支撑位时进场,目标盈利空间大于 15 个基点的交易。为了确认反弹信号,交易员可以运用一些技术指标。

# 第五节　资金管理

外汇交易最根本的目的是盈利，是在充分控制风险的前提下，实现稳定的盈利。要实现这个目标，需要依靠严谨的分析、良好的心态和科学的资金管理方法。其中，资金管理最为重要。在外汇交易中，强烈的获利欲望经常会使交易者不能正确地判断自身情况，看不清亏损陷阱，超出其风险承受能力而进行交易，从而造成巨额的亏损。资金管理不当，不仅会使交易者的心态恶化，还会将交易者暴露在巨大的风险之中。因此，正确的资金管理是外汇交易的重要组成部分，如资金分配、投资组合、设置止损等都是资金管理的有关内容。

## 一、交易者对资金的认识

在分析市场之前，每个交易者首先要分析自己的资金，了解自己对于资金的态度。外汇交易不适合风险厌恶者，这些交易者应远离外汇交易市场。外汇交易只适合风险偏好者或者介于风险偏好者和风险厌恶者之间、愿意承担一定风险的交易者，但这些交易者也要做好相应的准备。

如果你是一个风险偏好者或者愿意承担一定风险的交易者，就意味着你对外汇市场的风险有足够的或者一定的承受能力。外汇交易将直接体现为输和赢的博弈，因此每个交易者在进入市场之前，必须考虑好可能发生的问题。在交易的过程中，随时会出现浮盈、浮亏、平仓亏损或者爆仓的情况；同时，外汇市场的变化速度极快，如果方向判断错误或者一个犹豫、一个耽搁，都可能让你在短时间内遭受极大的损失。因此，应设置好自己的底线，不要将风险承受能力考虑得过于理想，即使对风险的承受能力很强，也要对资金有合理的控制。

要做到持续盈利，必须有完整的资金管理模型，要依靠数学模型、数学概率。每个市场交易品种不同，适用的资金管理模型也不同。

## 二、资金管理要求

（1）准备足够的资金进入市场。资金不充裕的交易者容易紧张，因此经常会犯错误。他们往往会把止损点位定得太低，因此有些本来可以盈利的交易被过早地止损出局。利润和风险永远是成正比的，如果没有准备足够的资金，无法承受合理的风险，就减少了很多盈利的机会。

（2）不要把止损位定得大于止盈位，也就是要衡量市场的支撑、阻力位，看哪一个离市场比较近。如果做买单，则支撑位必须比较近，一旦向下跌破支撑位必须止损出局；如果做卖单，则阻力位必须比较近，一旦向上突破阻力位就必须止损出局。

（3）对任何一笔交易，都要设置止损。把止损降到最低是长期获利的根本保证，设置止损才能让交易者在判断失误时，将其损失降到最低，不至于扩大到不可收拾的地步。关于如何正确设置止损，下面会详细介绍。

（4）接受失败，并且尽快把注意力转移到下一次交易中。外汇市场上没有常胜将军，没有人能保证每一笔交易都是赚钱的，因此交易者在某次交易亏损后，要尽快忘掉它，把注意力转移到下一次交易中，否则就会影响交易心态，得不偿失。

(5)守住利润。当交易者有盈利时，要尽量保住获得的利润，这是交易者获得稳定、长期利润的重要因素。当交易者获利时，提高止损点相对比较重要。交易者为获得利润而延长该仓位的持有时间，这时尽管持仓风险增加了，但由于提高了止损点，至少可以保证目前的最小盈利。

(6)控制交易的规模。交易者应该把交易规模控制在能够承受的损失范围之内，不要因小失大。

(7)合理运用杠杆。大量的外汇交易都涉及杠杆的运用，杠杆是个双刃剑，既可以放大收益，又可能放大损失，因此对杠杆的管控必须慎重。具体选择多大的保证金比率主要取决于交易者对风险的偏好，承受高风险自然有机会获得较高的报酬，但同时也有可能遭受巨额损失。因此，必须先制定一套管控的流程，才能得到长期而稳定的收益。

## 三、正确设置止损

投资有风险，要控制投资风险，止损是至关重要的。止损远比止盈重要，因为任何时候保本都是第一位的，盈利是第二位的。建立合理的止损原则相当重要，谨慎的止损原则的核心在于不让亏损持续扩大。交易者要控制风险，只需盯住止损点位，只要价格不到止损点，就一直持有，不用太关注具体波动。

所有的止损必须在交易之前设定，在亏损出现后再考虑使用什么标准的止损就已经晚了。设置止损的具体方法有四种，具体如下。

### (一)定额止损法

定额止损法指将亏损额设置为一个固定的比例，一旦亏损达到该比例，无论是何价位都立即止损平仓。定额止损具有明显的强制性，其关键是止损比例的设定。这个比例因交易者的心态、经济承受能力、盈利预期、不同的交易品种或不同的操作时段而不同。定额止损法是最简单的止损方法，比较适合刚入市的交易者。

### (二)技术止损法

技术止损法指将止损设置与技术分析相结合，在剔除了市场的随机波动之后，在关键的技术位设定止损，以避免亏损的进一步扩大。交易者通过对技术图形进行分析，一旦发现价格出现破位，即重要支撑位或阻力位被突破后，就坚决止损。这一方法要求交易者有较强的技术分析能力和自制力。在设置技术止损时，要注意以下几点：(1)确定市场特征，是趋势市场还是盘整市场；(2)好的止损价格以好的建仓价格为前提；(3)在上升趋势操作中顺势而为地操作，止损可以适度放宽；(4)对于上升概率比较大的仓位，止损可以适度放宽；(5)对于盘整市场中的仓位，止损可以适当放宽；(6)下跌过程中抢反弹的逆势操作，止损幅度不宜过宽。

### (三)自我限度到达后止损法

自我限度到达后止损法指当交易者的头寸出现亏损时，只要交易者还能承受得住，就可以守住其仓位，否则立即止损离场。这种方法适合日短线交易，也适合对市场有丰富经验的操盘手。而新手要根据各自的情况慎重选择使用这种止损方法，因为一旦使用不当就会出现自我限度设置太低，经不起市场的震荡的情况；或者自我限度设定太高，酿成巨大的损失的情况。

### (四) 无条件止损法

无条件止损法指不计成本，夺路而逃的止损。当市场的基本面发生根本性转折时，交易者应摒弃任何幻想，不计成本地杀出，以求保存实力，择机再战。基本面的变化往往是难以扭转的。基本面恶化时，交易者应当机立断，砍仓出局。

# 第六节　风险管理

外汇交易有一定的风险，它能为投资者创造盈利的机会，同时也会带来损失。交易者在决定进入市场之前，应该仔细考虑并明确投资目标，充分了解自身的经验水平及对风险的承受能力，必须在可以承受的风险范围之内进行交易。

## 一、外汇交易风险管理的基本原则

外汇交易存在风险，但如果掌握正确的风险管理基本原则并采取相应的控制策略，交易者就可以做到将风险最小化，同时实现预期的盈利。外汇交易风险管理的基本原则有四条。

(1)控制好每次交易的开仓比例。对于新手来说，初始的开仓比例不能过大，应在积累了充分的投资经验并拥有持续良好的投资纪录后，再考虑逐步扩大开仓比例。

(2)严格执行止损价。交易者每次都应该对交易设置止损价并严格执行。当汇价向有利于自己的方向运行时，可以略微扩大止损；当汇价向不利于自己的方向运行时，就不能扩大止损，否则止损设置就形同虚设，不能有效控制风险。

一般来说，比较小的止损可控制的风险也比较小，短线操作时可以设置比较小的止损，中长线操作时可以设置相对大一些的止损。另外，止损点的设置不能离强制平仓点太近，否则，止损就失去了意义。

(3)通过止盈设置降低风险。交易者的未平仓头寸产生的浮盈不算真正盈利，只有获利了结后的盈利才是真实的盈利。对于短线操作来说，一般止盈可以设置得相对小一些，而长线操作的止盈可以设置得相对大一些。

(4)持仓时间不要过长。交易者持仓时间越长，其间可能发生的不确定事件就越多，给持仓者带来的风险就越大，因此短线交易的潜在风险要小于长线交易的潜在风险。

## 二、银行外汇交易的风险管理

银行是外汇市场的主要参与者，它不但可以为客户买卖充当经纪人，也可以自营交易，赚取差价利润。因此，研究银行如何加强外汇交易风险管理，对于其他市场参与者都有一定的借鉴意义。一般来说，银行会采取以下的管理手段。

### (一) 内部限额管理

内部限额管理主要是为了防范自营外汇交易风险和代客交易风险。当银行代理客户交易形成敞口时，风险就随之而来。

1.影响限额的主要因素

(1)外汇交易的损益期望。在外汇交易中，风险与收益成正比。银行对外汇交易业务的期望越大，对外汇风险的容忍程度就越强，其限额也就越大。

(2)亏损的承受能力。在外汇交易中，控制亏损程度要比实现盈利目标容易一些。银行亏损承受能力取决于其资本规模的大小。亏损的承受能力越强，则限额就可以越大。

(3)银行在外汇市场中扮演的角色。银行参与外汇市场活动时，可以是一般参与者，也可以是市场活跃者，甚至可以是市场领导者。银行在市场扮演的角色不同，其限额大小也不同。

(4)交易的币种。交易的币种越多，交易的笔数和交易量自然越大，其交易限额也就相应要加大。

(5)交易人员的素质。交易人员的水平越高，经验越丰富，容许的交易限额也应当越大。

2.交易限额的种类

(1)即期外汇头寸限额。这种限额一般根据交易货币的稳定性、交易的难易程度、交易量等因素确定。

(2)同业拆放头寸限额。这种限额要考虑交易的难易程度、拆放期限长短、拆放货币利率的稳定性等。

(3)掉期外汇交易限额。这种限额必须考虑期限长短和利率的稳定性。

(4)敞口头寸。敞口头寸是指由于没有及时对冲而形成的某种货币买入过多或者某种货币卖出过多，也就是长头寸(long)短头寸(short)。敞口头寸限额一般需要规定头寸金额和允许时间。

### (二)外部限额管理

外部限额管理是为了规避交易中存在的清算风险、信用风险和国家风险，具体措施如下。

1.建立清算限额

建立清算限额是指银行为了防范清算风险和信用风险，根据同业银行、客户的资本实力、经营作风、财务状况等因素，制定能够给予的限额，并根据情况变化对该限额进行周期性调整。

2.建立拆放限额

建立拆放限额是指银行根据同业银行的资产和负债，以及经营状况和财务状况，确定拆放额度。对于不同的同业银行，拆放的额度是不一样的。对于拆放额度，银行应根据情况的变化进行调整，交易员必须根据规定的额度进行拆放，若超额拆放则视为越权。

### 【本章小结】

鉴于外汇交易既是一项复杂的系统性工作，又对社会经济的稳定发展具有重要影响，实践中，我们除深刻理解国际清算银行的《全球外汇市场准则》及《中国外汇市场准则》外，还需从外汇交易经纪商管理、外汇交易风格管理、外汇交易资金管理及外汇交易风险管理等方面下功夫。

【思考与练习】

1. 如何有效理解和落实《全球外汇市场准则》精神？
2. 如何强化外汇交易经纪商管理？
3. 如何强化外汇交易风格管理？
4. 如何强化外汇交易资金管理？

【案例分析】

真实、合规，本是各类用汇主体应当严守的"红线"，但是在实践过程中，"红线"却不时被触及。2019年，外汇局为加强外汇市场监管，依法严厉查处各类外汇违法违规流出和流入行为，打击虚假、欺骗性外汇交易行为，维护外汇市场稳健运行，切实打好防范化解金融风险攻坚战，公布了24起外汇违规典型案例，彰显了监管部门维护真实、合规，打击虚假、欺骗的决心。

一、打击无盲区：查处非法流出流入并重

本次公布的案例涵盖个人、企业、银行等各类主体。从案例类型看，囊括逃汇案、外汇违规汇入案、非法结汇案、违规办理内保外贷案等，既有资金流出案例，又有资金流入案例。

二、打好金融风险攻坚战

外汇局管理检查司相关负责人告诉记者，梳理案例可以发现几类特点：其一，体现均衡检查思路，查处资金非法流入、流出并重，打击无盲点、无盲区；其二，集中于当前外汇检查的重点领域，如内保外贷、转口贸易和分拆逃汇；其三，基本围绕虚假、欺骗性交易，这也是外汇局重点查处的交易类型；其四，体现"过罚相当"原则。

检查人员如何在多如牛毛的贸易往来、结售汇中发现线索？据介绍，线索来自多渠道：(1)外汇管理部门每年有例行检查计划，在检查过程中发现一些违规行为；(2)公众发现违规交易线索，向外汇管理部门举报；(3)外汇管理部门内部加强非现场检查，通过大数据分析掌握一些线索；(4)金融监管是系统性工程，部委之间有合力，其他部委发现涉嫌外汇违法违规的线索也会向外汇局通报。

三、辨别虚假交易：抽丝违规行为

在天津滨海海通物流有限公司逃汇案中，2015年1月至2016年1月，该公司虚构转口贸易背景，使用其他公司已经提货的海运提单，对外付汇4651.8万美元。2016年12月，徐州海盛电子有限公司虚构资金用途办理资本金汇入999.99万美元，结汇后供个人挪作他用，未用于公司正常生产经营活动。

"有些案例中主体将外汇业务伪装成正常的贸易行为、投资行为或者个人资产并转移，属恶意违规，严重扰乱外汇市场秩序。"外汇局管理检查司相关负责人告诉记者，外汇局始终秉持着贸易投资便利化的方向，但与此同时，对于投机套利、资产脱实向虚等行为，一直持严厉打击的态度。

上述天津滨海海通物流有限公司的行为就构成了逃汇行为，严重扰乱外汇市场秩序，金额巨大，性质恶劣，外汇局对其处以罚款1105万元人民币；徐州海盛电子有限公司的行为则构成非法结汇行为，外汇局对其罚款123.4万元人民币。

在上述两起案件中，为了构造虚假交易，企业均进行了掩饰性的安排，需要检查人员抽丝剥茧，层层核实，查找交易的虚假性。"一个谎言需要无数谎言去圆，过程中总会有破绽。"外汇局检查人员表示。

以转口贸易为例，一般而言该类贸易中资金跨境流动、货物两头在外，很难查实交易行为，各类主体有"空子"可钻，因此转口贸易中暴露的虚假交易较多。在实践中，检查人员往往通过非现场检查发现企业外汇收支不匹配，进而赴企业现场检查。企业会提交事先准备好的提单，以证明有贸易往来。若交易是虚构的，贸易单据会暴露很多瑕疵。

上述检查人员介绍，以前企业虚构贸易，普遍使用较低劣的手段，如直接涂改提单或把其他公司的名称改为自己公司的名称。"现在造假行为越来越五花八门，比如使用境外的提单或者重复的提单，货权单证已经证实不了虚假交易。"

外汇管理部门的检查手段也越来越丰富，不断更新以适应需要。上述人士指出，这种情况下，检查人员会通过调取企业的账目资料，检查库存真实性、物流情况，核查仓单等方式发现问题。

"比如，我们以前查过的很多企业中，内贸公司忽然做起转口贸易，服装贸易公司忽然做起大宗商品，这类情况很可疑，我们就会去现场检查企业的货物库存、利润点、贸易下家、与下家资金往来，层层追查就可以看出问题在哪里。"上述人士介绍。

四、呼吁金融中介尽职审核

在这24起案例中，有10起违规主体是商业银行，案件类型有违规办理内保外贷、违规办理结汇、违规办理转口贸易等。

例如，2013年12月至2016年1月期间，某银行天津经济技术开发区分行在办理内保外贷签约及履约购付汇时，在存在贷款使用报文内容无法辨认、展期意向函未体现担保项下资金使用情况、履约金额大于贷款金额等明显问题的情况下，未按规定对担保项下资金用途、资金使用情况及相关交易背景进行尽职审核和调查。根据《中华人民共和国外汇管理条例》第四十七条，外汇局对该行没收违法所得67万元人民币，并处罚款120万元人民币。

上述案例并非个案，暴露了目前银行在执行外汇真实性审核时的顽疾。外汇局管理检查司相关负责人介绍，目前外汇执法进一步加强了对银行真实性审核责任的关注。"从实践上看，我们发现了很多银行审核不严、不到位，有些是瑕疵，有些构成了外汇违法违规行为。"

对于这类行为，外汇局一旦发现即会严肃查处，既警示违规银行，又向社会传递银行作为中介应做好"看门人"的理念。上述负责人指出，银行作为中介机构，应该更为有效地建立内控体系和制度，更好地贯彻践行展业原则的相关要求，更好地按照外汇管理法规，切实履行业务真实性及单证真实性一致性审核的职责，从根本上有效地维护外汇市场的经营秩序，保障实体经济健康发展。

问题：

1. 如何辨别虚假外汇交易？

2. 如何促使金融中介尽职审核外汇交易？

3. 如何有效维护外汇市场的经营秩序，保障实体经济健康发展？

## 图书在版编目(CIP)数据

外汇交易管理 / 蒋满元主编. —长沙: 中南大学
出版社, 2022.1
 ISBN 978-7-5487-4464-1

Ⅰ. ①外… Ⅱ. ①蒋… Ⅲ. ①外汇交易－教材 Ⅳ.
①F830.92

中国版本图书馆 CIP 数据核字(2021)第 222142 号

## 外汇交易管理
**WAIHUI JIAOYI GUANLI**

主编 蒋满元

| | | |
|---|---|---|
| □责任编辑 | 彭辉丽 | |
| □封面设计 | 李芳丽 | |
| □责任印制 | 唐 曦 | |
| □出版发行 | 中南大学出版社 | |
| | 社址: 长沙市麓山南路 | 邮编: 410083 |
| | 发行科电话: 0731-88876770 | 传真: 0731-88710482 |
| □印　　装 | 长沙印通印刷有限公司 | |

| | | |
|---|---|---|
| □开　　本 | 787 mm×1092 mm 1/16　□印张 12　□字数 299 千字 | |
| □版　　次 | 2022 年 1 月第 1 版　□印次 2022 年 1 月第 1 次印刷 | |
| □书　　号 | ISBN 978-7-5487-4464-1 | |
| □定　　价 | 49.00 元 | |